普通高等教育公共通识课精品系列教材

应用型信息检索与利用

主　编　吴章贵
副主编　何　林　吴　昊
参　编　卫　丽　伍芳芳　陈会涛
　　　　朱　黎　陈太丽　王桂芝
　　　　白红平

北京理工大学出版社
BEIJING INSTITUTE OF TECHNOLOGY PRESS

内容简介

本书以应用型教学改革为主线，避免传统教材重理论轻实践、重知识轻技能、重讲授轻自学的倾向，注重学生自学，以基础知识＋案例教学＋实际操作相结合的形式，以信息素养、信息资源、信息检索、信息利用、信息管理、信息评价等为主要内容，培养学生信息素养和信息检索与利用能力。

本书可作为应用型本科院校文献检索与利用课程通用教材及相关专业教材，也可作为相关从业人员的参考用书。

版权专有　侵权必究

图书在版编目（CIP）数据

应用型信息检索与利用/吴章贵主编．—北京：北京理工大学出版社，2018.8（2022.8重印）
ISBN 978-7-5682-6047-3

Ⅰ.①应… Ⅱ.①吴… Ⅲ.①信息检索－高等学校－教材 ②信息利用－高等学校－教材 Ⅳ.①G254.9 ②G203

中国版本图书馆CIP数据核字（2018）第179969号

出版发行 / 北京理工大学出版社有限责任公司	
社　　址 / 北京市海淀区中关村南大街5号	
邮　　编 / 100081	
电　　话 / （010）68914775（总编室）	
（010）82562903（教材售后服务热线）	
（010）68944723（其他图书服务热线）	
网　　址 / http://www.bitpress.com.cn	
经　　销 / 全国各地新华书店	
印　　刷 / 北京紫瑞利印刷有限公司	
开　　本 / 787毫米×1092毫米　1/16	责任编辑 / 高　芳
印　　张 / 14.5	文案编辑 / 赵　轩
字　　数 / 343千字	责任校对 / 周瑞红
版　　次 / 2018年8月第1版　2022年8月第8次印刷	责任印制 / 李志强
定　　价 / 38.50元	

图书出现印装质量问题，请拨打售后服务热线，本社负责调换

序 言

  2016年，世界教育创新峰会（WISE）与北京师范大学中国教育创新研究院共同发布《面向未来：21世纪核心素养教育的全球经验》研究报告。报告结果显示，未来公民最核心的七大素养分别是沟通与合作、信息素养、创造性与问题解决、自我认识与自我调控、批判性思维、学会学习与终身学习、公民责任与社会参与。信息素养被列入其中，成为衡量人才素质的重要标准之一。新世纪的文盲不再是不会写、不会说、看不懂书本的人，而是缺乏主动学习、自主学习、持续学习的能力，不会掌握信息的人。

  20世纪80年代，教育部陆续发布文件，指导大、中、小学开展信息素养教育。随着我国教育体制改革的进一步深化，高等教育规模的扩大及产业结构调整的进一步完善，经济发展转型升级步伐加快，教育结构与产业结构对接，社会对高层次应用型人才的需求将更加迫切。应用型人才的培养若缺失了信息素养教育就脱离了时代发展，人才培养要求的规格、目标必然不能实现。探索适合应用型人才的信息素养教育模式，实现应用型人才信息素养教育目标成为多数应用型大学共同面临的课题。

  四川工商学院2016年被列为四川省整体转型改革发展试点院校。学校以此为契机，通过细化"十三五"规划，进一步明晰办学定位，厘清发展思路，凝练办学特色，完善人才培养方案，推进校地科技合作，优化体制机制等。学校强化教学中心地位，以提升人才培养质量为核心，以办人民满意的大学为宗旨，以建设特色鲜明的应用型大学为目标，围绕如何提高应用型人才培养质量、提升服务地方经济和社会发展的能力，秉承"崇工重商、理实兼优"的理念，强化顶层设计，明确发展目标，创新人才培养模式和方式，实施"转型发展一、二、三行动计划"，力争实现办学定位应用性、专业设置地方性、培养目标职业性、教学过程实践性。按照转型发展的方向确定人才培养定位，即为地方中小微企业和生产一线服务，培养德、智、体、美全面发展，基础理论扎实，实践动手能力强的应用型人才。应用型人才培养离不开信息素养教育，应用型人才信息素养培养目标就是培养学生运用信息素养的有关科学理论知识和方法综合分析、解决问题的综合能力以及将解决方案付诸实施的实践能力，让信息素养成为推动学生专业化发展、提升学生职业竞争力的有效工具。

我校高度重视信息素养教育工作，将信息检索课程纳入人才培养方案。自2011年开设信息检索课程以来，广大教师积极开展应用型信息素养教育教学改革实践，取得了一系列研究和实践成果。2016年，学校应用型转变与信息检索课程教学案例获教育部图工委全国信息素养教育研讨会优秀案例表彰。此次，由图书馆馆长吴章贵教授主编的《应用型信息检索与利用》教材，是编者多年教学实践经验的总结，也是学校整体转型首批应用型示范课程建设成果之一。借此机会，我代表四川工商学院感谢编者的辛勤劳动，向为探索民办高校应用型信息检索与利用作出贡献的教师致以敬意。

本书以应用型教学改革为主线，以应用型的六个基本特征"对应""适应""回应""有用""实用""适用"为原则，创建教学模式；以学生自主学习，教师注重指导、精讲精练，注重实训实践为原则，完善教学手段，注重信息素养、信息技能、信息知识培养相统一的原则，丰富教学内容。舍弃传统教材重理论轻实践、重知识轻技能、重讲授轻自学的倾向，注重学生自学，以基础知识＋案例教学＋实际操作相结合的形式，以信息素养篇、信息资源篇、信息检索篇、信息利用篇、信息管理篇、信息评价篇等为主要内容，培养学生信息素养和信息检索利用能力。

希望本教材能给广大读者带来启示和思考，能引起大家对应用型高校信息素养教育的高度关注和积极支持，也殷切希望同行专家提出宝贵意见和建议。

四川工商学院党委副书记、校长

前　言

教育部、国家发展改革委、财政部 2015 年 10 月 21 日下发了《关于引导部分地方普通本科高校向应用型转变的指导意见》（教发〔2015〕7 号）。意见指出：我们要"紧紧围绕创新驱动发展、中国制造 2025、互联网＋、大众创业万众创新、'一带一路'等国家重大战略，找准转型发展的着力点、突破口，真正增强地方高校为区域经济社会发展服务的能力，为行业企业技术进步服务的能力，为学习者创造价值的能力。各地各高校要从适应和引领经济发展新常态、服务创新驱动发展的大局出发，切实增强对转型发展工作重要性、紧迫性的认识，将转型发展摆在当前工作的重要位置，以改革创新的精神，推动部分普通本科高校转型发展"。这无疑给高校文献检索课程改革指明了方向。

信息技术飞速发展，信息检索工具不断创新，文献检索也从早期的文献检索进入了知识检索、知识运用与创新的高级阶段。纵观目前高校使用的近千种文献检索教材，集中出现了一个问题，绝大部分教材主要针对学生研究性学习，采用研究性学习的教学方法进行文献检索，重在对学生研究与分析技能的培养，其不适合正在进行应用型转型改革的高校。怎样向应用型转型？应用型高校的核心特征是什么？我们认为文献检索课程应该"从形态到灵魂都要来一个彻底改变"。我们首先抓住了文献检索教材的编写，将其作为"转型发展的着力点"，从而带动文献检索课程教学理念、内容、方法、模式、评价等一系列改革。

与现有的同类教材相比，本书在以下几个方面做了较大改革。

第一，教材以应用型教学改革为主线，抓住"应用"的基本特征做文章。教材内容从"普遍性"转变为专业性、行业性。我们力求做到与社会发展和地区发展、教育对象相适应，与社会及行业发展水平和竞争要求相适应，做到传授的东西实用性强，不是空泛的理论、滞后的知识、虚幻的技能。

第二，教材坚持信息素养、信息技能、信息知识、信息文化培养相统一的原则。以信息知识为载体，重在培养信息检索与利用的技能，并使学生理解信息文化，从而提高学生信息素养。全书以信息素养篇、信息资源篇、信息检索篇、信息利用篇、信息管理篇、信息评价篇为主要内容，注重培养学生信息素养。

第三，教材避免了传统教材重理论轻实践、重知识轻技能、重讲授轻自学的倾向，注重学生自学。以学生自主学习、教师指导为主要方式，以基础知识＋案例教学＋实际操作相结合的形式，充分发挥学生在学习中的主体作用、教师的主导作用，理论与实践相结合，重在实践。

本教材由吴章贵担任主编，何林、吴昊担任副主编。吴章贵编写教学大纲，并指导全书编写，最终负责修改审定统稿。第一章由卫丽撰写，第二章由何林、伍芳芳撰写，第三章由吴昊、陈会涛撰写，第四章由朱黎、陈太丽撰写，第五章由王桂芝撰写，第六章由白红平撰写。

在教材编写过程中，编者参阅和引用了许多专家学者的研究成果，在此，我们对相关的专家学者表示真诚的谢意。

由于编写时间仓促，编者专业水平有限，以及网络环境下信息检索的资源和技术都在不断变化，网络检索工具和平台都在不断创新，书中难免出现疏漏和错误之处，恳请读者批评指正。

编　者

目 录

第一章 信息素养 …………………………………………………………………… (1)

第一节 信息检索基础 ………………………………………………………… (1)
一、信息社会与信息文化 ………………………………………………… (1)
二、信息素养 ……………………………………………………………… (4)

第二节 信息基础知识 ………………………………………………………… (9)
一、基本概念 ……………………………………………………………… (9)
二、信息安全防范 ………………………………………………………… (17)
三、信息检索原理 ………………………………………………………… (19)

第二章 信息资源 …………………………………………………………………… (28)

第一节 生活信息资源 ………………………………………………………… (28)
一、电商信息资源 ………………………………………………………… (29)
二、旅游信息资源 ………………………………………………………… (30)
三、影视信息资源 ………………………………………………………… (30)
四、医疗信息资源 ………………………………………………………… (31)
五、微信公众号 …………………………………………………………… (32)
六、图片、音乐信息资源 ………………………………………………… (33)
七、网盘信息资源 ………………………………………………………… (34)
八、"人肉搜索" …………………………………………………………… (34)

第二节 学习信息资源 ………………………………………………………… (35)
一、国内主要数据库介绍 ………………………………………………… (35)
二、国外主要期刊数据库介绍 …………………………………………… (45)

  三、MOOC 平台 …………………………………………………………… (46)
  四、知识问答社区 ………………………………………………………… (48)
  五、网络百科全书 ………………………………………………………… (49)
  六、网络文档资源 ………………………………………………………… (50)
  七、图书馆及数字图书馆 ………………………………………………… (50)
  八、考研与留学 …………………………………………………………… (52)
  九、公共信息资源平台 …………………………………………………… (53)
  十、OA 资源及利用 ……………………………………………………… (56)
 第三节　工作信息资源 ……………………………………………………… (57)
  一、实习与求职信息 ……………………………………………………… (57)
  二、行业信息资源 ………………………………………………………… (61)
  三、统计信息检索 ………………………………………………………… (65)
  四、专业资料信息检索 …………………………………………………… (68)

第三章　信息检索 …………………………………………………………… (75)

 第一节　信息检索的技术与技巧 …………………………………………… (75)
  一、信息检索的技术 ……………………………………………………… (75)
  二、信息检索技巧 ………………………………………………………… (81)
 第二节　搜索引擎的门道 …………………………………………………… (90)
  一、搜索引擎概述 ………………………………………………………… (90)
  二、搜索引擎的使用技巧 ………………………………………………… (97)
 第三节　学术资源的获取窍门 ……………………………………………… (103)
  一、学术资料线索特征查找 ……………………………………………… (103)
  二、获取全文的方式 ……………………………………………………… (106)
  三、文献知识的发现 ……………………………………………………… (110)

第四章　信息利用 …………………………………………………………… (116)

 第一节　行业信息资源的检索利用 ………………………………………… (116)
  一、教育法律类信息资源的检索与利用 ………………………………… (116)
  二、经济管理类信息资源的检索与利用 ………………………………… (118)
  三、工程类信息资源的检索与利用 ……………………………………… (119)
  四、文化艺术类信息资源的检索与利用 ………………………………… (120)
  五、电子、通信、计算机类信息资源的检索与利用 …………………… (123)
 第二节　网络资源的垂直搜索利用 ………………………………………… (126)
  一、垂直搜索利用 ………………………………………………………… (126)

二、网络资源垂直搜索的方法与案例 (127)

第三节 创新创业信息的检索利用 (136)
　　一、立项前怎样查找专利信息 (136)
　　二、研发新产品时怎样查找标准信息 (141)
　　三、注册商标时如何查找商标信息 (143)

第四节 信息的综合利用 (145)
　　一、调研报告的写作检索 (145)
　　二、文献综述与摘要的写作检索 (150)
　　三、毕业论文的写作检索 (154)

第五章 信息管理 (159)

第一节 个人信息管理 (159)
　　一、个人信息管理的定义 (159)
　　二、个人信息管理的基本技能 (160)
　　三、个人信息管理软件 (161)
　　四、大学生个人信息管理 (161)
　　五、个人信息管理常用方法 (162)

第二节 单位信息管理 (181)
　　一、OA系统 (181)
　　二、钉钉办公软件 (182)
　　三、哒咔办公 (183)
　　四、云之家移动办公平台 (183)
　　五、档案管理系统 (184)

第六章 信息评价 (185)

第一节 信息评价 (185)
　　一、信息评价的定义 (185)
　　二、信息评价的主体 (185)
　　三、信息评价的必要性 (186)
　　四、信息评价的原则 (186)
　　五、信息评价的方法和标准 (187)

第二节 信息的辨别 (188)
　　一、识别网络谣言 (188)
　　二、识别各种诈骗 (190)

第三节 常用信息的评价 (198)

一、生活信息的评价 …………………………………………………… (198)
二、学术信息的评价 …………………………………………………… (201)
三、求职信息的评价 …………………………………………………… (211)

附　录 …………………………………………………………………… (215)

附录一　高校大学生信息素养指标体系（讨论稿） ……………………… (215)
附录二　中国图书馆分类法简表（第五版） ……………………………… (217)

参考文献 ………………………………………………………………… (221)

第一章

信息素养

★ 本章提示

重点：信息素养的内容、提高信息素养的途径、信息评价的方法和标准、信息安全的防范、信息检索语言和工具、信息检索方法和途径、信息检索技术和技巧。

难点：信息检索语言和工具、信息检索方法和途径、信息检索技术和技巧。

第一节 信息检索基础

★ 自学指南

1. 信息社会构成的因素有哪些？如何适应信息社会的变化？
2. 什么是信息文化？信息、知识与文献有什么区别和联系？

一、信息社会与信息文化

（一）信息社会

2006年3月举行的第60届联合国大会通过第252号决议，确定自2006年开始，每年5月17日为"世界信息社会日"，这标志着信息化对人类社会的影响进入了一个新的阶段。近年来，中国信息社会建设步伐加快，这主要表现在：一是信息化发展越来越受到国家的高度重视，国家出台了"互联网＋"行动计划、大数据发展战略规划纲要、智能制造2025、国家信息化发展战略纲要等一系列战略性政策，强调以信息化驱动现代化，加快释放信息化发展的巨大潜能。二是面向公共服务和改善民生的若干重要信息化系统初见成效。中国的政务大数据、电子政务，包括利用微博、微信等实现信息共享、业务协作等方面的应用不断推广。三是新经济蓬勃发展。移动互联网技术的充分发展在生活服务、交通出行、医疗教育、旅行住宿等领域催生了电子商务、分享经济等新业态、新模式，人们的数字生活日益便捷丰富，对经济和社会发展产生了巨大而深刻的影响，从根本上改变了人们的生活方式、行为方式和价值观念。21世纪，人类将全面迈向信息时代。

1. 信息社会的概念

信息社会也称为信息化社会、知识社会、网络社会、虚拟社会、后工业社会等，是脱离工业化社会以后，信息起主要作用的社会。对于信息社会而言，信息成为比物质和能源更为重要的资源，信息经济活动必将迅速扩大，从而替代工业生产活动成为国民经济活动中最重要的内容。信息经济在国民经济中占据主导地位，并构成社会信息化的物质基础。

2. 信息社会的特征

在20世纪80年代，关于"信息社会"的较为流行的说法是"3C"社会（通信化、计算机化和自动控制化）、"3A"社会（工厂自动化、办公室自动化、家庭自动化）和"4A"社会（"3A"加农业自动化）。到了90年代，关于信息社会的说法又加上了多媒体技术和信息高速公路网络的普遍采用等条件。具体而言，信息社会有如下三方面的特征：

（1）经济领域的特征。信息经济的显著特征就是技术含量高、渗透性强、增值快，可以优化各种经济资源和生产要素的管理及配置，从而使各种资源的配置达到最优的状态，大大降低生产成本，提高劳动生产率，扩大社会的总产量，推动经济增长。在信息化过程中，通过加大对信息资源的投入，可以在一定程度上替代各种物质资源和能源的投入，减少物质资源和能源的消耗，改变传统经济增长模式。具体表现在以下几方面：

①劳动力结构出现根本性的变化，从事信息职业的人数与其他部门职业的人数相比已占绝对优势；

②在国民经济总产值中，信息经济所创产值与其他经济部门所创产值相比已占绝对优势；

③能源消耗少，污染得以控制；

④知识成为社会发展的巨大资源。

（2）社会、文化、生活方面的特征。

①社会生活的计算机化、自动化；

②拥有覆盖面极广的远程快速通信网络系统以及各类远程存取快捷、方便的数据中心；

③生活模式、文化模式的多样化、个性化的加强；

④可供个人自由支配的时间和活动的空间都有较大幅度的增加。

（3）社会观念上的特征。

①尊重知识的价值观念成为社会风尚；

②社会中人具有更积极地创造未来的意识倾向。

3. 如何适应信息社会变化

（1）学习信息化技术，关注最新信息动态，积极探索新事物，勇于创新。信息时代，只有重视技术创新和制度创新的国家，才能充分利用各种资源，实现经济的可持续发展，并在国际竞争中立于不败之地。信息社会，信息素养显得尤为重要，因此要加强信息素养教育，积极学习信息化技术。

(2) 树立正确的信息伦理及信息道德观念，了解信息技术相关法律规则，提高自身对信息法规的认识，比如《民法通则》《信息网络传播权保护条例》等，并以此作为戒尺，规范自己在信息社会的活动。

(3) 积极融入信息时代，加强自身信息教育，努力提高信息素养，改变以往的生活习惯，将信息技术融入学习、生活，通过信息技术提高学习效率和工作效率。

（二）信息文化

1. 信息文化的起源

对于信息文化的关注最早可以追溯到 20 世纪 70—80 年代，一是未来学家对信息社会的文化研究，如丹尼尔·贝尔的"后工业社会"文化研究、阿尔温·托夫勒的"第三次浪潮"文化研究等；二是企业管理信息系统（MIS）和信息资源管理（IRM）研究中的概念，其研究企业采用计算机系统进行管理后，形成的新型企业文化与传统企业文化之间的区别。此后，随着网络信息技术的发展和广泛应用，人们对网络文化和赛博文化的关注逐渐丰富和发展着信息文化的研究。

在中国，信息文化研究始于 20 世纪 90 年代。1990 年，卢泰宏所著的《信息文化学导论》一书，是国内第一本全面论述信息文化的专著。随后关于信息文化的研究与关注逐渐丰富起来。

2. 信息文化的内涵

作为物质形态的信息文化，是立足于社会信息和信息资源的累积和沉淀，是立足于信息技术和管理方法的更替和勃兴，为社会信息交流和利用提供了坚实的物化的人文环境，是社会活动与信息活动交融的结果。信息资源系统和信息技术体系构成了作为物质形态的信息文化的主要内容和发展基础。

作为社会规范的信息文化，是形成和调控人类社会生活中人与人之间各种信息关系的程序化、制度化手段的组合，从人的社会责任感和价值认同感出发，确立人类信息活动的道德准则和法理制度，是社会信息活动的基本依据和总体要求。信息法规和信息伦理以其强制和非强制的力量维系着社会信息交流和管理活动。

作为行为方式的信息文化，是人类信息交流和管理中约定俗成的规律性方式的信息需求和信息行为的展现，伴随信息交往过程中外在的技术力量和资源形态的演化而不断更新。在信息扩散、中介、接受、吸纳和再生的全过程中，个人的、民族的、地域的特色与普遍规律的结合，形成了具有人性魅力和影响的信息行为方式。

作为精神观念的信息文化，是人类个人和群体的精神的、内化的信息意识和素养的集中体现，而这种文化体的心理构成和意识外倾成为社会信息文化的精神支撑，是信息文化的核心所在。建立于人类信息世界的内在的、隐性的、历史的信息思维模式之上，信息文化具有独特性的信息价值系统和观念系统，为我们描绘了一幅经纬交错的信息文化的"精神地图"。

显然，四种形态的信息文化具有明显的层级性，而作为物质形态的信息文化和作为社会规范的信息文化是广义信息文化的物化基础，作为行为方式的信息文化和作为精神观念的信息文化是广义信息文化的理性分析。因而，我们更倾向于把作为行为方式的信息文化和作为精神观念的信息文化看作严格意义上或狭义的信息文化。

3. 信息文化的特征

信息文化除具有文化的一般特征，还有一些特殊特征，主要表现在：

(1) 数字化、全球化体现了信息时代物质文化的特征。数字化是信息文化的根本特征，网络上的一切信息无论采用的是哪种编程语言，其最终都是以二进制代码0和1存储在计算机中的。这意味着，所有的信息，不管多么千差万别，都可以按照一种简单的统一的机器"语言"被组织起来。

全球化是信息文化发展的必然趋势，以前任何形态的文化都是区域性的，因地理障碍造成的交流障碍是不可克服的。互联网环境下，地理障碍已经不再成为交流的障碍，人们可以通过互联网足不出户地了解到世界各地的文化，信息文化将是全球性的。

(2) 虚拟性、交互性体现了信息时代行为文化的特征。虚拟现实技术作为计算机与信息技术发展的最新成果，是人与计算机生成的虚拟环境交互作用的技术手段。数字图书馆、虚拟实验室、虚拟办公室、网络商店和网上购物、无人值守银行等，正在影响着人们的生活。

互联网作为一种新的传播工具，区别于其他传统传播工具的最本质的特征，就是交互性。互联网用户不但可以实现一对一的信息双向流动，而且还可以达到一对多、多对多的互动关系。

(3) 开放性、自治性、自律性成为信息时代制度文化的特色。信息网络的结构是开放的和高度自组织的，在这种开放的技术环境中，人们可以在网上随时随地以匿名的方式浏览各种信息、发表各种看法，这为信息文化的发展提供了强大的推动力。但是同时，又要求人们要有高度的自治性、自律性，不做法律、道德所不允许的事情。

(4) 信息交流自由、平等、共享的理念正逐渐演化为信息时代精神。文化本身就具有延续和传递的特点，而信息文化作为文化的一种，同样也在延续和传递中扮演着重要的角色，所以，在信息时代人们可以通过网络和各种信息设备进行交流，而且这种交流方式可以使广大人民群众随时随地地进行交流。在网络中人们用虚拟身份和不同的人进行交流，所以能够加强人们的交流意识，从而汲取所需的文化，促进平等对话，同时也能够将自己认为比较好的东西与人分享，扩大交际圈。

二、信息素养

信息社会需要的不是信息的简单传递者或使用者，而是具有较强信息意识和能够熟练使用现代信息技术手段，并将大量支离破碎的信息与数据进行归纳与综合，并使之条理化的有较高信息素养的人才。高等院校的大学生虽然对信息资源有一定的认识，但其获取和利用信息资源的能力还处于较低水平。如何提高检索、评价和利用信息资源的能力，已经成为影响人类生存和发展的重要因素之一，信息素养已经成为信息时代人类不可或缺的重要能力。一个具有信息素养的人，能够认识到精确和完整的信息是作出合理决策的基础，能够确定对信息的需求，能够形成基于信息需求的问题，能够确定潜在的信息源，能够制定成功的检索方案。

(一) 信息素养的概念

信息素养是指包括对信息的反思性发现，对信息产生方式和信息评价的理解，以及利用信息创造新知识并合理参与学习团体的一组综合能力。

（二）信息素养标准

1998年美国学校图书馆协会（AASL）和美国教育传播技术协会（AECT）发表了《信息能力：创建学习的伙伴》一文，文章中确定了"学生学习的信息素养标准"。这一标准主要阐明了信息素养教育的概念和框架，确定了学生学习的七大信息素养标准：

标准一：具备信息素质的学生能够了解信息以及信息素质能力在现代社会中的作用。

标准二：具备信息素质的学生能够确定所需信息的性质与范围。

标准三：具备信息素质的学生能够有效地获取所需要的信息。

标准四：具备信息素质的学生能够正确地评价信息及其信息源，并能够有效利用。

标准五：具备信息素质的学生能够有效地管理、组织与交流信息。

标准六：具备信息素质的学生能够独立或是合作完成一项具体的信息检索和利用任务。

标准七：具备信息素质的学生能够合理、合法地检索和利用信息。

（三）信息素养内涵

信息素养是一个多元化、综合性的概念，具体可将信息素养的内涵分为信息意识、信息能力、信息道德三要素。

信息意识是指对信息的认识、兴趣、动机、需求和理念等，是信息在人脑中的集中反映，即社会成员在信息活动中产生的认识、观点和理论的总和，是人们凭借对信息与信息价值所特有的敏感性和亲和力，主动利用现代信息技术捕捉、判断、整理、利用信息的意识。

信息能力包括一般能力和信息能力。一般能力主要指传统的文化素养（比如读、写、算的能力）方面的基本思维能力、信息知识、现代信息技术知识、跨文化素养等，是顺利进行信息活动的基本知识和技能。信息能力指人们利用信息工具识别获取、评价判断、加工处理以及生成新信息的能力，它包括硬能力和软能力，前者是指使用工具的能力，后者是指独立学习、协作学习、终身学习的能力以及思维能力，特别是批判性思维能力。

信息道德是信息素养的准则，是指在组织和利用信息时，信息交流与传递的目标要与社会整体目标相一致；遵循信息法律法规，抵制信息污染；尊重知识产权和个人隐私。

【实例】我国的"照片泄密案"，"罪魁祸首"就是1964年《中国画报》封面刊出的一张照片。大庆油田的"铁人"王进喜头戴大狗皮帽，身穿厚棉袄，顶着鹅毛大雪，握着钻机手柄眺望远方，在他身后散布着星星点点的高大井架。日本情报专家根据照片上王进喜的衣着、所握手柄的架势等解开了大庆油田的秘密，当我国政府向世界各国征求开采大庆油田的设计方案时，日本人一举中标。

分析：这个故事告诉我们两个道理：①在信息社会飞速发展的今天，我们一定要注意个人信息以及国家安全信息的保护，树立信息安全意识；②要意识到我们可以发现信息意识的重要性，能够意识到哪些信息对自己的学习和生活以及社会发展有价值，能够从海量的信息中选取自己需要的信息，要提高对信息的敏感度。

【实例】某公司发布招聘信息，除了应聘的联系方式，应聘条件、工资待遇等内容一应俱全。大部分人认为是印刷错误，眼巴巴等着该公司补充消息，只有三位应聘者通过互联网查找到了该公司的联系方式并顺利面试。

分析：机会是给有准备的人的，信息时代拥有一定的信息能力是十分必要的，每个人都要不断学习新知识，完善自己的信息技能，这样才有可能成为下一个幸运的人。

【实例】 日本京都大学 iPS 细胞研究所召开新闻发布会，承认该所研究人员山水康平在 2017 年 2 月发表的一篇论文存在造假行为，并公布调查结果。该研究所所长、诺贝尔奖得主山中伸弥为此致歉。据称，山中伸弥表示不排除辞去所长职务的可能。

分析：论文造假属于学术不端行为之一，作为当代大学生应具备良好的信息道德。

（四）信息素养的作用

信息社会，各国都在通过各种先进技术争夺有利的信息资源，因此，培养和提高国民信息素养至关重要。国民信息素养水平直接关系到整个国家的现代化建设进程，也是影响国家文化软实力的重要因素。

（1）信息素养能够提高大学生解决问题的能力，是大学生终生学习的基础。当今许多大学生面临着各种困扰自己的问题，如有些大学生听课效率不高，以致上课听不懂，而不会的问题又无从解决；有些大学生由于专业不符合个人的兴趣，学习积极性不高；有些大学生不知道现在学习的东西和以后的工作有什么关系等。这些问题在信息获取便利的今天，大学生完全可以依靠自己解决，前提是大学生具有一定的信息意识与信息知识，知道自己需要什么信息、什么内容是信息、信息获取的途径有哪些。因此，通过信息素养的培养，可以提高大学生发现问题、分析问题、解决问题的能力，满足大学生自身发展的需求。

（2）信息素养能够提高大学生的创新能力。在信息大爆炸的今天，大量"有用"与"无用"的信息并存，要进行有效的创新活动，就需要大学生具有信息分辨、获取相关信息的能力。通过信息素养的培养，增强大学生的信息能力，可以丰富大学生获取信息的途径，提高大学生对信息采集、传输、加工、应用及创新的能力，进而丰富大学生的知识与技能。

（3）信息素养能够保证大学生获取信息的质量。信息时代，信息出现了井喷式的增长，信息质量参差不齐。只有学会辨别、抵制不良信息和不道德的信息，才能保证个体在信息时代健康地成长。大学生心智尚未完全成熟，且对信息的辨别能力较弱，容易受到不健康、不道德信息的侵蚀，提高信息素养有助于大学生正确地辨别信息，利用有效的、有益的信息。

（五）信息素养的相关概念

1. 大数据

20 世纪中叶以来，电子计算机的使用为人类认识世界、把握世界、改造世界打开了一扇新的窗户。从最初的电子管到如今最先进的光子计算机、量子计算机，人类已经从电气时代、信息时代迈入大数据时代。

（1）大数据的概念。所谓大数据，也称巨量资料或海量资料，指无法在一定时间范围内用常规软件工具进行捕捉、管理和处理的数据集合，是需要新处理模式才能具有更强的决策力、洞察发现力和流程优化能力的海量、高增长率和多样化的信息资产。大数据具有"5V"特征，即巨量（Volume）、多样（Variety）、高速（Velocity）、真实（Veracity）和高价值（Value）。大数据概念将对经济建设、社会发展和科学研究产生深远影响。

（2）大数据思维。所谓大数据思维，是指一种意识，认为公开的数据一旦处理得当就能为千百万人急需解决的问题提供答案。随着大数据概念在计算机科学、移动互联网等领域的广泛讨论以及大数据技术的广泛应用，大数据思维的轮廓逐渐清晰起来。大数据思维在更多的方面显示出强大的应用潜力。

【实例】美国迪士尼公司投资了10亿美元进行线下顾客跟踪和数据采集,开发出MagicBand手环。游客在入园时佩戴带有位置采集功能的手环,园方可以通过定位系统了解不同区域游客的分布情况,并将这一信息告诉游客,方便游客选择最佳游玩路线。此外,用户还可以使用移动订餐功能,通过手环的定位,送餐人员能够将快餐送到用户手中。

分析:利用大数据不仅提升了用户体验,也有助于疏导园内的人流。而采集得到的顾客数据,可以用于精准营销。

【实例】一家做订餐配送业务的互联网企业,在送外卖的自行车和汽车上安装了一套软件和追踪系统,从配送外卖中采集了大量数据,如谁订了什么外卖、经过什么路线、到了谁的家里……而通过对数据的分析,可以得出哪家餐馆的什么外卖比较受欢迎、最快捷的路径是哪一条等结论,在此基础上为商家提供备料建议,并规划一条合理高效的送餐路线。

分析:通过分析表面看似无关联的大数据,公司能够提供优化餐馆运营的增值服务。消费者行为的不同数据都有内在联系,这可以用来预测消费者的行为偏好。

【实例】电商购物中,商品页面的其他产品推荐是个重要的功能。如何量化和优化推荐功能的效果?有研究机构做了这样一个测试:按顺序向用户推荐全部/屏蔽部分推荐/屏蔽所有推荐。经过一个月的测试之后,跟踪被测试对象的购买情况,发现向用户推荐全部的短期效应最高,购买量最多。而屏蔽所有推荐的效果要优于屏蔽部分推荐。原先购买过商品的消费者在被屏蔽推荐之后,商品的销售额下降更快,因而可以得出推荐功能对有忠诚度的客户作用更大。

分析:大胆地利用网络电商相关数据做实验,能够发现大数据所带来的信息可以帮助制定更高效的营销策略。

2. 数字素养

随着社会的数字化,数字化信息技术越来越普及,逐渐弥补了媒体信息技术的不足。人们所提倡的信息素养也逐渐被数字素养所取代。近年来,欧美发达国家更多地使用"数字素养"(Digital Competence)一词,用"数字"取代"信息",以便能更加凸显现代信息技术区别于以往信息技术(计算机出现之前广泛使用的电话、广播、电视等模拟通信技术)的数字化本质。所谓数字素养,就是指在数字环境下利用一定的信息技术手段和方法,能够快速有效地发现并获取信息、评价信息、整合信息、交流信息的综合科学技能与文化素养。相对于熟知的信息素养而言,数字素养更注重新形式信息的创新、应用和管理能力,更体现新时代的特征。

以色列学者Yoram Eshet Alkalia根据多年研究和工作经验,在分析了相关文献并开展试点研究之后,提出了数字素养概念的5个框架,其中包括了信息素养,所以数字素养是可以包含信息素养的,两者在不同的时期都反映了时代的要求。数字素养概念的5个框架具体内容如下:

(1)图片—图像素养,指的是学会理解视觉图形信息的能力。因为数字环境已经从原来基于文本的句法环境演变为基于图形的语义环境,所以必须掌握"用视觉思考"的认知技能,最终做到本能、无误地"解读"和理解以视觉图形形式呈现的信息。最有代表性的是"用户界面"和现代计算机游戏。

(2) 再创造素养，指的是创造性"复制"能力。也就是说，通过整合各种媒体（文本、图像和声音）的现有的、相互独立的信息，赋予新的意义，从而培养能进行合成和多维思考的能力。

(3) 分支素养，指的是驾驭超媒体素养技能。现代超媒体的非线性特征使人们能用新的思维方式思考。因此，应该学会运用非线性的信息搜索策略，并通过同样的方式从貌似不相干的零碎信息中建构知识。也就是说，在超媒体的空间，虽然寻找到所需信息的线路可能会非常复杂，但人们不但要清楚目的，不迷失方向，而且还要能在各种复杂的知识领域之中"游刃有余"。

(4) 信息素养，指的是辨别信息适用性的能力。在信息剧增时代，人们不但要学会搜索所需的信息，而且要学会去伪存真，数字环境下的每一项工作都与这种素养有关。换言之，信息素养并不仅仅指搜索信息，还要学会批判性思考。这是任何学习环境都必须掌握的技能，但在数字学习环境显得更加重要。

(5) 社会—情感素养。人们不但要学会共享知识，而且要能以数字化的交流形式进行情感交流，识别虚拟空间里各式各样的人，避免掉进互联网上的陷阱。Yoram Eshet Alkalai 认为这是所有技能中最高级、最复杂的素养。

（六）提高信息素养的途径

1. 树立强烈的信息意识

信息意识指具有自我知识积累的意识、具有信息需求的意识、具有对信息价值的敏感性、具有寻求信息的兴趣、具有利用信息为个人和社会发展服务的愿望并具有一定创新的意识。意识决定行动，信息意识的提高是塑造信息素养的先决条件。

2. 掌握信息检索的方法技巧

互联网的普及和发展给人们带来了空前丰富的信息资源，越来越多的用户利用网络阅读和查询所需信息，网上阅读和检索已成为人们获取信息的重要途径。如何认识和利用浩瀚如海的网络信息、快速查找并准确获取所需资源，需要掌握一定的网络检索方法和技巧以便捷地在互联网上检索查询，提高搜索的准确率，从而提高检索能力。

3. 学习常见的文献计量学分析方法

当文献检索结果数量庞大时，简单利用检索条件进行筛选可能会遗漏重要内容。当研究者缺乏检索内容相关知识时，仅通过引用频次或下载数量判断结果可能不准确。通过文献计量学的分析，就能以图形可视化的方式为研究人员对科学引文数据进行文献计量分析，用最简单的操作方法、最直观的表现手法为科研人员开展研究提供有价值的参考信息。所谓的文献计量学就是以文献体系和文献计量特征为研究对象，采用数学、统计学等的计量方法，研究文献情报的分布结构、数量关系、变化规律和定量管理，并进而探讨科学技术的某些结构、特征和规律的一门学科。

文献计量学是以几个经验统计规律为核心的。例如，表征出科技文献作者分布的洛特卡定律（1926）；表征文献中词频分布的齐普夫定律（1948）；确定某一学科论文在期刊中分布的布拉德福定律（1934）等。文献计量学一直围绕这几个定律，沿着两个方向发展：其一是验证与完善这些经验定律；其二是扩大与推广这些经验定律的实际应用。目前，文献计量学应用十分广泛。其微观的应用有确定核心文献，评价出版物，考察文献利用率，实现图书情报部门的科学管理；宏观的应用有设计更经济的情报系统和网络，提高情报处理效率，寻找文献服务中的弊端与缺陷，预测出版方向，发展并完善情报基础理论等。

传统文献计量学方法可以分为三类：
（1）基于引文的计量方法，如引用频次统计、文献同被引分析、文献耦合分析等；
（2）基于作者的计量方法，如作者同被引分析、合著分析等；
（3）基于词汇的计量方法，如词频统计、关键词共现分析等。

4. 坚持信息伦理和信息法规

高校学生在网络信息利用中存在相当严重的法律意识淡薄和道德伦理丧失的问题，加强学生信息素养教育必须加强学生信息使用法规和伦理道德教育。要让学生学会对媒体信息进行判断和选择，自觉抵制不健康的内容，不利用计算机网络从事侵犯他人合法权益的活动。坚持信息伦理和信息法规是提高信息素养最基本的条件。目前主要的信息伦理准则有美国计算机学会信息伦理准则、英国信息伦理准则和中国《全国青少年网络文明公约》，美国和英国的信息伦理准则总结起来主要包括以下内容：对社会和大众的福利要有所贡献；避免伤害他人；确定个人的工作不影响第三者的权益；尊重个人隐私；保护信息使用者的机密；行为要公平且不能有歧视；信息人员在对雇主以及顾客尽义务时，不可背离大众的利益；诚实和值得信赖；经授权后再使用电脑和通信资源；遵守与专业有关的法律法规，特别是有关财政、健康、安全以及个人资料的保护规定；承认并保护知识产权。

中国《全国青少年网络文明公约》的内容包括"五要五不"：
①要善于网上学习，不浏览不良信息；
②要诚实友好交流，不侮辱欺诈他人；
③要增强自护意识，不随意约会网友；
④要维护网络安全，不破坏网络秩序；
⑤要有益身心健康，不沉溺虚拟时空。

第二节　信息基础知识

★自学指南

1. 信息如何分类？信息安全防范的措施有哪些？
2. 保证信息安全的方法有哪些？
3. 信息检索有哪些语言、工具、方法与技术？

一、基本概念

（一）信息

1. 信息的概念

人类已进入"信息时代"，我们的社会日益转型为一个"信息社会"。虽然人们每天都在接触、利用信息，信息资源也成了当今社会中最宝贵的资源，但是一般人还是对信息的概念不甚了解。"信息"作为一个科学术语已成为当下使用频率最高的词汇之一。

对信息具有广泛影响的定义为：信息是指文字、数据或信号等形式通过一定的传递和处理，来表现各种相互联系的客观事物在运动中所具有的特征性内容的总称。

总之，信息是对客观世界中各种事物的变化和特征的反映；是客观事物之间相互作用和联系的表征；是客观事物经过感知或认识后的再现。信息普遍存在于整个宇宙之中，信息无处不在、无时不有，是人们认识世界、改造世界取之不尽、用之不竭的宝贵资源。信息的增长速度和利用程度已成为现代社会和科技进步的重要标志之一。

2. 信息的特征

信息的主要特征是客观性、传递性、共享性、中介性和时效性。

(1) 信息的客观性。信息是对事物的状态、特征及其变化的客观反映，其存在是不以人的意志为转移的。客观、真实是信息的最重要的本质特征。

(2) 信息的传递性。信息依附于一定的物质载体后，其传递和流通便成为可能。信息的传递性是指信息从信源出发，经过信息载体的传递被信宿接受并进行处理和运用的特性。信息可以在时间上或空间上从一点转移到另一点，可以通过语言、动作、文献、通信、电子计算机等各种渠道和媒介进行传播。

(3) 信息的共享性。共享性是指同一内容的信息可以在同时间或不同地点被多个用户共同使用。而信息的提供者并不因为提供了信息而失去原有的信息内容和信息量，各用户分享的信息份额也不因为分享人数的多少而受影响。人们可以利用他人的研究成果进一步创造，避免重复研究，节约资源，在共享的过程中提高信息的利用率。

(4) 信息的中介性。就物质世界的层次来看，信息既区别于物质又区别于精神，它的内核不是具体的物质和能量，也不像意识那样依赖于大脑存在，故不具有主观性。信息是介于物质世界和精神世界之间过渡状态的东西，是人们认识事物的媒介。

(5) 信息的时效性。信息作为对事物存在方式和运动状态的反映，随着客观事物的变化而变化。在现代社会中，信息的使用周期越来越短，信息的价值实现取决于对其及时的把握和运用。如果不能及时地利用最新信息，信息的价值就会贬值甚至毫无价值，这就是信息的时效性，即时间与效能的统一性。它既表明了信息的时间价值，也表明了信息的经济价值。

3. 信息的分类

信息广泛存在于人类社会和自然界，根据不同的划分方法可以划分出不同的类型。根据信息源的性质来划分，可以分为语音信息、图像信息、文字信息、数据信息、计算信息等。根据信息的社会属性来划分，可以分为政治信息、军事信息、科技信息、经济信息、社会信息、生活信息等。根据信息的载体性质来划分，可以分为电子信息、光学信息、生物信息等。根据信息的生产过程或加工深度来划分，可以分为一次信息、二次信息、三次信息。

(二) 信息源

1. 信息源的定义

一般来说，获取信息需要三个基本要素，即信息源、信道、信宿。信息源是以信号的形式发送信息的主体，或观测、考察的对象；信道是指传送信号的通道或媒介；信宿是信息传送的对象。

信息源，即信息的来源。信息源是人们在科研活动、生产经营活动和其他一切活动中所产生的成果和各种原始记录，以及对这些成果和原始记录加工整理得到的成品。信息源内涵丰富，它不仅包括各种信息载体，也包括各种信息机构；不仅包括传统印刷型文献资料，也包括现代电子图书报刊；不仅包括各种信息存储和信息传递机构，也包括各种信息生产机构。

2. 信息源的分类

（1）按信息源产生的时间顺序来划分，可分为先导信息源、即时信息源、滞后信息源。

先导信息源是指产生于社会活动之前的信息，如天气预报。即时信息源是指在社会活动中产生的信息，如工作记录、实验报告等。滞后信息源是指在社会活动之后产生的信息，其目的是报道、记录相关的信息，如报刊。

（2）按信息源传播形式来划分，可分为口传信息源、文献信息源和实物信息源。

口传信息源是指通过人们交流、讨论、报告会的方式交流传播而获得的信息。实物信息源是指通过人们实践、实验、采集、参观等方式交流传播获得的信息。文献信息源是指人们可以通过文献阅读、视听学习等方式交流传播并获得的信息，包括印刷型信息源和电子信息源等。

（3）按信息的加工和集约程度来划分，可分为一次信息源、二次信息源、三次信息源、四次信息源。

一次信息源是指最原始的信息，没有经过任何加工处理。二次信息源是指一次信息源经过加工处理提取的信息。三次信息源是指再生信息源或工具书（百科全书、辞典、手册、年鉴）。四次信息源是指图书馆、档案馆、数据库、博物馆等。

（三）信息资源

1. 信息资源的含义

所谓资源，是指自然界和人类社会生活中一切可以被人类开发和利用的物质、能量和信息的总称。信息虽然可能成为资源，但并不是所有的信息都是资源。信息只有经过人类开发与组织，形成有用信息的集合时才能成为信息资源。

信息资源通常有广义和狭义两种不同的解释。广义的信息资源是指信息活动中各种要素的总称，包括信息内容以及与信息内容相关的信息技术、信息设施、信息人员和资金等；狭义的信息资源则专指信息的内容，包括文献资源或数据资源，或者各种媒介和形式的信息集合，包括文字、音像、印刷品、电子信息、数据库等。也就是说，信息资源只限于信息本身，而不包括其他因素。

从广义的角度来理解信息资源，有助于从总体上把握信息资源的内涵。因为依据系统论的观点，在广义信息资源三大要素（信息、信息生产者和信息技术）中，任何一个要素都不可能单独发挥作用，只有将它们按一定的原则加以配置组成一个信息系统，才能发挥其最佳效用，显示其价值，而这种价值的大小又在很大程度上取决于三要素的配置方式和配置效率。从狭义的角度来理解信息资源，有助于把握信息资源的核心和实质。因为信息资源之所以成为经济资源并备受人们的青睐，主要是因为其中所包含的有用信息能够消除经济活动中的不确定性，帮助人们进行决策，减少经济活动中其他物质资源和能源资源的损耗，降低成本和节省开支，而信息生产者、信息技术则仅仅是信息生产的外在条件而已。我国通常使用狭义的信息资源概念。

信息资源、自然资源、人力资源共同构成了人类社会发展的资源体系。信息构成了信息社会和知识经济时代的基础，在这个新时代，信息资源成为生产力要素之一。

2. 信息资源的特点

信息资源是可利用的信息，信息资源中最核心的是知识资源。知识是系统化了的信息。因此，信息资源具有信息和知识的特点，同时还具有与自然资源、物质资源不同的特点。

(1) 知识性。信息资源是人类认识世界和改造世界的精神产物，是人类按照一定的次序开发与组织起来的信息，是人类脑力劳动的产物。它传播的是人们的知识与智慧。一定的信息资源总是反映着一定社会和一定地区的知识水平。如果离开了知识性，信息资源也就不成其为信息资源，因此，知识性是信息资源的本质特性之一。

(2) 共享性。共享性是信息资源区别于物质资源的根本属性之一。作为人类社会认识世界和改造世界的精神产物，信息资源是人类社会共同的精神财富；而作为人类社会共同的精神财富，信息资源可同时为众多的使用者享用，也可为不同时期的使用者使用，还可为不同领域的人服务，满足他们不同的需要。它不像物质资源那样具有排他性。所谓科学没有国界，知识没有国界，正是信息资源共享性的一种简单明了的表述。

(3) 无限性与有限性并存。无限性是就信息资源的时间延续和储量而言的，只要有人类活动，就会不断产生新的信息资源，并且随着信息资源的不断开发和利用日益丰富。有限性是指信息资源仅是信息的一部分，是经过人类筛选的有用的信息，是由人的智能的有限性决定的。

(4) 无形性。信息自身不能独立存在，必须依附于一定的载体，如图书、报纸、胶片、录音带、光盘、网络服务器等。在不同的载体中信息会以不同的方式被记录，如文字、图形、磁信号、数字信号等，但信息的意义不变。

(5) 可传播性。信息资源借助于各类媒介，如报纸、图书、文件、广播、电视、磁盘、网络等，可以跨越时空的限制，以极小的成本迅速传播，这是实体型资源所无法做到的。

(6) 时效性。信息的时效性决定了信息资源的时效性。信息资源随着时间和空间的推移，可以不断更新和产生不同的功能，一条及时的信息可能价值连城，一条过时的信息则可能毫无价值。但时效性不仅仅表现为及时性，更重要的是开发利用它的时机性。这意味着信息资源并不是开发出来越早投入使用越好，而应找准时机，讲求信息提供的效果。

(7) 增值性。信息资源作为一种生产力要素，其价值在使用中才能得到体现，并在开发中不断增值。对信息资源的投入和使用，不但可以使自然资源、人力资源、资本资源增值，同时也可以使信息资源实现一次投入、多次开发利用，并不断产生新的信息，实现自身增值，为社会生产和经济发展带来效益。信息资源的增值需要人力、智力、物力、财力的投入。信息资源的整序、整合也是一种增值过程，当大量无序、不相关的信息被整合成针对特定用途或特定用户需求的信息后，其使用价值就会大大增加。

"信息源"与"信息资源"的关系与区别如下：

①关系：信息资源来源于信息源，信息源可以不断地转化为信息资源，信息资源包括一切信息及其来源，信息资源是经过加工处理有序化并大量积累起来的有用信息的集合。

②区别：信息源不等于信息资源，信息源是蕴含信息的一切事物，信息资源则是可利用的信息的集合；信息资源可以是一种高质量、高纯度的信息源，但信息源不全是信息资源。

（四）知识、情报与文献

1. 知识

知识是人类实践经验的总结，是人的主观世界对客观世界的如实反映和概括，是认识的结果。根据许多思想家的论述，知识必须具备三个特征：被证实的（justified）、真的（true）和被相信的（believed）。

例如，古代的结绳记事、白旗示降等，都是借由结绳、白旗等符号来传达概念。但是当人类活动日益频繁，简单的符号愈发不足以传达双方的意念。因此，兴起了文字、语言等符号以作为沟通的工具。在沟通过程中还是需要经过思考，最后才能产生知识。由此可知，知识就是经由前人的经验累积形成的。

2. 情报

情报是指被传递的知识或事实，是知识的再激活，是运用一定的媒体（载体），越过空间和时间传递给特定用户，解决科研、生产中的具体问题所需要的特定知识和信息。情报具有以下三个基本属性。

（1）知识性。随着人类社会的发展，每时每刻都有新的知识产生，人们通过读书、看报、听广播、看电视、参加会议、参观访问等活动，都可以吸收到有用的知识。这些经过传递的有用的知识，按广义的说法，就是人们所需要的情报。因此，情报的本质是知识。没有一定的知识内容，就不能成为情报。知识性是情报最主要的属性。

（2）传递性。知识要想成为情报，还必须经过传递，知识若不进行传递交流、供人们利用，就不能构成情报。情报的传递性是情报的第二基本属性。

（3）效用性。人们创造情报、交流传递情报的目的在于充分利用情报，不断提高情报的效用性。情报的效用性表现为启迪思想、开阔眼界、增进知识、改变人们的知识结构、提高人们的认识能力、帮助人们认识和改造世界。

3. 文献

（1）文献的定义。今天所说的文献，主要指有历史意义的比较重要的书面材料，广义的文献是指记录有知识的一切载体。依据国际定义，文献乃是一切情报的载体。

随着社会的发展，"文献"的概念已发生了巨大变化。除了泛指古籍外，人们把具有历史价值的古迹、古物、模型、碑石、绘画等，统称为"历史文献"。1984年中华人民共和国国家标准《文献著录总则》关于"文献"的定义是："记录有知识的一切载体。"在这一定义中，有两个关键词：知识和载体，"知识"是文献的核心内容，"载体"是知识赖以保存的物质外壳，即可供记录知识的某些人工固态附着物。也就是说，除书籍、期刊等出版物外，凡载有文字的甲骨、金石、简帛、拓本、图谱乃至缩微胶片、视盘、声像资料等，皆属文献的范畴。

数千年来，我国创造出的丰富而灿烂的各类文化硕果，主要是录存于浩如烟海的图书典籍之中，这些就是古典文献。而其中与某一学科直接相关的图书资料，就是该学科的文献。古典文献学的基本任务是继承古代校雠学家的方法、经验和成就，运用历史唯物主义和辩证唯物主义的观点与方法，发掘、搜集、整理、研究这些文献，去伪存真，考镜源流，使之为各个学科、各个层次的专业工作者所了解、掌握和利用,并在此基础上创造新的科学文化,进而为全人类作出贡献。

(2)文献的分类。文献在知识内容、生产方式、载体形态、使用方式等多个方面均具有不同的特点,依照不同的划分标准,可以将文献划分为不同的类型。

1)根据信息的出版形式划分,文献可分为图书、期刊、报纸、科技报告、会议论文、专利文献、标准文献、学位论文、政府出版物。

①图书。图书是通过一定的方法与手段将知识内容以一定的形式和符号,按照一定的体例记录于一定载体上,用于保存和传播知识的出版物。联合国教科文组织(UNESCO)关于图书的定义是:"图书是指不定期的不包括封面在内至少有49页,在某国出版并向公众发行的印刷品。"图书有独立的内容体系、相当篇幅和完整的装帧形式。

图书的特点是内容比较成熟、阐述全面系统,代表了某一时期某一学科的发展水平,便于学习,是系统掌握各学科知识的主要资料。但图书的出版周期较长,传递信息的速度较慢,所以知识新颖性不够。图书种类很多,包括专著、丛书、教科书、普及读物、工具书等。

图书的主要著录特征:书名(版本)、责任者、出版社、出版地、出版年。

正规公开出版的图书都有一个国际标准书号。

国际标准书号(International Standard Book Number,ISBN),是专门为识别图书等文献而设计的国际编号。国际标准化组织(International Organization for Standardization,ISO)于1972年颁布了ISBN国际标准,并在西柏林普鲁士图书馆设立了实施该标准的管理机构——国际ISBN中心。现在,采用ISBN编码系统的出版物有图书、小册子、缩微出版物、盲文印刷品等。2007年1月1日前,ISBN由10位数字组成,分四个部分:组号(国家、地区、语言的代号)、出版者号、书序号和检验码。2007年1月1日起,实行新版ISBN,新版ISBN由13位数字组成,分为5段,即在原来的10位数字前加上3位EAN(欧洲商品编号)图书产品代码"978"。在联机书目中ISBN可以作为一个检索字段,从而为用户增加了一种检索途径。如:978-7-5112-5086-5。

②期刊。期刊又称杂志,一般是指具有固定题名、出版形式统一、定期或不定期出版的连续出版物。

期刊的特点是出版周期短、报道速度快、内容新颖、发行及影响面广,能及时反映当代社会和科技的发展水平和动向。期刊发表的论文大多数是原始文献,许多新成果、新观点、新方法往往首先在期刊上刊登,因此有很高的参考价值。但由于期刊论文的时效性较强,必须及时加以查找和利用。期刊论文是文献的主要类型之一,是检索工具报道的主要对象。期刊按内容性质划分,可分为学术性期刊、通报性期刊、技术性期刊、科普性期刊、动态性期刊、综述与述评性期刊和检索性期刊等类型。

期刊的主要著录特征:文章题名、作者、刊名、年、卷、期、页码等。

正规公开出版的期刊,都有一个国际标准刊号。对于我国来说,其除了有国际标准刊号以外,还有国内统一刊号。

ISSN是国际标准连续出版物号(International Standard Serial Number)的英文缩写,是为各种内容类型和载体类型的连续出版物(例如报纸、期刊、年鉴等)所分配的具有唯一识别性的代码。ISSN 由前缀"ISSN"和 8 位数字组成，ISSN 与 8 位数字之间的间隔为半个汉字空，8 位数字分为 2 段，每段为 4 位数字，中间用半字线"－"隔开。8 位数字的最后一位是校验码。如：ISSN 2310－9181。

国内统一刊号是指我国报刊的代号，是报刊管理部门为了便于报刊统计、管理而按一定规则进行编排的号码总称。国内统一刊号以 GB/T 2659—2000 所规定的中国国别代码"CN"为识别标志。

③报纸。报纸也是一种连续出版物，是"以刊登新闻和时事评论为主、定期连续向公众发行的散页出版物"。

报纸与期刊的不同之处主要是发行周期短，报道速度快，有的一天就有数版。报纸的文章篇幅比较短小，内容以新闻、动态报道为主，研究性文章很少，有些知识性报纸则主要刊登面向大众的普及知识。报纸对决策者、经营管理者、研究人员等都是非常重要的信息源。报纸既有综合性的，也有专业性的，大部分刊登全文，也有专门刊登文摘的。目前多数报纸都有网络版和光盘式的累积版，查阅相当方便。

④科技报告。科技报告又称为技术报告、研究报告，是与政府签有合同的科研项目的正式报告，是对科学、技术研究成果的报告或研究进展的记录。它的内容范围主要是尖端学科的重大课题，由国家主管部门组织较强的专家学者参与研究，代表一个国家有关专业的科研水平。

科技报告的内容新颖、专深、详尽、出版及时，报道科技成果的速度要快于期刊及其他文献。大部分科技报告是保密或控制发行的，只有少数可以公开或半公开发表，不易获取原文，因此它又被称为"灰色文献（Grey Document）"。

科技报告的主要著录特征：发明人、发明题名、专利号、出版日期、申请日期。

最有名的科技报告是美国的四大报告，即 PB 报告（土木建筑、城市规划、环境污染、生物医学等）、AD 报告（军事、航空航天、物理、材料工程技术等）、NASA 报告（航空和空间科学等）和 DOE 报告（能源保护、矿物燃料、核能、太阳能等）。我国国家图书馆、上海图书馆、中国科技信息研究所和国防科技信息研究所等收藏有较全面的科技报告。

⑤会议论文。会议论文又称会议文献，是将学术会议或专业会议上交流的论文、报告和其他有关资料编辑出版的信息。

会议论文内容新颖、专业性和针对性强，传递信息迅速，能及时反映某个专业领域的研究水平和动向，是了解学科发展的一种重要的信息源。会议文献基本上是利用会议作为首次公布成果的场合，不经出版者公开发行的会议文献一般难以获得。

会议论文的主要著录特征：主办会议或者会议录名称、主办单位、召开地点、届次、年份等。

⑥专利文献。专利文献又称专利说明书，是一种集经济、技术与法律为一体的信息形式。它是专利申请人向专利机构提交的说明该项发明的目的、优点、技术原理和专利权限的书面文件。也就是说，专利文献是发明的书面形式。一项新的专利代表着一个科研领域的最高水平。毋庸置疑，专利说明书包含了丰富的技术情报，有极高的含金量。据统计表明，全世界新技术的 90%～95%是通过专利文献公布于世的。专利说明书主要由专利文献馆和省级以上科技信息所收藏，内容具体，有附图，适用于产品设计。

专利文献的主要著录特征：发明人、发明题名、专利号、出版日期、申请日期。

⑦标准文献。标准主要是指技术标准，是对各种产品、元件、工程建筑质量、规格、检验方法等作业的技术规定，具有约束性、时效性和针对性，是各类生产建设工作的共同依据。标准对于产品更新换代、工艺水平的改进、产品质量的提高以及市场竞争力的加强，可以起到非常重要的作用。中国标准化综合研究所标准馆、省级技术监督部门的文献馆、科技信息所以及图书馆收藏有标准文献。

标准文献的主要著录特征：标准颁布机构、标准题名、标准号。

⑧学位论文。学位论文是高等学校或研究机构的学生为获得某种学位而撰写的科学论文，一般指学士论文、硕士论文和博士论文。

学位论文质量参差不齐，具有独创性，能够解决具有相当科学意义的某个特定的科学问题或是对某一问题作出理性的概括，除少数在期刊或网络数据库外，一般不公开出版。

学位论文的主要著录特征：学位和学位论文名称，授予学位的学校名称、地点及年份等。

⑨政府出版物。政府出版物是由政府机关负责编辑印制的，并通过各种渠道发送或出售的文字、图片以及磁带、软件等。它是政府用以发布政令和体现其思想、意志、行为的物质载体，同时也是政府的思想、意志、行为产生社会效应的主要传播媒介。政府出版物数量巨大、内容广泛、出版迅速、资料可靠，是重要的信息源。政府出版物大致可分为两类：一类是行政性文件，另一类是科技性文献。行政性文件包括会议记录、司法资料、条约、决议、规章制度以及调查统计资料等；科技性文献包括研究报告、科普资料、技术政策文件等。

2) 信息可通过不同的手段记录存储在不同的载体中，根据载体形式划分，文献可分为印刷型文献、缩微型文献、声像型文献、电子型文献及网络型文献。

①印刷型文献。印刷型文献又称书本型信息，是以纸张为载体，以印刷为记录手段把信息固化在纸张上的一种传统的信息形式。图书、期刊、报纸等是典型的印刷型文献资源。印刷型文献的优点是便于阅读和流通，符合人们的阅读习惯；缺点是存储密度低，收藏和管理需要较大的空间和人力。

②缩微型文献。缩微型文献是以感光材料为载体，用缩微摄影技术为记录手段而产生的信息形式。缩微资料的优点是体积小、存储密度高、保存期长、便于收藏和管理。其缺点是必须借助缩微阅读机才能阅读；保存与使用要求具有一定条件，设备费用投资大。

③声像型文献。声像型文献又称视听资料，是以电磁材料为载体，以电磁波为信息信号，借助特殊的机械装置直接把图像和声音记录下来的一种信息形式。声像型文献的主要载体有录音带、唱片、激光唱盘、录像带、电影胶片、幻灯片等。其优点是既能闻其声又能观其像，直观、亲切，表现力强。与印刷型文献相比，声像型文献更能提高人们理解信息的能力。

④电子型文献。电子型文献是以磁化材料为载体，以数字代码与文字图像为信息符号，用编码与程序设计手段，通过计算机存储与传播知识信息的文献资料。它的特点是存储量大，数据检索处理速度快，效率高，可以融文本、图像、声音等多媒体信息于一体，易复制，共享性好。

⑤网络型文献。网络型文献也是电子型文献的一种。作为知识经济时代的产物，网络型文献也称虚拟文献，是指通过计算机网络可以利用的各种文献的总和，即以数字化的形式将文字、图像、声音、动画等多种形式的信息存储在各种网络计算机的各类介质上，并通过计算机网络进行传递、获取的文献。

与传统文献相比，网络型文献的特点是：信息量大、传播广泛；信息类型多样、内容丰富；信息时效性强、变化频繁；信息分散无序，但关联程度高；信息使用成本低、共享程度高。

3）文献是信息的主要载体，根据对文献信息的加工层次可将文献划分为零次文献、一次文献、二次文献和三次文献。

①零次文献。零次文献是指未经过任何加工，没有正式发表的原始文献，如实验记录、手稿、原始录音、原始录像、谈话记录等。零次文献在原始文献的保存、原始数据的核对、原始构思的核定等方面有着重要的作用。

②一次文献。一次文献又称原始文献，它是指以著者本人的研究成果为依据撰写并公开发表或出版的文献，一般指公开出版的图书、期刊论文、科技报告、会议论文、专利说明书、学位论文等。一次文献是检索的主要对象。信息检索的最终目的就是查找到最适用的一次文献。

③二次文献。二次文献也称检索工具，是指对一次文献进行再加工的文献，通过整理、提炼和浓缩，并按其外部特征（题名、著者等）或内容特征（如分类号、主题词等）将其"有序化"，形成另一类新的文献形式，如印刷型的目录、题录、文摘、索引或电子型的书目数据库、文摘数据库及题录数据库等。二次文献用于提供一次文献的查找线索。信息检索主要讲述的就是二次文献的编排体例和使用方法。

④三次文献。三次文献是利用二次文献选择有关的一次文献按知识门类或专题加以分析、进行综合加工的产物，如专题报告、述评、综述、百科全书、年鉴、手册等。三次文献具有系统性、综合性、知识性和概括性的特点，因此，要在浩瀚的信息中查找所需的特定的一次文献，往往离不开二次文献和三次文献。

4. 信息、知识、情报、文献之间的关系

世界每时每刻都在产生信息，人们正是通过对这些不同信息的获取来认识不同事物的，并由此而产生新的知识。知识是信息的一部分，不直接等同于信息；知识是人类大脑活动的产物，是系统化、精炼化的信息。知识被记录下来成为文献，是被人们所认知并可进行长期管理的信息。文献经传递并加以应用成为情报。情报蕴含在文献之中，但不是所有文献都是情报，而所有情报都是知识。文献又是存储传递知识、情报和信息的介质，它们之间的逻辑关系是一种包含关系。

二、信息安全防范

在看到信息化给人们生产生活带来极大便利的同时，也要关注其中一些不容忽视的问题。比如，互联网的发展让谣言扩散获得新的途径，给一些别有用心的人提供了传播谣言的平台，网络谣言混淆视听、蛊惑人心、误导网民，严重破坏网络生态；网络暴力事件屡见不鲜，给社会和谐稳定带来消极影响。此外，互联网的发展还对人们的思想观念、价值取向产生重要影响,加强信息安全意识是信息时代必须具备的准则。

信息安全,就是指信息网络的硬件、软件及其系统中的数据受到保护,不因偶然的或者恶意的原因而遭到破坏、更改、泄露,系统连续可靠正常地运行,信息服务不中断。

而随着技术的进步,信息安全面临的问题也逐渐扩大。社会上常见的信息安全问题有信息泄露、信息篡改、信息不可用、信息消逝、计算机病毒等。这些问题已经危害到社会的安全并造成了一定的经济损失。

(一)信息泄露及防范

1. 信息泄露的危害

信息泄露是指由于过失或故意行为,信息所有者或信息保管者在创造、传播、利用信息的过程中造成的不合理的信息公开的结果。不合理的信息公开即非信息所有者主观意愿的或法律法规禁止的信息公开,被不合理公开的信息一般会被他人或组织不合理利用而对某组织或个人造成精神上或经济上的损失或伤害。信息泄露有机构信息泄露和个人信息泄露、系统漏洞泄露和人为泄露、过失泄露和故意泄露等种类。任何情节严重的信息泄露,给国家和人民生命财产安全造成损失的,当事人将会受到法律的惩罚。

2. 防止信息泄露的方法

要打击信息售卖的行为,从各种渠道杜绝售卖链条,并加强法制建设,严惩信息售卖的违法行为。从技术角度,要加强信息安全技术的应用。网络环境下,针对网络上的信息泄露,需要采取技术措施加以保护。防范信息泄露的主要手段是建立严格的审计制度,包括对信息档案室或信息管理系统的防泄露进行系统安全审计、对信息档案室或信息管理系统的操作人员进行操作和安全责任培训以及对公开发表的信息进行信息审计。

(二)信息篡改及防范

1. 信息篡改的危害

信息篡改是指由于过失或故意行为,信息所有者或信息保管者在创造、传播、利用信息的过程中造成信息被不合理篡改,这种篡改仍然保留了原始信息的某些特征,会对信息所有者或利益相关者造成精神上或经济上的损失或伤害,一般包括系统篡改和人为篡改。系统篡改一般指由于系统设计缺陷引起的非操作主体主观意愿的篡改,包括过失篡改和故意篡改。信息篡改行为给国家和人民生命财产安全造成损失的,当事人将会受到法律的惩罚。

2. 防止信息篡改的方法

防止信息被不合理篡改的主要措施,包括对信息档案室或信息管理系统的防篡改系统进行安全审计、对信息档案室或信息管理系统的操作人员进行操作和安全责任培训,保留原始信息备份、建立严格的信息核查制度等。防止个人信息被篡改的方法包括使用个性签名、个人印章。

(三)信息不可用及防范

1. 信息不可用的危害

信息不可用是指过失或故意行为造成信息服务停止,但信息没有被泄露或篡改。其主要特征是信息系统无法访问,或无法通过信息系统访问指定信息,一般会对信息所有者或利益相关者造成精神上或经济上的损失或伤害。其产生原因一般包括系统缺陷、人为过失、人为故意。

2. 防止信息不可用的方法

防止信息不可用的主要措施，包括对信息档案室或信息管理系统的防攻击或误操作进行系统安全审计、对信息档案室或信息管理系统的操作人员进行操作和安全责任培训、建立应急机制等。

（四）计算机病毒及防范

1. 计算机病毒的危害

研究人员发现，一些不法分子利用计算机用户容易输错网址的现象，专门开通了一些带有病毒种子的网站，网站的地址与一些著名的网站地址非常相似。一旦用户输错网址误入染毒网站，计算机就会有中毒的危险。

计算机病毒是利用计算机操作系统的漏洞或诱使计算机操作人员主动下载等手段驻留在计算机内的黑客程序的统称。迄今为止，全球有数以万计的计算机因为感染计算机病毒而遭受巨大损失。

2. 防范计算机病毒的方法

（1）取消系统默认的有安全隐患的设置，如共享文件夹、默认用户名、服务的默认端口号、默认打开的端口、浏览器的安全级别、自动保存历史网页、自动保存 Cookie、默认已启动但无用的程序等。

（2）及时更新系统文件，安装系统补丁。

（3）安装高质量的防病毒软件，并及时更新软件程序及病毒库代码。

（4）不主动浏览弹出网页，不浏览注有"该网站有病毒"的网站，不随意接受插件安装的请求，不随意安装网上下载的软件。

（5）不随意使用移动存储设备复制文件。

三、信息检索原理

（一）信息检索的产生和发展

1. 信息检索的概念

信息检索起源于图书馆的参考咨询和文摘索引工作，从 19 世纪下半叶开始发展，至 20 世纪 40 年代，索引和检索已成为图书馆独立的工具和用户服务项目。1946 年世界上第一台电子计算机问世，计算机技术逐步应用于信息检索领域，并与信息检索理论紧密结合起来；脱机批量情报检索系统、联机实时情报检索系统相继研制成功并商业化。20 世纪 60 年代到 80 年代，在信息处理技术、通信技术、计算机和数据库技术的推动下，信息检索在教育、军事和商业等各领域高速发展，得到了广泛的应用。Dialog 国际联机情报检索系统是这一时期信息检索领域的代表，至今仍是世界上最著名的系统之一。

信息检索，是基于科学方法，利用检索工具从有序的信息集合中检索出所需的信息的一种行为，它可以极大地提高人类对信息资源的利用效率。它有着非常重要的作用，具体体现在以下几个方面：首先，可以继承和借鉴人类几千年来创造的精神财富；其次，有利于科研人员迅速准确地查找到所需知识和信息，节省查找资料的时间，并且避免重复研究，使科研人员少走弯路；最后，以丰富翔实的数据和资料，为领导者进行科学决策提供支持。

信息检索的概念,可以从狭义和广义两个方面来理解。广义的信息检索包括信息的存储和检索两个过程。狭义的信息检索是指依据一定的方法,从已经组织好的大量有关文献信息集合中,查找并获取特定的相关文献信息的过程。它通常称为"信息查找"或"信息搜索"。狭义的信息检索包括了解用户的信息需求、信息检索的技术或方法、满足用户的信息需求三个方面。

2. 信息检索的原理

信息检索的全过程应包含存储和检索两个部分。信息检索主要通过信息检索系统来实现,即将检索的提问标识与存储在检索工具中的信息标引标识进行比较,如二者一致或者信息标引标识中包含着提问标识,则能取出所需要的信息。一般来说,用户在检索信息时,习惯把已知信息的外部特征或内容特征作为检索点。因此,一般的检索工具都是根据这些特征进行组织编排的(图1-1)。

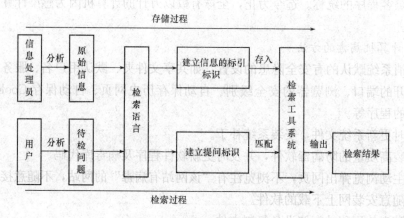

图 1-1 信息检索原理示意图

3. 信息检索的类型

信息检索根据不同的检索对象可以分为书目检索、全文检索、数据检索、多媒体检索、图像检索、超文本检索与事实检索等。

①书目检索,是指使用以二次文献为存储对象的信息系统(如目录型、题录型、文摘型数据库)检索相关信息,是一种相关性检索。其特点是检索结果不直接解答用户提出的问题,只提供与之相关的线索。

②全文检索,是指从存储有大量原始文献全文的数据库中检索全文或某一章节,属相关性检索的范畴。其特点是在书目检索基础上更深层次的内容检索。

③数据检索,是指以数值信息为检索对象,通过检索,用户可以获得所需要的确切数据,是一种确定性检索。它一般以数据大全、手册、年鉴等为检索工具。

④多媒体检索,是指以文字、图像、声音等多媒体信息为检索内容的信息检索,其检索结果图文并茂,丰富多彩。

⑤图像检索,是指以图形、图像或图文信息为检索对象的信息检索。

⑥超文本检索,是指以超文本信息作为检索对象的信息检索,如网页、网站。

⑦事实检索,是指检索系统中存储的是从原始文献中抽取的各种事实,用户通过检索可

获得有关事物、事件的发生与发展情况及相关资料，它也是一种确定性检索。一般利用字词典、年鉴、百科全书、手册等为检索工具。

（二）信息检索语言

信息检索语言是信息组织与信息检索时所用的语言，也称文献检索语言、情报语言等。信息资源在存储过程中，其内容特征（分类、主题）和外部特征（如书名、刊名、题名、著者等）按照一定的语言来加以表达，检索文献信息的提问也按照一定的语言来表达，为了使检索过程快速、准确，检索用户与检索系统需要统一的标识系统，这种在文献信息的存储与检索过程中，共同使用、共同理解的统一标识就是检索语言。

信息检索语言可以是一系列概括文献信息内容的概念及其相互关系的标识系统（分类号码），也可以是自然语言中选择出来并加以规范化的一套词汇（主题词表或叙词表）。检索语言必须排除一词多义、多词一义和词义含糊的现象，并且还能显示出概念间的各种相互关系，这也是检索语言规范化的主要内容。

1. 信息检索语言的作用

信息检索语言的作用主要包括以下三个方面：

（1）信息检索语言可以表示文献内容、数据或其他信息形式，为了满足不同信息用户的需要，信息检索语言能够根据不同的信息需求，表达不同的类型。

（2）有专用概念表示用户的信息提问。信息检索不单纯是字面组合的匹配，还是概念上的匹配。

（3）能够指示计算机执行查询与检索。检索者用语言项概念表达了信息提问后，要根据检索系统的功能编写成检索策略，使检索系统能顺利、快速地查到信息提问所需要的信息。

2. 信息检索语言的分类

信息检索语言可以根据不同的标准分为不同的类型。

（1）按构成原理，信息检索语言分为表述文献外部特征的语言和表述文献内部特征的语言。

表述文献外部特征的语言是以文献上记明的、显而易见的特征，如题名（篇名）、著者姓名、文献序号（国际标准书号、国际连续出版物编号、专利号、报告号等）、出版事项、文献类型等作为文献的标识和检索的依据，供人们从这些入口进行标引和检索，它们具有客观性和唯一性。

表述文献内部特征的语言按结构原理可分为分类语言、主题语言、引文语言。

①分类语言主要包括体系分类语言和组面分类语言。分类语言是用分类号和相应的分类款目名称来表达文献主题的一种检索语言。分类语言能反映事物的从属派生关系，便于按学科门类进行族检索。分类语言的具体表现形式主要是分类表，但规定分类标引规则的使用说明或手册也是一个必要的组成部分。由于用分类表和分类规则来标引、组织、检索文献信息的方法被称为分类法，所以习惯上将某种分类语言称为分类法。目前国内比较常见的分类法有《中国图书馆分类法》（简称《中图法》）、《中国科学院图书分类法》（简称《科图法》）、《杜威十进分类法》（DDC）、《美国国会图书馆图书分类法》（LC）。

《中国图书馆分类法》（原称《中国图书馆图书分类法》）是中华人民共和国成立后编制出版的一部具有代表性的大型综合性分类法，是当今国内图书馆使用最广泛的分类法体系，简称《中图法》。《中图法》是我国图书分类法的基础，它把一切知识门类按"五分法"分为马列主义、毛泽东思想，哲学，社会科学，自然科学，综合性图书五大部类。在此基础上建成了由 22 个大类组成的体系系列（表 1-1）。

表 1-1 《中国图书馆分类法》基本类目表

基本部类	标记符号	类目名称
马列主义、毛泽东思想	A	马克思主义、列宁主义、毛泽东思想、邓小平理论
哲学	B	哲学、宗教
社会科学	C	社会科学总论
	D	政治、法律
	E	军事
	F	经济
	G	文化、科学、教育、体育
	H	语言、文字
	I	文学
	J	艺术
	K	历史、地理
自然科学	N	自然科学总论
	O	数理科学和化学
	P	天文学、地球科学
	Q	生物科学
	R	医药、卫生
	S	农业科学
	T	工业技术
	U	交通运输
	V	航空、航天
	X	环境科学、安全科学
综合性图书	Z	综合性图书

《中图法》的运用：索书号一般是收藏单位赋予一个文献的存放位置号，其构成由文献收藏单位自定。我国大部分图书馆常见的索书号的基本结构有两种："分类号＋文献次序号"和"分类号＋作者号"。文献次序号是依据文献分类时的先后顺序所给予的顺序号。"分类号＋文献次序号"的作用是：以类集中文献。通过"分类号＋文献次序号"可以了解文献到馆的先后顺序。作者号是依据一定的规则，为区分不同的作者给出的区分号。"分类号＋作者号"的作用是：在同类文献中进一步以作者姓氏集中文献。

②主题语言是以自然语言的语词为字符，以规范化或未经规范化的名词术语为基本词汇，以概念之间的形式逻辑作为语法和构词法，用语词字顺排列，主题概念以参照系统显示

概念之间关系的一类检索语言。主题语言主要包括标题词语言、单元词语言、关键词语言、叙词语言。

a. 标题词语言。标题词是指从自然语言中选取并经过规范化处理的，标示事物概念的词、词组或短语。标题词是主题语言系统中最早的一种类型，它通过主标题词和副标题词固定组配来构成检索标识，只能选用"定型"标题词进行标引和检索，故反映文献主题概念必然受到限制，不适应时代发展的需要，目前较为少用。

b. 单元词语言。单元词是一种最基本的、不能进一步分割的单位词语，也称元词，它是从文献信息内容中抽取出来的，能独立表达某一概念。元词检索具有灵活、自由的组配方式，能够将检索过程的一些元词组合起来用。例如，"太阳"和"能量"分别表示两个独立概念，即两个单元词，它们组合成"太阳能"则又形成了一个复合概念，即一个词组。这就是元词的特点，它强调单元词的组配，但仅限字面组配。

c. 关键词语言。关键词是指出现在文章标题、文摘、正文中，对表征文献主题内容具有实质意义的词，以及对揭示和描述文献主题内容起重要作用和关键性的词。关键词法主要用于计算机信息加工抽词编制索引，因此这种索引也称为关键词索引。

d. 叙词语言。叙词是指以概念为基础，经过规范化和优先处理的、具有组配功能并能显示词间语义关系的动态的词或词组。一般来讲，选出的叙词具有概念性、描述性、组配性，经过规范化处理后，还具有语义的关联性、动态性、直观性。叙词语言综合了多种信息检索语言的原理和方法，具有多种优越性，适用于计算机和手工检索系统，是目前应用较为广泛的一种语言。

（2）按标识和组合使用方法，信息检索语言分为先组式检索语言和后组式检索语言。

先组式检索语言是指描述文献主题概念的标识在检索之前就已经事先固定好的标识系统，检索时只能直接利用预先组配好的检索词，如体系分类语言、标题词语言等。

后组式检索语言是指描述文献主题概念的标识在检索之前未固定组配，而是在检索时根据检索的实际需要，按照组配规则临时进行组配的标识系统，如元词语言、叙词语言等。

（三）信息检索方式

1. 手工检索

手工检索是指人们通过手工的方式检索信息。

手工检索工具分为书本式和卡片式两大类，以书本式检索工具为主。

书本式检索工具自古以来就被人们广泛应用，又可以细分为字词典、百科全书、类书、政书、综述、书目、索引、名录、表谱、图录、年鉴、手册等许多种类。

书本式检索工具的优点是：可以一次编成印刷分发，便于长久使用，实用价值高，体积小、易于携带，使用不受时间和空间限制，便于馆际互借。书本式检索工具的不足之处是：出版周期长，不能随时反映最新信息，而且查阅不方便，陈旧过时的信息难以从检索工具中剔除。

卡片式检索工具是将每条款目著录在一张张卡片上，按照一定的顺序排列，从而形成的一种检索工具。卡片式检索工具可以随时编辑、随时排序、随时使用，具有流水作业的性质。但其不足之处也显而易见，如体积庞大，占用空间较大，排序不易，检索点少。这种检索工具现在已经很少使用了。

2. 计算机检索

计算机检索是指利用计算机和网络来处理和查找文献信息的检索方式。这种检索方式是由计算机根据人们所提出的检索要求，通过某种检索方法和程序自动从机器所存储的海量信息中或从网上其他服务器中挑选出用户所需要的信息。它可以克服传统手工检索中存在的速度过慢、查准率低等缺点。在当今的知识经济时代，文献信息的数量急剧增长，内容和载体也呈现出多样性，再加上计算机、网络、数据库等信息技术的快速发展，手工检索已经很难适应当今的形势，而计算机检索因其迅捷和方便的特点，逐渐显示出优势，如今已成为文献信息检索的主要发展方向。目前，计算机检索已发展到网络检索阶段，计算机检索对象从相对封闭的、由一个独立的数据库集中管理的信息扩展到开放、动态、更新迅速的网络信息。

计算机检索又分为光盘信息检索、联机信息检索和网络信息检索等类型。

光盘信息检索是利用计算机技术对光盘信息进行分类、编排、查询等操作的统称。光盘是计算机的一种外存储介质，可以存储大量信息，一张3.5英寸的光盘，可存储的文献资料相当于1 200万册30万字的图书。计算机可直接由用户操作将数据存储在光盘中或从光盘中读取数据和查询信息。

联机信息检索是计算机技术、卫星通信技术和数据库技术共同发展的产物，检索终端的用户通过主机或网络来获取各个主机上的信息。联机检索系统通常有较多的数据库，而一个数据库可以包括几十万、几百万条文献的书目款目或科技数据。每检索一个只需数十秒钟，检索到的题录、文摘或数据还可在终端上显示和打印出来。联机检索的实现，对于传统的收集、查找与提供资料的方式来说是一次革命。联机检索和网络检索有所不同，它使用一个相对封闭的服务器/客户端模式，有一个专门的检索系统中心，配备各种专业化高质量的文献信息数据库，向用户提供多维度检索服务和源文献信息支持。人工采集、内容标引、概念组配和规范化处理是联机检索技术的核心。

网络信息检索主要是指利用Internet信息技术，通过互联网发布的信息进行检索。互联网是一个巨大的信息资源库，包含大量与人们的生活和工作密切相关的信息，并且为用户提供了一个搜索信息的途径——搜索引擎。搜索引擎在互联网上收集信息并将其进行处理和存储，采用超链接方式建立起索引数据库和网上信息的关联，用户可以通过搜索网址的方式来实现信息检索，从而起到信息导航的作用。在搜索引擎中检索到的既可以是一般的文本信息，也可以是多媒体信息。超链接、自动搜索、自动标引和自动索引是搜索引擎技术的核心。

（四）信息检索的步骤

有一个合理的检索步骤对获取文献有着至关重要的作用，信息检索的基本步骤包括分析检索课题、确定检索标识、确定检索途径、选择检索工具、选择检索方法、获取原文（图1-2）。

1. 分析检索课题，了解检索要求

检索课题是解决特定问题的需要所拟定的问题。课题分析是信息检索过程中最重要的环节。课题分析应从以下几方面进行：

（1）确定课题的学科性质、主题内容，尤其是新学科领域的研究课题。学科范围越具体越有利于检索。找出反映课题中心问题的主题概念，选择适当的主题词或关键词。

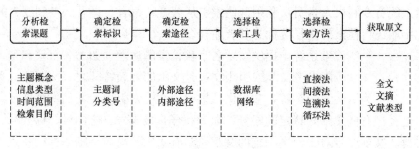

图 1-2 信息检索的步骤

（2）了解课题的检索目的和检索要求，同样的用户检索提问，如果检索目的不同，检索过程就会截然不同。检索要求指查找文献的语种要求、国家或地区要求、文献年限要求、文献类型要求等。

（3）明确检索课题的类型。如果是技术应用和开发的课题，侧重于检索专利文献、标准文献及科学报告；如果是基础理论课题，应侧重于检索期刊论文、专著和会议论文。

（4）掌握与课题有关的背景知识和专业知识，如课题的历史与现状、用户已掌握的资料线索、用户技术背景等。

【实例】查找有关金融的文献。

解：第一步：分析主题和检索目的：查找所有的"金融"文献，还是有关"金融监管""金融风险""金融市场""金融机构""金融发展""金融创新"等某一方面的文献？

第二步：确定文献类型：需要一般的文献资料，还是比较专深的文献？需要科技论文，还是专利、标准、数据等？

第三步：确定所需信息的时间范围：需要新颖的信息？或者是与别人的研究进行先进性比较？还是系统的学科知识？

——需要系统地掌握某学科的知识，可以选择图书；

——需要撰写研究项目的课题报告、论文，开展技术攻关，可以选择研究报告、科技论文、学位论文、会议文献等；

——需要进行发明创造、工艺改革、新产品设计、引进设备、签订合同，可以选择专利说明书、标准文献、产品资料等。

2. 确定检索标识

检索标识是检索课题包含的，提供查找的某种线索。它包括所属学科、主题、时间范围、人物、史实、字词等。每一个检索课题都包含一个或多个甚至一系列的标识，应该分析出主要的、有检索意义的标识。如从主题途径检索，就要确定主题词；从分类途径检索，就要确定分类号。只有确定了有检索意义的标识，才能选择合适的检索途径、检索工具和检索方法。

3. 确定检索途径

检索途径主要分为两类：外表特征检索途径和内容特征检索途径。

（1）外表特征检索途径。

①著者途径。许多检索系统备有著者索引、机构（机构著者或著者所在机构）索引，专

利文献检索系统有专利权人索引,利用这些索引从著者、编者、译者、专利权人的姓名或机关团体名称字顺进行检索的途径统称为著者途径。

②题名途径。一些检索系统中提供按题名字顺检索的途径,如书名目录和刊名目录。

③引文途径。文献所附参考文献或引用文献是文献的外表特征之一。利用这种引文而编制的索引系统,称为引文索引系统,它提供从被引论文检索引用论文的一种途径。

④序号途径。有些文献有特定的序号,如专利号、报告号、合同号、标准号、国际标准书号和刊号等。文献序号对于识别一定的文献,具有明确、简短、唯一性的特点。依此编成的各种序号索引可以提供按序号自身顺序检索文献信息的途径。

(2) 内容特征检索途径。

①分类途径。按学科分类体系来检索文献,比较能体现学科系统性,反映学科与事物的隶属、派生与平行的关系,便于从学科所属范围来查找文献资料,并且可以起到"触类旁通"的作用。从分类途径检索文献资料,主要是利用分类目录和分类索引。

②主题途径。通过反映文献资料内容的主题词来检索文献,能集中反映一个主题的各方面文献资料,便于读者对某一问题、某一事物和对象作全面系统的专题性研究。通过主题目录或索引即可查到同一主题的各方面文献资料。

(3) 其他检索途径。

①分子式途径。分子式途径是以化学物质的分子式作为检索标识来检索文献信息的一种途径。其使用的检索工具是"分子式索引",从"分子式索引"中查出化学物质的准确名称,然后再查"化学物质索引"。该途径主要在美国《化学文摘》(CA) 中使用。

②专门项目途径。专门项目途径是指从文献信息所包含的或有关的名词术语、地名、人名、机构名、商品名、生物属名、年代等的特定顺序进行检索,可以解决某些特别的问题。

4. 选择检索工具

首先应该根据所需信息的不同种类来确定所使用的检索工具。当前文献信息检索工具的数量非常庞大,仅纸质工具书就有数万种。每一个学科,甚至每一个学术研究领域,都有大量工具书可以选择使用,而电子文献信息检索工具,随着信息技术的高速发展,数量、种类越来越多,使人应接不暇。每一种检索工具都有其独特的优势,也各自存在着不足之处,检索者在进行检索之前,必须认真分析,仔细选择最合适的检索工具。

5. 选择检索方法

(1) 直接法。直接法又称浏览法,是指根据课题要求,直接利用文摘或索引等各种检索工具检索文献信息的方法。它又分为顺查法、倒查法和抽查法。其缺点是所查的文献不全面、不系统,局限性较大。

(2) 间接法。间接法是利用检索工具查找文献信息的方法,是在文献检索中经常使用的方法,故也称为常用法。它又分为顺查法、倒查法和抽查法三种。顺查法是指在计划查询年内,按照时间顺序由前到后的查找方法。这种方法能收集到某一课题的系统文献,适用于较大课题的文献检索。例如,已知某课题的起始年代,现在需要了解其发展的全过程,就可以用顺查法从最初的年代开始,逐渐向近期查找。其优点是查全率高、漏检率低,缺点是效率低。倒查法是顺查法的逆过程,它是由近及远、从新到旧,逆着时间的顺序利用检索工具进行文献检索的方法。采用这种方法可以最快地获得最新资料,效率高,但查全率较低。抽查法是指针对项目的特点，选择有关该项目的文献信息最可能出现或最多出现的时间段，利用检索工具进行重点检索的方法。其效率高，但漏检的可能性较大。

（3）追溯法。追溯法又称引文回溯法，是指不利用一般的检索系统，而是利用文献后面所列的参考文献，逐一追查原文（被引用文献），然后再从这些原文后所列的参考文献目录逐一扩大文献信息范围，一环扣一环地追查下去的方法。它可以像滚雪球一样，依据文献间的引用关系，获得更好的检索结果。其缺点是漏检、误检率大，有一定局限性。

（4）循环法。循环法又称分段法或综合法。它是分期交替使用直接法和追溯法，以期取长补短，获得更好的检索结果。

6. *查找文献线索，索取原始文献*

文献类信息检索通过光盘数据库检索、国际联机检索、网上信息检索一般获得的是文献全文，而通过书本式检索工具获得的大多是原始文献清单，需由其出处项判断其为何种类型的文献，然后通过有关单位获得原文。

实践训练

1. 对照信息素养的每个标准，衡量自身的信息素养水平，针对有待改进之处提出有效的改进方法。
2. 收集一周网民信息，然后对照信息伦理准则或者信息法规，对其进行检查分析，并且提出改进措施。
3. 根据《中图法》判断自身所学专业相关书籍属于哪一个大类，并熟悉其在本校图书馆的馆藏分布情况。
4. 如何判断一本图书是否为正规出版物，你有什么好的判断方法？
5. "人人网"拥有很多大学生网民，结合所学的信息安全知识，请分析"人人网"是否存在泄露个人信息的安全隐患？如果有，你怎样防范？
6. 你有什么好的获取原文的方法吗？请与同学们分享。

第二章

信息资源

★ 本章提示

重点：掌握必要的生活、学习、工作信息资源。掌握常用中文数据库、网络文档资源、就业信息资源、图书、期刊论文、学位论文等资源。学会学术搜索引擎的使用和专业信息资源的检索，掌握图书、期刊论文、学位论文的参考文献著录。

难点：常用中文数据库、学术搜索引擎的使用。图书、期刊论文、学位论文的参考文献著录。

第一节 生活信息资源

★ 自学指南

1. 你知道常用电商平台有哪些吗？如何选择电商平台才能既保证商品质量又省钱？
2. 你喜欢旅游吗？如何进行旅游行程规划？
3. 你在听音乐和观看影视时，经常使用哪些网站？你再选用三家以上网站与你经常使用的网站做比较，看看它们各有什么不同？
4. 如何利用网盘、微信公众号等查找生活信息资源？

在人类社会已进入信息时代的今天，信息资源在日常生活中扮演着越来越重要的角色。有效地开发和利用信息资源可以使日常生活更为便捷，如居家上班、网上购物、远程医疗、外出旅游、网上交友等。下面介绍一些生活中常用的信息资源。

一、电商信息资源

现如今，随着计算机网络的不断发展，人们利用电商平台足不出户就能买到自己想要的东西，这不仅省时、省力，而且在电商平台上购物选择面更宽阔、成本相对更低。

（一）电商平台的含义

电商平台一般指电子商务平台，即一个为企业或个人提供网上交易洽谈的平台。电子商务平台是建立在 Internet 网上进行商务活动的虚拟网络空间和保障商务顺利运营的管理环境；是协调、整合信息流、货物流、资金流有序、关联、高效流动的重要场所。企业、商家可充分利用电子商务平台提供的网络基础设施、支付平台、安全平台、管理平台等共享资源，有效地、低成本地开展商业活动。

（二）常用电商平台介绍

1. 天猫

天猫（Tmall）原名淘宝商城，是淘宝网打造的 B2C（商业零售）平台，其整合数千家品牌商、生产商，为商家和消费者之间提供一站式解决方案，是一个综合性购物网站。2012 年 1 月 11 日上午，淘宝商城正式更名为"天猫"。

2. 京东商城

京东（JD）是中国自营式电商企业，其创始人刘强东担任京东集团董事局主席兼首席执行官。旗下设有京东商城、京东金融、拍拍网、京东智能、O2O 及海外事业部等。2013 年正式获得虚拟运营商牌照。2014 年 5 月在美国纳斯达克证券交易所正式挂牌上市。2016 年 6 月，京东宣布与沃尔玛达成深度战略合作，作为合作的一部分，沃尔玛旗下 1 号店将并入京东。

3. 唯品会

唯品会信息科技有限公司（VIPS）成立于 2008 年 8 月，总部设在广州，旗下网站于同年 12 月 8 日上线。唯品会主营业务为互联网在线销售品牌折扣商品，涵盖名品服饰鞋包、美妆、母婴、居家等各大品类。唯品会在中国开创了"名牌折扣＋限时抢购＋正品保障"的创新电商模式，并持续深化为"精选品牌＋深度折扣＋限时抢购"的正品特卖模式。这一模式被形象地誉为"线上奥特莱斯"。唯品会每天早上 10 点和晚上 8 点准时上线 200 多个正品品牌特卖，以最低至 1 折的折扣实行 3 天限时抢购，为消费者带来高性价比的"网上逛街"的购物体验。

4. 苏宁易购

苏宁易购是苏宁云商集团股份有限公司旗下新一代 B2C 网上购物平台，现已覆盖传统家电、3C 电器、日用百货等品类。2011 年，苏宁易购强化虚拟网络与实体店面的同步发展，不断提升网络市场份额。苏宁易购最新的平台战略是入驻免费，提供低成本服务，利润主要来自广告和商家与消费者使用易付宝所带来的收入。

5. 亚马逊中国

亚马逊中国是全球最大的电子商务公司亚马逊在中国的网站，其前身为卓越网（创立于 2000 年）。2004 年，卓越网被亚马逊公司收购后，成为其子公司。亚马逊中国总部设在北京,并成立了上海和广州分公司。亚马逊中国也是一个开放平台,致力于从低价、选品、便利三个方面为消费者打造一个可信赖的网上购物环境。其商品一部分来自亚马逊采购,另一部分来自其入驻商家,其利润主要来自差价、店租、物流费、仓储费和广告费。

6. 当当网

当当网是知名的综合性网上购物商城,由国内出版机构科文公司、美国老虎基金、美国IDG集团、卢森堡剑桥集团、亚洲创业投资基金(原名软银中国创业基金)共同投资成立,1999年11月当当网投入运营。当当网以图书销售起家,现在是垂直B2C开放平台,主要自营业务是图书、服装、母婴和家纺,定位中高端,但也允许第三方商家入驻出售百货。

二、旅游信息资源

旅游信息资源是信息资源的一种。目前,随着我国旅游业有了很大的发展,旅游接待人数、旅游外汇收入都有了极大的增加,旅游信息作为一种资源,在旅游业的发展过程中越来越受到人们的重视。

现代信息技术的发展,拓宽了信息传播的方式,人们获取旅游信息的渠道进入多样化时代。掌握一些专门的旅游信息资源检索平台,可以帮助用户及时、高效、便捷地获取到所需的旅游信息资源。

利用网站能获得更为及时、准确、高效的旅游信息资源。携程旅行网、途牛网等提供多种旅游产品供消费者选择,涵盖跟团、自助、自驾、邮轮、酒店、签证、景区门票以及公司旅游等。去哪儿旅行是中国领先的旅游搜索引擎,去哪儿旅行是目前全球最大的中文在线旅行网站,为消费者提供机票、酒店、会场、度假产品的实时搜索,并提供旅游产品团购以及其他旅游信息服务,为旅游行业合作伙伴提供在线技术、移动技术解决方案。

驴妈妈旅游是中国新型的B2C旅游电子商务网站,为旅游者提供景区门票、自由行、度假酒店、机票、国内游、出境游等一站式旅游服务。

飞猪旅行是由阿里巴巴集团推出的一款旅游出行类手机应用,2016年10月27日,阿里巴巴集团宣布将旗下旅行应用"阿里旅行"正式更名为"飞猪旅行"并进行产品升级。飞猪旅行集预约购票、在线支付、智能刷票于一体,覆盖列车时刻表查询、余票查询、车次查询、票价查询等多种功能,为用户提供全面的出行购票服务。

此外,也可利用微信公众号检索旅游信息资源,如利用中国国家地理、面包旅行、携程旅行网、一起去旅行、穷游网、一块去旅行等微信公众号来获取所需的旅游信息资源;还可利用导游手册、导游指南、旅游交通图、地理类图书等纸质资源来查找旅游信息资源。

三、影视信息资源

影视文化是人类文化创造中最具时代活力、科技含量、市场价值、国际传播意义与社会影响的文化样式之一。当代大学生是在影视文化的陪伴下成长起来的,影视文化已成为大学生生活的重要组成部分。检索影视信息资源是每一个当代大学生必备的基本技能。下面主要介绍一些常用的检索工具来查找影视信息资源。

（一）影音娱乐网站搜索资源

当一部电影上映，与去电影院观看相比，或许你更愿意在家里慢慢欣赏。那么，你知道哪些网站有最新最全的电影吗？

优酷、土豆、爱奇艺、搜狐视频、腾讯视频等网站都是不错的选择，这些网站实力雄厚，能取得不少影视作品独播的版权，然而缺点也是很显著的，一些新上映的电影需要用户办理 VIP 或者支付额外的费用才能观看，并且非会员用户在播放前与播放中可能会穿插广告，影响观看体验。下面介绍的这些网站，或多或少可以解决以上出现的问题。

1. ADSafe 净网大师

ADSafe 净网大师是国内首款免费专业净网软件，集用户隐私保护、不良网站屏蔽、视频骚扰过滤等功能为一体，能够有效拦截钓鱼网站、恶意广告、欺诈信息以及在浏览网页内容、视频内容时产生的骚扰，保障用户个人隐私及数据信息安全，给用户创造安全、干净、清爽的上网环境。ADSafe 净网大师会主动识别并阻止黄色网站等一系列非法网站，防止不良信息对未成年人产生侵害，有效保护青少年上网健康。用户通过自由添加、修改、分享、订阅规则来获得不同的过滤效果，最大限度满足净网需求。

2. 百度云

百度云是百度推出的一项云存储服务，于 2015 年正式开放运营。用户首次注册即有机会获得 2 T 的存储空间，目前已覆盖主流 PC 和手机操作系统，包括 Web 版、Windows 版、Mac 版、Android 版、iPhone 版和 Windows Phone 版，用户可轻松将自己的文件上传到网盘中，并可跨终端随时随地查看和分享。

运用百度云播放功能，用户可以免去下载电影的等待时间，并且不受广告干扰。当一部新电影上映，如果有用户上传并共享，其他用户便可以直接将文件转存入自己的网盘观看，十分高效便捷。用户使用百度网盘任何服务需接受百度网盘协议的全部条款内容。

（二）利用微信公众号检索影音信息资源

可以通过关注影音类微信公众号来获取一些免费的影音资源，了解最新影讯、全球电影资讯、优惠购票活动及热门电影介绍以及分享各类影评。常用的影音类微信公众号有爱电影、豆瓣电影、热门电影资源、SIR 电影、V 电影、Mtime 时光网等。

（三）电影资源下载网站

可以通过访问电影网站来在线观看和下载一些免费的影音资源。常用的电影资源下载网站有电影天堂、飘花电影网、BT 天堂、小二影视网等。这些网站实时搜集、归类、整理、分享各种影视作品（包括电影大全、电视剧大全、动画片大全、综艺大热门）的信息、评分、热度、预告片、下载、购票、在线观看以及影视评论、影讯、活动等链接。

四、医疗信息资源

随着经济的发展和社会的进步，人们的生活水平得到不断提升，人们也更加关注自身的健康。如何及时、高效地获取所需的准确的医疗信息资源越来越得到人们的重视。下面主要介绍一些常用的检索工具来查询医疗信息资源。

（一）利用纸质资源查询医疗信息

利用百科全书来查询医疗信息，如《中国医学百科全书》《中国大百科全书（中医）》《中国大百科全书（现代医学）》《中华医学百科全书》。利用年鉴来查询医疗信息，如《中国食品药品监督管理年鉴（2016）》《北京卫生年鉴（2010）》。利用手册来查询医疗信息，如《急诊医学手册》《十月怀胎医学手册》。利用辞典来查询医疗信息，如《法医学辞典》《中医大辞典》。

（二）利用电子资源查询医疗信息

可以利用"医学网站大全""中国医药信息网""中国医疗健康网"等网站来查询医疗信息。利用"万方医疗信息资源系统""中国生物医学文献光盘数据库（CBMdisc）""中国药学文章数据库（CPICD）""中国学术期刊全文数据库（CJFD）医药卫生专辑""中国优秀博硕士学位论文数据库（CDMD）医药卫生专辑""中国医学学术会议论文数据库（CMAC）"等来查询医疗信息。

五、微信公众号

（一）微信公众号的含义

微信公众号是开发者或商家在微信公众平台上申请的应用账号，该账号与QQ账号互通。通过公众号，商家可在微信平台上实现和特定群体的文字、图片、语音、视频的全方位沟通、互动，形成了一种主流的线上线下微信互动营销方式。

（二）生活中常用的微信公众号

微信公众号的用途非常广泛，政府、媒体、企业、明星等纷纷建立独立的微信公众号平台，在上面进行个人、企业等文化活动的宣传营销。下面介绍一些生活中常用的微信公众号。

（1）新闻微信公众号。例如，每日精选、全球热点人物、中国新闻网、参考消息、新华日报、中国之声、南方周末、央视新闻等。

（2）阅读微信公众号。例如，精读、深夜读者、一句话签名、美图志、十点读书、南都周刊、视觉志等。

（3）趣玩微信公众号。例如，野史秘闻、生活乐趣志、动物世界、爱稀奇女侠、星座密语宝典、同道大叔等。

（4）时尚微信公众号。例如，时尚To艺术、养生美颜小知识、时尚时尚最时尚、1626潮流精选、YOHO潮流志、时尚COSMO、海报网、格调等。

（5）生活微信公众号。例如，生活小常识、下厨房、衣食住行、居家小妙招、时尚家居装修、一条、if爱与美好等。

（6）健康微信公众号。例如，家庭中医药杂志、健康生活百科、99健康、39健康、腾讯健康、脉脉养生、丁香园等。

（7）教育微信公众号。例如，中国国学术数研究院、中国国学研究院、TED正能量、科学家庭育儿、新东方、高考网、腾讯儿童、宝宝树育儿网等。

（8）购物微信公众号。例如，蘑菇街、美丽说、京东商城、乐蜂网、什么值得买、亚马逊 AMAZON、良仓等。

六、图片、音乐信息资源

随着多媒体技术的飞速发展，网络上信息的载体日渐多样化，人们对于信息内容的需求也越来越高，形式也越来越多样。用户对图片、音频、视频等形式的内容使用愈加频繁，并且增加的速度也在变快，但在浩如烟海的网络世界中，如何找到所需的高品质图片、音乐成了一大难题。下面主要介绍常用的一些图片搜索网站和音乐搜索平台。

（一）常用图片搜索网站

1. 花瓣网

花瓣网是一家"类 Pinterest"网站，是一家基于兴趣的社交分享网站，网站为用户提供了一个简单的采集工具，帮助用户将自己喜欢的图片重新组织和收藏。花瓣网帮助用户收集、发现网络上喜欢的事物，用户可以将网上看见的一切信息都保存下来。通过专属于花瓣网的浏览器插件——"采集到花瓣"，可以快速完成信息的收集。这些信息不但附带原始的网页链接，还会以图片/视频的形式美轮美奂地呈现在"画板"里。

2. 以图搜图

以图搜图，是通过搜索图像文本或者视觉特征，为用户提供互联网上相关图形图像资料检索服务的专业搜索引擎系统，是搜索引擎的一种细分。以图搜图有两种方式：一种是通过输入与图片名称或内容相似的关键词来进行检索；另一种是通过上传与搜索结果相似的图片或图片 URL 进行搜索。以图搜图的搜索引擎，包括百度的识图搜索、安图搜的购物搜索、Google 的以图搜图、淘宝推出的以图搜图等。

3. Unsplash

Unsplash 是一个免费提供高质量照片的网站，网站中的照片都是真实的摄影照片，照片分辨率很高，该网站每 10 天更新 10 张照片。

4. Photo pin

Photo pin 是一个基于 Flickr 图片资源搜索引擎，通过 Flickr API 接口来实现关键词搜索的图片资源类网站。基本上搜寻时用中文或英文皆可，但找到的图片可能会不太一样。如果发现没有合适的图片，可以尝试用不同的语言搜索。

5. Pexels

Pexels 是一个高清图片下载服务站点，为用户提供海量共享图片素材。该网站每周都会定量更新。Pexels 所有的图片都会显示详细的信息，例如拍摄的相机型号、光圈、焦距、ISO 及图片的分辨率等。Pexels 所有的图片资源都符合 Creative Commons 规定，因此所有支持下载的图片用户都可以自由使用。

（二）常用音乐搜索平台

1. QQ 音乐

QQ 音乐是腾讯公司推出的网络音乐平台，是中国互联网领域领先的正版数字音乐服务平台。同时它也是一款免费的音乐播放器，始终走在音乐潮流最前端，向广大用户提供方便流畅的在线音乐和丰富多彩的音乐社区服务。

2. 酷我音乐

酷我音乐是一家为用户提供高品质音乐服务的互联网音乐软件公司，成立于 2005 年 8 月，由前百度首席架构师雷鸣和从斯坦福 MBA 毕业归国的怀奇共同创建。截止到 2016 年，酷我音乐盒已经包括 Web、PC、Mac、iPhone、Android、iPad、车载等多个平台客户端。

3. 虾米音乐

虾米音乐 Android 版、iPhone 版分别是虾米网为 Android 操作系统、iOS 操作系统量身定做的免费音乐应用。它提供无线音乐解决方案，并且是国内首家推出离线模式的音乐搜索平台。

七、网盘信息资源

（一）网盘的含义

网盘，又称网络 U 盘、网络硬盘，是由互联网公司推出的在线存储服务。服务器机房为用户划分一定的磁盘空间，为用户免费或收费提供文件的存储、访问、备份、共享等管理功能，并且拥有高级的世界各地的容灾备份。用户可以把网盘看作一个放在网络上的硬盘或 U 盘，不管是在家中、单位或其他任何地方，只要能连接到互联网，就可以管理、编辑网盘里的文件。用户不需要随身携带网盘，更不用担心其丢失。

（二）国内常用网盘介绍

1. 百度网盘

百度网盘是百度 2012 年正式推出的一项免费云存储服务，提供离线下载、文件智能分类浏览、视频在线播放、文件在线解压缩、免费扩容等功能。

2. 腾讯微云

微云是腾讯公司为用户精心打造的一项智能云服务，用户可以通过微云方便地在手机和计算机之间同步文件、推送照片和传输数据。

八、"人肉搜索"

（一）"人肉搜索"的含义

"人肉搜索"简称"人肉"，它最早的出处是猫扑网。"人肉搜索"是一种以互联网为媒介，部分通过人工方式对搜索引擎所提供信息逐个辨别真伪，部分又通过匿名知情人提供数据的方式去搜集对于特定的人或者事的信息，以查找人物或者事件真相的群众运动。"人肉"有时造就了网络爆红现象，同时也会带来不同的负面影响，如人身攻击等。

（二）"人肉搜索"与"机器搜索"的比较

"人肉搜索"是区别于"机器搜索"的一种搜索信息的方式。"机器搜索"是自发式非营利行为，是利用机器自动收集网络信息的一种搜索引擎技术。虽然"机器搜索"高效、快速，但是其很难甄别刻意的、修饰过的信息。"人肉搜索"则是一种新生的商业模式，是指在一种提问回答网站某社区里面提出一个问题，网民自发参与对该问题中的某一人物、事件的背景资料和相关信息进行查证并在网上公布的机制。其是一种利用人工参与来提纯搜索引擎提供的信息的机制，目的是通过大量网民的主动参与把由机器得到的信息进一步萃取，进一步有序化，使信息指向性更为准确。

（三）"人肉搜索"与信息文化

一般来说，"人肉搜索"的起因是一起事件。这个事件可以是犯罪行为（如撞人后逃逸），或者是不违反法律，但为主流道德观所憎恶的行为（如丈夫婚外恋导致妻子自杀），甚至只是一个不合常理的事件的主角（如很暴力）。事件发生后，相关人或对事情真相好奇者，往往在网络论坛上发表帖子，列出已掌握的人物资料，号召网民帮助查出该人的身份和详细的个人资料。而响应者通过互联网、人际关系等手段，寻找到更多的资料，并以总结形式再次发布到网上。

但是，根据《最高人民法院关于审理利用信息网络侵害人身权益民事纠纷案件适用法律若干问题的规定》第十二条，网络用户或者网络服务提供者利用网络公开自然人基因信息、病历资料、健康检查资料、犯罪记录、家庭住址、私人活动等个人隐私和其他个人信息，造成他人损害，被侵权人请求其承担侵权责任的，人民法院应予支持。由此可以看出"人肉搜索"属于违法行为。

第二节 学习信息资源

★自学指南

1. 中国知网、重庆维普信息资源系统、北京超星、国研网、万方数据知识服务平台的资源有哪些？检索方式有哪些？
2. 我国图书馆事业的三大支柱是什么？
3. 组织大家到图书馆实地考察，了解高校图书馆的工作任务和特点。
4. 常用的网络文库有哪些？请列举一例自己熟悉的网络文库并说明它的特点。

信息社会，大学生的学习模式也面临着一次深刻的变革，学生的学习方式由课堂的、灌输式的、被动式的知识学习，转变为以学习者的信息技能为基础的、基于信息资源的自主学习。因此，有效地利用学习信息资源，可以改变学生的学习方式，增强学生学习的自主性；可以扩大学生的知识面，发展自身的特长；可以提高学生发现问题、分析问题、解决问题的能力，这对培养学生创新能力有很大的帮助。

一、国内主要数据库介绍

（一）中国知网（CNKI）

1. 概述

中国知识基础设施工程（China National Knowledge Infrastructure，CNKI）由清华大学、清华同方发起，始建于1999年6月，是以实现全社会知识资源传播共享与增值利用为目标的国家信息化建设重点工程项目。目前已建成世界上全文信息量规模最大的"CNKI数字图书馆",涵盖了我国自然科学、工程技术、人文与社会科学期刊、博硕士学位论文、报纸、图书、会议论文等公共知识信息资源。

2. 资源介绍

"CNKI 系列数据库"产品为一系列大规模集成整合传播我国期刊、博硕士学位论文、工具书、会议论文、报纸、年鉴、专利、标准、科技成果、古籍、哈佛商业评论数据库等各类文献资源的大型全文数据库和二次文献数据库,以及由文献内容挖掘产生的知识元数据库。其中,《中国学术期刊网络出版总库》是目前世界上最大的连续动态更新的中国学术期刊全文数据库。

3. 中国知网的检索方法

(1) 一框检索。CNKI 首页,即一框检索界面。采用一框式的检索方式,用户只需在检索框中直接输入检索词,选择检索字段,即可检索,简单方便。

一框检索除了可以进行单库检索外,还可以进行跨库检索。单击检索框右侧的"跨库选择"按钮,会弹出更多数据库,用户可以勾选多个数据库,实现跨库检索,如图 2-1 所示。

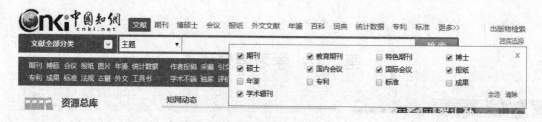

图 2-1　中国知网跨库检索界面

(2) 高级检索。高级检索功能是在指定的范围内,按一个以上(含一个)检索项表达式检索。这一功能可以实现多表达式的逻辑组配检索。其优点是查询结果冗余少,命中率高。

在中国知网的首页,通过单击页面右上角的"高级检索"标签即可进入高级检索界面,如图 2-2 所示。高级检索可以同时选择多个检索入口,并进行一定的逻辑组合检索。

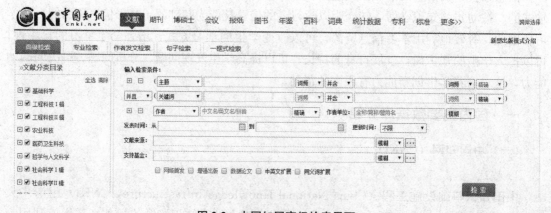

图 2-2　中国知网高级检索界面

(3) 出版物检索。出版来源导航主要包括期刊、学位授予单位、会议、报纸、年鉴和工具书的导航系统。目前提供来源名称、主办单位、出版者、ISSN、CN、ISBN 六种检索途径。

每个产品的导航内容基本覆盖自然科学、工程技术、农业、哲学、医学、人文社会科学等各个领域，囊括了基础研究、工程技术、行业指导、党政工作、文化生活、科学普及等各种层次。

(4) 作者发文检索。作者发文检索是指通过作者的姓名、单位等信息，查找作者发表的文献及被引下载情况。通过作者发文检索不仅能找到作者发表的文献，还可以通过对结果的分组筛选全方位地了解作者的主要研究领域、研究成果等情况，如图 2-3 所示。

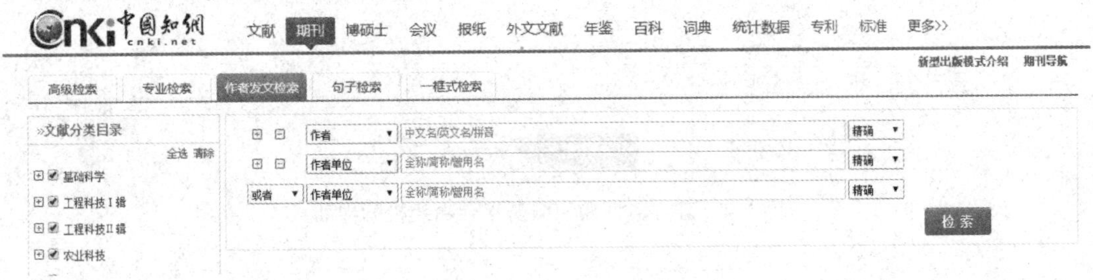

图 2-3　中国知网作者发文检索界面

(5) 其他检索方式。中国知网还提供了专业检索、知识元检索、引文检索、科研基金检索、句子检索、期刊导航检索、二次检索等检索方式，其检索方法基本相同，此处不再赘述。

(二) 万方数据知识服务平台

1. 万方数据知识服务平台概述

万方数据知识服务平台（Wanfang Data Knowledge Service Platform）是由北京万方数据股份有限公司在原万方数据资源系统的基础上，经过不断改进开发的一种集多种知识资源、多元化增值服务为一身的平台。

2. 万方数据知识服务平台资源介绍

万方数据知识服务平台收录的资源非常丰富，涉及各行各业，包括期刊论文资源、学位论文资源、会议论文资源、专利资源、成果资源、法规资源、标准资源、机构信息、外文文献、专家信息资源、OA 论文索引库等。下面主要介绍期刊论文资源、学位论文资源、会议论文资源。

3. 万方数据知识服务平台检索方法

万方数据知识服务平台的资源使用一般分为一框检索、高级检索、单库检索三种方式。

(1) 一框检索。万方数据知识服务平台首页，即一框检索界面。一框式的检索方式，用户只需在检索框中直接输入检索词，选择检索字段，即可检索，简单方便。

(2) 高级检索。在万方数据知识服务平台首页，通过单击页面右上角的"高级检索"标签即可进入高级检索界面，如图 2-4 所示。

高级检索为多行式检索，系统默认为三行，同时可以通过"＋""－"按钮来增加或删

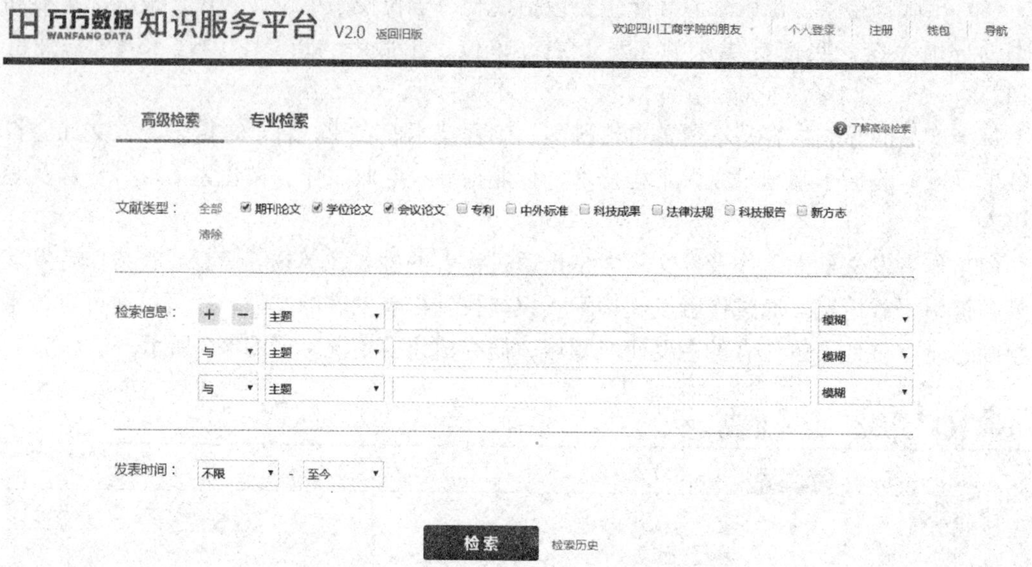

应用型信息检索与利用

图 2-4 万方数据知识服务平台高级检索界面

除检索行。高级检索可供检索字段包括主题、题名或关键词、第一作者、作者单位、作者、摘要、期刊名称/刊名、期刊—期、学位—学位授予单位、学位—导师、会议—会议名称、会议—会议主办单位等。

(3) 单库检索。万方数据知识服务平台的单库检索是指对系统平台提供的某一类资源进行检索利用,其检索界面通过直接单击万方数据知识服务平台的相关资源名称即可进入。如图 2-5 所示为期刊论文的单库检索界面,其他资源的单库检索方法与之类似。

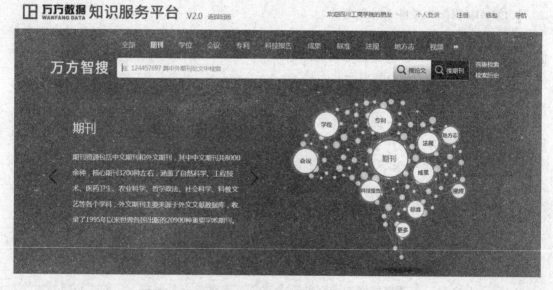

图 2-5 万方数据知识服务平台期刊论文单库检索界面

第二章　信息资源

（三）维普网

1. 维普网概述

维普网，原名维普资讯网，是重庆维普资讯有限公司建立的网站，该公司是中文期刊数据库建设事业的奠基者。维普网目前已经成为中国最大的综合文献数据库。公司的业务范围涉及数据库出版发行、知识网络传播、期刊分销、电子期刊制作发行、网络广告、文献资料数字化工程以及基于电子信息资源的多种个性化服务。

2. 维普网资源介绍

目前，维普网提供的主要产品和服务如图 2-6 所示。

主要产品及服务

图 2-6　维普网提供的主要产品和服务

（1）中文期刊服务平台。维普网中文期刊服务平台 7.0 是中文期刊资源一站式检索及提供深度服务的平台，是一个由单纯提供原始文献信息服务延伸到提供深层次知识服务的整合服务系统。中文期刊服务平台 7.0 整合期刊文献检索、文献引证追踪、科学指标分析、搜索引擎服务四大模块，实现了一站式检索模式。其收录期刊数量已达到 9 312 种，其中核心期刊有 1 981 种，全文文献总量为 4 000 多万篇，全文数据从 1989 年至今，数据包含所有学科内容。其包括但不限于以下功能：中刊检索、文献查新、期刊导航、检索历史、引文检索、引用追踪、H 指数、影响因子、排除自引、索引分析、排名分析、学科评估、顶尖论文等（图 2-7）。

图 2-7　维普网中文期刊服务平台检索界面

(2) 论文检测系统。维普网论文检测系统（VPCS）采用国际领先的海量论文动态语义跨域识别和指纹对比技术，通过最新的云检测服务，能够快捷、稳定、准确地检测到文章中存在的抄袭和不当引用现象，实现了对学术不端行为的检测服务。

维普网论文检测系统主要包括已发表文献检测、论文检测、自建比对库管理等功能，可快速、准确地检测出论文中不当引用、过度引用甚至抄袭、伪造、篡改等学术不端行为，可自动生成检测报告，并支持 PDF、网页等浏览格式。详细的检测报告通过标红相似文献、饼状图、形象直观地显示相似内容比对、相似文献汇总、引用片段出处、总相似比、引用率、复写率和自写率等重要指标，为教育机构、科研单位、各级论文评审单位和发表单位提供了论文原创性和新颖性评价的重要依据。

(3) 考试服务平台。维普网考试服务平台是一个考试服务信息化产品，既拥有海量题库资源，又能支持机构进行在线考试应用。它可以解决教学平台中缺电子资源，而电子资源平台上缺教学应用场景的问题。它还可帮助图书馆服务深入教学支撑环节；帮助教务处实现教学考试平台在线管理；帮助学生进行考试练习、作业管理、移动个性化使用。平台包含职业资格考试、高校课程试题、在线考试、维普考典四个功能模块。

3. 维普中文期刊检索方法

(1) 基本检索。基本检索即维普中文期刊服务平台首页默认的检索方式，也称为一站式检索。基本检索方式简单方便，用户只需在检索框中直接输入检索词，选择检索字段，即可检索。

(2) 高级检索。在维普中文期刊服务平台的首页，通过单击检索框旁边的"高级检索"标签即可进入高级检索界面，高级检索通过运用逻辑组配关系，查找同时满足几个检索条件的中文期刊文献，如图 2-8 所示。

图 2-8　维普中文期刊服务平台高级检索界面

(3) 期刊大全。维普网期刊大全检索界面如图 2-9 所示。用户可按照期刊名的首字母顺序进行查找；也可按照学科分类进行查找，单击学科分类名称即可查看该学科涵盖的所有期刊；还可通过输入期刊名、ISSN 号、CN 号直接进行检索。

图 2-9　维普网期刊大全检索界面

（四）超星数字图书馆

1. 超星数字图书馆概述

超星数字图书馆成立于 1993 年，是国内专业的数字图书馆解决方案提供商和数字图书资源供应商，它由北京世纪超星信息技术发展有限责任公司投资兴建。目前数据库共拥有电子图书 100 余万种，其内容涉及哲学、宗教、社科总论、民族学、文学、历史、医学、计算机、建筑等 22 个学科分类。超星数字图书馆是世界上最大的中文电子图书资源库。

2. 超星电子图书检索方法

（1）分类检索。超星电子图书根据《中图法》分类，用户可以通过检索页面的"图书分类"进行逐级检索，其层级的多少视该类图书书目的多寡而定，单击到最后一级类目即可看到具体的书目，单击书名下方的阅读按钮即可进入"阅读"状态（图 2-10）。

（2）字段检索。

①简单检索：提供图书书名、作者、目录和全文检索字段的单条件模糊检索。

②高级检索：提供图书的多条件查询，可对书名、作者、主题词、分类号和出版日期等多个字段进行组合检索。

3. 超星电子图书阅读与下载

超星数字图书馆配有专门的超星全文浏览器——超星阅读器。超星阅读器是专门针对数字图书的阅览、下载、打印、版权保护和下载计费而研究开发的、拥有自主知识产权的图书阅读器，该阅读器实现了图像文档的 Web 方式浏览；采用了自动滚屏显示和多线程浏览技术；内嵌了汉王 OCR 识别系统，用户可以将图像格式的图书资料转换成文本文件加以利用；利用双层检索技术，实现图像方式数字图书的全文检索。它还具有显示全文、下载、文字识别、打印等多种功能。

图 2-10　超星电子图书分类检索界面

4. 超星期刊检索方法

超星期刊涵盖中外文期刊 8.8 万种。其中全文收录中文期刊 6 500 种（核心期刊超过 1 300 种），实现与上亿条外文期刊元数据联合检索。内容涉及理学、工学、农学、社科、教育、文化、哲学、医学、管理学等学科领域。超星期刊不仅提供传统 PDF 格式文件的下载，更创新性地实现了流式媒体的全文直接阅读，构建了全终端全过程多渠道的传播神经网络，最大限度地提高了用户精准获取文献的速度。

（1）基本检索。基本检索即超星期刊平台默认的检索方式，也称为一站式检索。基本检索方式简单方便，用户只需在检索框中直接输入检索词，即可检索，如图 2-11 所示。

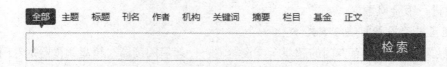

图 2-11　超星期刊基本检索界面

（2）高级检索。在超星期刊的首页，通过单击检索框下方的"高级检索"标签即可进入高级检索界面，高级检索通过运用逻辑组配关系，查找同时满足几个检索条件的中文期刊文献，如图 2-12 所示。

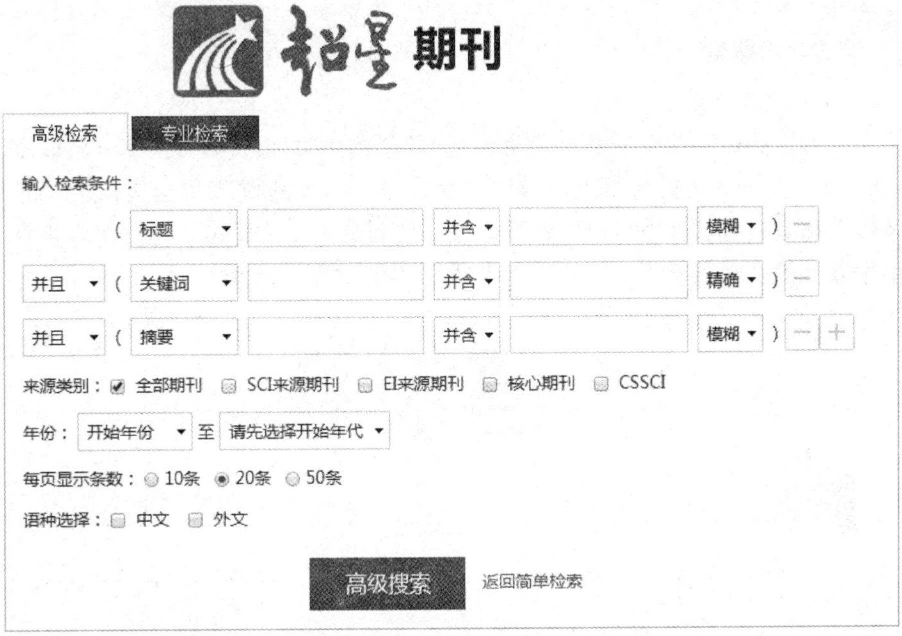

图 2-12　超星期刊高级检索界面

5. 超星学习通

超星学习通是面向智能手机、平板电脑等移动终端的移动学习专业平台。其基于"互联网＋"背景下的知识空间，为用户提供了一个多终端数据及时同步的知识空间，用户可以根据自己的需求和爱好订阅相应的专题，可以自由快捷地按自己现实而实用的需求筛选、汇集资料，创建自己的专题，记录自己以及与同学老师交流的阅读感受、创新思想，并且能永久保存。在学习通平台上，用户不仅可以自助完成本校图书馆藏书借阅查询、电子资源搜索下载、图书馆资讯浏览，还可以学习学校课程，进行小组讨论，查看本校通讯录。用户可在学习通平台上随时交流学习心得，发表个人感想，更有与一流学者沟通交流的机会。如图 2-13 所示为四川工商学院超星学习通首页。

6. 超星发现系统

超星发现系统以近十亿海量元数据为基础，利用数据仓储、资源整合、知识挖掘、数据分析、文献计量学模型等相关技术，较好地解决了数据库的集成整合问题，完成高效、精准、统一的学术资源

图 2-13　四川工商学院超星学习通首页

搜索，进而通过分面聚类、引文分析、知识关联分析等实现高价值学术文献发现、纵横结合的深度知识挖掘、可视化的全方位知识关联。超星发现系统具有系统多维分面聚类、智能辅助检索、立体引文分析、考镜学术源流、展示知识关联、揭示学术趋势等核心功能。

（五）读秀学术搜索

1. 读秀学术搜索简介

读秀学术搜索是由海量全文数据及资料基本信息组成的超大型数据库。其以430多万种中文图书、10亿页全文资料为基础，为用户提供深入内容的章节和全文检索、部分文献的原文试读以及高效查找、获取各种类型学术文献资料的一站式检索，是一个真正意义上的学术搜索引擎及文献资料服务平台。如图2-14所示为读秀学术搜索首页。

图2-14 读秀学术搜索首页

2. 读秀学术搜索的特色功能

（1）整合资源：整合各种文献资源于同一平台，实现统一检索管理。读秀将图书馆馆藏纸质图书、中文图书数据库等各种资料整合于同一平台上，统一检索，使读者在读秀平台上获取所有信息，方便读者的使用，同时也节省图书馆的人力、物力，提高工作效率及图书馆的管理水平和服务水平。

统一平台：将图书馆现有的纸质图书和电子图书以及各种学术异构资源整合到同一平台下。读者在读秀平台上零距离地获取知识，提高图书馆资源的利用率。

统一检索：将读秀搜索框嵌入图书馆门户首页，实现资源统一检索。避免多个站点逐一登录、逐一检索的弊端，读者可在读秀平台上查询所有馆藏中文信息，检索便捷，使用方便。

（2）检索资源：通过读秀的深度检索，可快速、准确地查找学术资源。读秀集成了业界先进检索技术，突破以往简单的元数据检索模式，实现了基于内容的检索，使检索深入章节和全文。利用读秀的深度检索，读者能在短时间内获得深入、准确、全面的文献信息。

（3）获取资源：读秀为读者整合学术资料，并提供多种阅读、获取资源的途径。读秀的海量资源与用户图书馆资源整合，在为用户打造了一个资源库的同时，也为用户提供了多种获取海量资源的捷径，满足读者快速获取知识的需求。

读秀提供资料的部分原文试读，更加全面地揭示文献内容，利于读者选择资料。

(4) 定制特色功能：满足用户的管理需求和读者的阅读需求。
①流量统计系统：阅读量、点击量、分类统计、饼状图、柱状图、趋势图等功能。
②图书推荐系统：推荐购买纸书、电子图书以及图书推荐排行统计功能。
③图书共享系统：图书书目馆际互知、网上书店购买、联系出版社等功能。

二、国外主要期刊数据库介绍

（一）爱思唯尔数据库简介

爱思唯尔（Elsevier）是世界上最大的医学与科学文献出版社之一，创办于1880年，属于RELX集团，总部位于阿姆斯特丹。每年有超过35万篇论文发表在爱思唯尔公司出版的2 000种期刊中。其核心产品包括《柳叶刀》《四面体》《细胞》，教科书《格氏解剖学》，以及全世界最大的摘要和引文数据库Scopus等。

Elsevier之网络版即为Science Direct On Site，简称SDOS数据库。其期刊最早可追溯到1823年。国内用户购买的使用权限一般为1995年后该公司的电子期刊。SDOS数据库的电子期刊品质相对较高，在3 800余种期刊中，被SCI收录的期刊就有1 400余种，并且很多期刊的影响因子都在2.0以上，是中国用量最高的外文数据库。SDOS数据库时效性极强，数据每周更新。其网址为https：//www.sciencedirect.com/。

（二）Web of Science数据库简介

Web of Science（简称"WOS"）是基于WOK（Web of Knowledge）平台的综合性文摘索引数据库，收录了1.2万多种来自各个研究领域的学术期刊的文献信息。目前，Web of Science主要包括以下5个引文数据库。

(1) Science Citation Index。即科学引文索引，简称"SCI"，收录8 600多种涵盖176个学科的科学技术期刊，数据可追溯至1900年，提供1991年以来的作者摘要。

(2) Social Science Citation Index。即社会科学引文索引，简称"SSCI"，收录3 100多种涵盖56个学科的社会科学期刊，数据可追溯至1956年，提供1992年以来的作者摘要。

(3) Arts and Humanities Citation Index。即艺术与人文引文索引，简称"A&HCI"，收录1 600多种艺术与人文类期刊，主题包括艺术评论、戏剧音乐及舞蹈表演、电视广播等，数据可追溯至1975年，提供2000年以来的作者摘要。

(4) Conference Proceedings Citation Index。即原ISI Proceedings数据库，简称"CP-CI"数据库，分为自然科学（CPCI-S）和社会科学版（CPCI-SSH）。其汇集了世界上最新出版的回忆录资料，包括专著、丛书、预印本和来源于期刊的会议论文，涉及250多个学科。该数据库每周更新，年增近26万条记录，提供了综合全面、多学科的会议论文资料，是目前世界上了解会议文献信息的最主要检索工具。

(5) Book Citation Index。即图书引文索引，简称"BKCI"，是2011年10月推出的，基于WOK平台上的资源，分为自然科学版（BKCI-S）和人文社会科学版（BKCI-SSH）。该索引资料库收录2.5万余种自然科学、社会科学和艺术人文类图书，可以按章索引。

（三）EI数据库简介

EI（The Engineering Index）即美国《工程索引》，是世界上著名的工程技术领域最具权威的大型文摘性检索性工具,它是科研人员、工程技术人员和科技信息人员进行科研设计和信息交流必不可少的重要检索工具。它收录的文献因品质高而享誉科技界,所以通常作为评价学术和科学成果的重要依据。其每年摘录世界工程技术期刊约 3 000 种,还有会议文献、图书、技术报告和学位论文等,报道文摘约 15 万条,内容包括全部工程学科和工程活动领域的研究成果。

(四) Springer Link 数据库简介

施普林格出版社于 1842 年在德国柏林创立,是全球第一大科技图书出版公司和第二大科技期刊出版公司,每年出版 6 500 余种科技图书和约 2 000 种科技期刊,其中超过 1 500 种经同行评阅的期刊。施普林格注重出版物的内容水平、出版人员的专业性和服务质量,专注出版、服务科学是施普林格一贯的准则和目标。Springer Link 所有资源划分为 12 个学科:建筑学、设计和艺术;行为科学;生物医学和生命科学;商业和经济;化学和材料科学;计算机科学;地球和环境科学;工程学;人文、社科和法律;数学和统计学;医学;物理和天文学。通过 Springer Link 系统,用户不仅可以检索、浏览电子期刊全文,而且可以检索、浏览电子图书全文。

三、MOOC 平台

(一) MOOC 及其特点

MOOC(Massive Open Online Courses,大型开放式网络课程)这一术语是 2008 年由戴夫·科米尔(Dave Cormier)与布莱恩·亚历山大(Bryan Alexander)两位加拿大教授联合提出的。它由很多愿意分享和协作以便增强知识的学习者组成,有与传统课程类似的作业评估体系和考核方式。

MOOC 课程通常有众多来自全球各地的学习者,课程结构较为完整,有基础性的课本知识讲解、实验操作、在线问题解答,同时还有社区互动平台,学习者可以在线与不同地区的人进行经验交流。在课程开始前,教师都会采用邮件等方式通知学生课程的基本信息,包括起始时间、课前准备等;在学习过程中提出的问题有及时的反馈,并且会有单元测试和机器测试对学生的学习动态做出评估;可建立学习者小区,组织线下讨论;教学平台大都是自行开发或整合。

(二) 国外主要 MOOC 平台介绍

1. Coursera

Coursera(http://www.coursera.org/)是由美国斯坦福大学计算机科学教授吴恩达(Andrew Ng)和达芙妮·科勒(Daphne Koller)于 2012 年联合创办的大规模在线开放教育平台,是目前世界上最大的 MOOC 平台。该平台旨在同世界顶尖大学合作,在线提供免费的网络公开课程。Coursera 的首批合作院校包括斯坦福大学、密歇根大学、普林斯顿大学、宾夕法尼亚大学等美国名校。2013 年 10 月,Coursera 进驻中国。北京大学、南京大学、上海交通大学、复旦大学等高校加入。

2015 年 4 月,Coursera 和拥有华语第一 MOOC 社区、MOOC 学院(mooc.guokr.com)的果壳网宣布战略合作关系升级,未来将共同在中国开拓、推广企业和 MOOC 的合作新模式，提升 MOOC 职场价值。

2. edX

edX（http：//www.edx.org/）是麻省理工学院和哈佛大学各出资 3 000 万美元于 2012 年 4 月联合创建的大规模开放在线课堂平台，是一个独立运营的非营利性在线教育开源项目。课程的形式主要由在线视频、网页插入式测试以及协作论坛组成，学生上完课程后获得一个不同于全日制大学的技能证书和成绩。

3. Udacity

Udacity（http：//www.udacity.com/）是由斯坦福大学教授塞巴斯蒂安·史朗、戴维·斯塔文、麦克·索科尔斯基共同创办的营利性教育组织，它的目标是实现民主教育。2012 年 2 月，Udacity 诞生。Udacity 以计算机课程为主，大部分课程为自适应学习，没有固定的开课时间。该平台没有跟大学组成联盟，其使命是创建低价、民主、高效的高等教育，力求提高其学生的教育和职业生涯。

（三）国内主要 MOOC 平台介绍

1. 中国大学 MOOC

中国大学 MOOC 是由"网易云课堂"与高等教育出版社"爱课程网"合作推出的大型开放式在线课程学习平台，上线于 2014 年 5 月。它联合北京大学、复旦大学、浙江大学、新加坡国立大学、微软亚洲研究院等 211 所知名高校和机构推出上千门精品大学课程，其宗旨是：让每一个有提升愿望的用户都能在此学习到中国最好的大学课程，并获得认证证书。

2. 网易公开课

2010 年 11 月 1 日，网易正式推出"全球名校视频公开课项目"，首批 1 200 集课程上线，其中有 200 多集配有中文字幕。用户可以在线免费观看来自哈佛大学等世界名校的公开课课程及可汗学院、TED 等教育性组织的精彩视频，内容涵盖人文、社会、艺术、科学、金融等领域。2013 年 9 月，网易公开课与北京大学合作，邀请北大教师入驻网易 MOOC 学习专区，与用户就课程内容进行讨论，让中国用户可以更好地使用 MOOC 平台。

3. 网易云课堂

网易云课堂，是网易公司打造的在线实用技能学习平台，该平台于 2012 年 12 月底正式上线，主要为学习者提供海量、优质的课程，用户可以根据自身的学习程度，自主安排学习进度。网易云课堂立足于实用性的要求，与多家教育、培训机构建立合作，课程涵盖实用软件、IT 与互联网、外语学习、生活家居、兴趣爱好、职场技能、金融管理、考试认证、中小学、亲子教育等十余大门类。

4. 学堂在线

学堂在线是由清华大学研发出的中文 MOOC 平台，于 2013 年 10 月 10 日正式启动，面向全球提供在线课程。任何拥有上网条件的学生均可通过该平台，在网上学习课程视频。在 2016 年发布的"全球慕课排行"中，学堂在线被评为"拥有最多精品好课"的三甲平台之一。

其他 MOOC 平台有好大学在线、过来人公开课、顶你学堂、华文慕课、超星慕课、智慧树在线教育、爱课程——中国教师教育 MOOC 等。

四、知识问答社区

(一) 知识问答社区概述

在过去十年中,基于 Web 2.0 的在线问答社区逐渐被大多数互联网用户接受和使用。Roush 认为在在线问答网站中,成员可以提出问题,回答其他成员的提问,同时可以对他人的提问和回答进行评价,且这一系列过程均是免费的。知识问答社区与前人所提出的社会化问答、在线问答等概念类似,本质上就是一种互动式的知识共享社区,即用户根据自己的需求搜索或者提出问题,其他用户运用自己的知识或经验为其解答问题。

(二) 国内现有知识问答社区

1. 百度知道

百度知道是一个基于搜索的互动式知识问答分享平台,于 2005 年 6 月 21 日发布。百度知道的搜索模式是用户自己有针对性地提出问题,通过积分奖励机制发动其他用户来解决该问题。同时,这些问题的答案又会进一步作为搜索结果,提供给其他有类似疑问的用户,达到分享知识的效果。

百度知道的最大特点就在于,和搜索引擎的完美结合,让用户所拥有的隐性知识转化成显性知识,用户既是百度知道内容的使用者,同时又是百度知道内容的创造者,在这里累积的知识数据可以反映到搜索结果中。它通过用户和搜索引擎的相互作用,实现搜索引擎的社区化。

2. 知乎

知乎是网络问答社区,连接各行各业的用户。通过知乎,用户分享着彼此的知识、经验和见解,为中文互联网源源不断地提供多种多样的信息。准确地讲,知乎更像一个论坛:用户围绕着某一感兴趣的话题进行相关的讨论,同时可以关注兴趣一致的人。对于概念性的解释,网络百科几乎涵盖了用户所有的疑问;但是对于发散思维的整合,却是知乎的一大特色。

3. 爱问知识人

爱问知识人是新浪用两年时间研发的新型搜索引擎,同百度知道等产品有相同的功用。爱问知识人有:唯一的中文自然语言搜索技术,第一个中文用户互动型问答平台,检索互联网上亿万网页的网页搜索,信息最丰富、最准确,功能更贴近生活的本地搜索,所有这一切,汇集成了最具个性化的爱问搜索。

4. 果壳网

2010 年,果壳网由嵇晓华创立并上线。它作为一个开放、多元的泛科技兴趣社区,吸引了众多有意思、爱知识、乐于分享的年轻人聚集在这里,用知识创造价值,为生活添加智趣。在这里人们可以关注感兴趣的人,阅读他们的推荐,也将有意思的内容分享给关注的人;依兴趣关注不同的小组,精准阅读喜欢的内容,并与网友交流;可以在"果壳问答"里提出困惑的科技问题,或提供合适的答案。果壳网现有三大板块——科学人、小组和问答,由专业科技团队负责编辑;还有三大重点产品——MOOC 学院、知性社区、研究生 APP;果壳传媒另有"果壳阅读"这一阅读品牌,负责科普类图书的编辑。

5. 豆瓣网

豆瓣是一个社区网站。网站由杨勃创立于 2005 年 3 月 6 日。该网站以书影音起家,提供关于书籍、电影、音乐等作品的信息,无论描述还是评论都由用户提供,是 Web 2.0 网站中具有特色的一个网站。网站还提供书影音推荐、线下同城活动、小组话题交流等多种服务功能,它更像一个集品味系统(读书、电影、音乐)、表达系统(我读、我看、我听)和交流系统(同城、小组、友邻)于一体的创新网络服务,一直致力于帮助都市人群发现生活中有用的事物。

五、网络百科全书

(一)网络百科全书的含义

网络百科全书,简单来说,是指利用互联网技术对人类的知识信息进行编辑、出版,为用户提供海量、全面、及时的百科内容。名副其实的严肃的网络百科全书应该如同传统的百科全书那样,不失百科全书作为知识工具书的基本特质和基本性格,它应如同专家教授"授课"的严肃而规矩的大课堂,是真正的"没有围墙的大学"。查阅者接受的是权威性专家提供的正确可靠、可以放心引以为据的知识。

(二)常见网络百科全书介绍

1. 维基百科

维基百科(Wikipedia,WP),是一个强调自由内容、协同编辑以及多语版本的网络百科全书项目,它以互联网和 Wiki 技术作为媒介,已发展为一项世界性的百科全书协作计划。它目前是全球网络上最大且最受大众欢迎的参考工具书,名列全球十大最受欢迎的网站。维基百科由非营利组织维基媒体基金会负责营运,并接受捐赠。

在创立之初,维基百科的目标是向全人类提供自由的百科全书,并希望各地民众能够使用自己选择的语言来参与编辑条目。其他书面印刷的百科全书多是由专家主导编辑,之后再由出版商印刷并加以销售。维基百科在性质上一如其称号般属于可自由访问和编辑的全球知识体,这也意味着除传统百科全书所收录的信息外,维基百科也能够收录非学术但仍具有一定媒体关注度的动态事件。

2. 百度百科

百度百科是百度公司推出的一个内容开放、自由的网络百科全书平台。正式版在 2008 年 4 月 21 日发布,截至 2017 年 11 月,百度百科已经收录了超过 1 506 万的词条,参与词条编辑的网友超过 638 万人,几乎涵盖了所有已知的知识领域。

百度百科旨在创造一个涵盖各领域知识的中文信息收集平台。百度百科强调用户的参与和奉献精神,充分调动互联网用户的力量,汇聚上亿用户的头脑智慧,积极进行交流和分享。同时,百度百科实现与百度搜索、百度知道的结合,从不同的层次上满足用户对信息的需求。百度百科的特色功能包括了百度百科数字博物馆、城市百科、秒懂百科、明星百科、艺术百科、科学百科、"二战"百科、非遗百科、高校百科、法院百科、百科史记、医疗词条"彩虹计划"、公益平台——萤火虫计划。

3. MBA 智库百科

MBA 智库百科,专注于经济管理领域知识的创建与分享。其内容包括企业管理、市场营销、管理咨询、人力资源、战略管理、MBA案例、财务会计、广告、品牌、经济、金融、法律、博弈等领域。

六、网络文档资源

随着互联网技术的发展和知识时代的来临，网络文档分享平台应运而生，其通过提供存储空间及相应的上传下载服务，促进了各类型信息的传播。其中，百度文库、豆丁网、道客巴巴、新浪爱问共享资料、360doc个人图书馆、丁香文档等以"文档"为主要内容的网络文档分享平台发展迅速，在文字创作、文案策划等活动日渐频繁的今天得到了越来越多的关注与应用。

1. 百度文库

百度文库是百度发布的供网友在线分享文档的平台。百度文库的文档由百度用户上传，需要经过百度的审核才能发布，百度自身不编辑或修改用户上传的文档内容。网友可以在线阅读和下载这些文档。百度文库的文档包括教学资料、考试题库、专业资料、公文写作、法律文件等多个领域的资料。百度用户上传文档可以得到一定的积分，下载有标价的文档则需消耗积分。

2. 豆丁网

豆丁网创立于2007年，是全球最大的中文社会化阅读平台，为用户提供一切有价值的可阅读之物。截至2010年，豆丁网已经成功跻身互联网全球500强，成为提供垂直服务的优秀网站之一。豆丁网拥有分类广泛的实用文档、出版物、行业研究报告以及数千位行业名人贡献的专业文件，各类读物总数超过两亿。豆丁网鼓励原创、鼓励分享、尊重和维护上传者的权益。豆丁网是全球优秀的C2C文档销售与分享社区。

3. 道客巴巴

道客巴巴是一个专注于电子文档的在线分享平台，用户在此平台上不但可以自由交换文档，还可以分享最新的行业资讯。用户可上传的文档包括学术论文、培训资料、课件、讲义、市场调查报告、市场分析数据、书稿、文稿、翻译作品、个人创意、策划等。

4. 新浪爱问共享资料

新浪爱问共享资料，是新浪旗下的在线资料分享站，用户可免费高速上传或下载各类资源，内容涉及教育资源、专业资料、IT资料、娱乐生活、经济管理、办公文书、游戏资料等。爱问共享资料是一个网友互助的资料共享平台，由网友共同参与资料的分享和交流。

5. 360doc个人图书馆

"360doc"是北京六智信息技术有限公司运营的一个免费网络好文收藏和分享的平台网站，用户注册后，即可在360doc上拥有自己的网上图书馆，并可进行网页文章收藏、管理、分享等操作。

6. 丁香文档

丁香文档是丁香园旗下文档在线浏览与下载平台，提供生物、医学、药学领域为主的文档在线浏览与下载。

七、图书馆及数字图书馆

图书馆是人类知识的宝库。卷帙浩繁的文献资料集中地收集在世界各地的图书馆里。

"图书馆"一词最初在日本的文献中出现是在 1877 年,而在我国最早于《教育世界》第 62 期所刊出的一篇《拟设简便图书馆说》中出现,时为 1894 年。

(一)图书馆的分类

1974 年,国际标准化组织颁布了 ISO2789—1974(E)国际图书馆统计标准。该标准将图书馆分为六大类型——国家图书馆、高等院校图书馆、其他主要的非专门图书馆、学校图书馆、专门图书馆和公共图书馆。

公共图书馆、科学图书馆、高等院校图书馆是我国整个图书馆事业的三大支柱。因为这三大系统图书馆的馆藏文献较为丰富,技术力量较强,并承担着文献信息资源中心、服务中心、协调中心和研究中心的重要任务。

(二)高校图书馆

1. 高校图书馆的概念

根据 ISO2789—1974(E)中关于高校图书馆的阐述,高校图书馆也称高等院校图书馆,是指主要服务于大学和其他教学单位的学生和教师的图书馆,具体为大学的中心图书馆或者同一馆长领导下的分布于不同校区的多个图书馆。目前,部分高校图书馆也向社会公众开放。

2. 高校图书馆的性质、地位和作用

高校图书馆是学校的文献信息资源中心,是为人才培养和科学研究服务的学术性机构,这是高校图书馆的基本特征,也是高校图书馆的价值所在。高校图书馆是学校信息化建设的重要组成部分,是校园文化和社会文化建设的重要基地。图书馆的建设和发展应与学校的建设和发展相适应,其水平是学校总体水平的重要标志。

3. 高校图书馆的主要职能

高校图书馆的主要职能是教育职能和信息服务职能。图书馆应充分发挥在学校人才培养、科学研究、社会服务和文化传承创新中的作用。其主要任务是:①建设全校的文献信息资源体系,为教学、科研和学科建设提供文献信息保障;②建立健全全校的文献信息服务体系,方便全校师生获取各类信息;③不断拓展和深化服务,积极参与学校人才培养、信息化建设和校园文化建设;④积极参与各种资源共建共享,发挥信息资源优势和专业服务优势,为社会服务。

(三)公共图书馆

1. 公共图书馆的基础知识

公共图书馆,是由国家中央或地方政府管理、资助和支持的,免费为社会公众服务的图书馆。公共图书馆担负着为教学研究服务和为大众服务的双重任务,在促进国家经济、科学、文化教育事业的发展,提高全民族科学文化水平方面起着重要的作用。国际图联 1975 年将公共图书馆的社会职能概括为:保存人类文化遗产、开展社会教育、传递科学信息、开发智力资源。

公共图书馆可以是为一般社会民众服务的,也可以是为某一特定读者人群如儿童、工人、农民等服务的。在我国,公共图书馆按行政区域分级设置并受政府各级文化部门领导,包括国家图书馆、省(自治区、直辖市)图书馆、地区(市、州、盟)等行政区图书馆、县

（区）图书馆、乡镇图书馆、街道图书馆、少年儿童图书馆等。截至 2016 年 12 月 31 日，我国公共图书馆业机构数达到了 3 153 个，公共图书馆总藏量达到了 90 163 万册。

2.《中华人民共和国公共图书馆法》

《中华人民共和国公共图书馆法》是我国第一部图书馆专门法，是为了加强对公共图书馆管理，推进公共图书馆事业的发展，较好地保障人民群众的公共读书阅览权利而制定的法规。2017 年 7 月 22 日，十二届全国人大常委会第二十八次会议开始首次审议《中华人民共和国公共图书馆法（草案）》。《中华人民共和国公共图书馆法》由第十二届全国人民代表大会常务委员会第三十次会议于 2017 年 11 月 4 日通过，自 2018 年 1 月 1 日起施行。

（四）数字图书馆

1. 数字图书馆简介

数字图书馆是用数字技术处理和存储各种图文并茂文献的图书馆，实质上是一种采用多媒体制作的分布式信息系统。它把各种不同载体、不同地理位置的信息资源用数字技术存储，以便于跨越区域、面向对象的网络查询和传播。它涉及信息资源加工、存储、检索、传输和利用的全过程。通俗地说，数字图书馆就是虚拟的、没有围墙的图书馆，是基于网络环境下共建共享的可扩展的知识网络系统，是超大规模的、分布式的、便于使用的、没有时空限制的、可以实现跨库无缝链接与智能检索的知识中心。

2. 数字图书馆的产生背景

随着信息技术的发展，需要存储和传播的信息量越来越大，信息的种类和形式越来越丰富，传统图书馆的机制显然不能满足这些需要。因此，人们提出了数字图书馆的设想。数字图书馆是一个电子化信息的仓库，能够存储大量各种形式的信息，用户可以通过网络方便地访问它，以获得这些信息，并且其信息存储和用户访问不受地域限制。

数字图书馆是传统图书馆在信息时代的发展，它不但包含了传统图书馆的功能，向社会公众提供相应的服务，还融合了其他信息资源（如博物馆、档案馆等）的一些功能，提供综合的公共信息访问服务。可以这样说，数字图书馆将成为未来社会的公共信息中心和枢纽。

3. 数字图书馆的服务方式

数字图书馆的主要服务方式为：面向用户的文献检索服务和信息资源服务。面向用户的文献检索服务包括智能文献检索服务和文献信息咨询服务。信息资源服务包括特定数字信息资源服务和信息资源的集成服务。

总之，数字图书馆的服务方式要紧紧围绕用户的需求，对有价值的电子出版物和非电子出版物的文献信息资源进行有效的搜索、整理，建设基于互联网的新的高质量的馆藏数据库，供用户检索和利用，使文献信息资源服务发挥出更大的效益。

八、考研与留学

现今，一般本科毕业生的去向有下面几种：①就业；②读研究生；③出国留学；④考公务员。现如今相对于就业，越来越多的本科毕业生选择考研与出国留学继续深造。

(一) 研究生考试网络资源

1. 研究生招生信息综合网站

研究生招生信息综合网站涵盖的内容较全，主要是国家发布的研究生招生政策、指导文件、招生单位联合名录、公共课程和专业课程考试参考书等内容，发布研究生招生过程中的各类信息，如调剂复试录取等。常用的研究生招生信息网站有：中国研究生招生信息网（http://yz.chsi.com.cn/）、中国教育在线考研频道（http://kaoyan.eol.cn/）、中国考研网（http://www.chinakaoyan.com/）、考研网（http://www.kaoyan.com/）、中华考研网。

2. 各个学校专业设置招生信息导师情况

国内各大学、科研院校和其他研究生招生单位，都设有专门的 Web 站点，提供大量的信息资料，如学校概况、课程设置、招生信息、导师研究方向、科研成果及硕士、博士学位论文等，甚至有的还包括往年的考研试题等。如登录电子科技大学主页，单击"招生就业"→"研究生招生"，或者登录四川大学主页，单击"招生就业"→"研究生招生信息在线"，打开相应链接后，都有详细的招生信息成绩查询及导师介绍等栏目。

3. 考研试题辅导

网上有很多研究生考试辅导类网校、网站。如文登教育网（http://wang21685.qiyegongqiu.net/）是文登教育集团的网站。该网站提供考研辅导班信息、考研辅导、考研成绩查询及各类考研资料。考研教育网（http://www.cnedu.cn/）是正保集团旗下的大型中国考研网站，拥有即时考研信息网上发布平台和高通过率的考研网上辅导，提供考研大纲、考研真题、考研资料、考研视频、考研辅导班信息等。

(二) 出国留学信息资源

出国留学一般是指一个人去母国以外的国家接受各类教育，时间可以为短期或长期（从几个星期到几年）。这些人被称为"留学生"。

国内常用的留学中介机构有以下一些：前途出国、金吉列留学、澳际教育 aoji、启德教育、新通教育、嘉华世达、啄木鸟教育、中智留学、伯乐留学 bole、威久留学。

九、公共信息资源平台

公共信息资源平台是指通过对信息资源进行整合重组与共享实现不同层次参与主体之间的信息沟通，以满足各参与主体对信息资源的需求，实现政府相关行业管理部门之间的信息沟通和工作协同，提高对战略性新兴产业规划和管理的科学性，优化信息传递的流程，减少信息传递的层次。

下面重点介绍几个常用的公共信息资源平台。

(一) CALIS

1. CALIS 简介

中国高等教育文献保障系统（China Academic Library & Information System, CALIS），是经国务院批准的我国高等教育"211 工程""九五""十五"总体规划中三个公共服务体系之一。CALIS 的宗旨是，在教育部的领导下，把国家的投资、现代图书馆理念、先进的技术手段、高校丰富的文献资源和人力资源整合起来，建设以中国高等教育数字图书馆为核心的教育文献联合保障体系,实现信息资源共建、共知、共享,以发挥最大的社会效益和经济效益,为中国的高等教育服务。

CALIS 的管理中心设在北京大学,下设文理、工程、农学、医学 4 个全国文献信息服务中心,华东北、华东南、华中、华南、西北、西南、东北 7 个地区文献信息服务中心和 1 个东北地区国防文献信息服务中心。

2. CALIS 的馆际互借与文献传递

(1) 简介。为了更好地在高校开展馆际互借与文献传递工作,更好地为读者提供文献传递服务,CALIS 管理中心建立了 "CALIS 馆际互借/文献传递服务网"(简称 "CALIS 文献传递网" 或 "文献传递网"),作为 CALIS 面向全国读者提供馆际互借/文献传递服务的整体服务平台。

该文献传递网由众多成员馆组成,包括利用 CALIS 馆际互借与文献传递应用软件提供馆际互借与文献传递的图书馆(简称服务馆)和从服务馆获取馆际互借与文献传递服务的图书馆(简称用户馆)。

读者以馆际互借或文献传递的方式通过所在成员馆获取 CALIS 文献传递网成员馆丰富的文献收藏。

CALIS 馆际互借与文献传递系统是 CALIS 公共服务软件系统的重要组成部分。目前,该系统已经实现了与 OPAC 系统、CCC 西文期刊篇名目次数据库综合服务系统、CALIS 统一检索系统、CALIS 文科外刊检索系统、CALIS 资源调度系统的集成,读者可直接通过网上提交馆际互借申请,并且可以实时查询申请处理情况。

(2) 文献传递服务内容。CALIS 文献传递网提供的服务主要包括以下内容。

①馆际借阅(返还式)。提供本馆收藏的中文书和部分外文书的馆际互借服务。

②文献传递(非返还式)。提供本馆收藏的期刊论文、学位论文、会议论文、科技报告、专利文献、可利用的电子全文数据库等。

③特种文献。古籍、缩微品、视听资料等文献是否提供服务,各服务馆根据各馆情况自行制定。

④代查代索。接受用户馆委托请求,帮助查询国内外文献信息机构的文献和代为索取一次文献。

(二)NSTL

1. NSTL 简介

国家科技图书文献中心(NSTL)是根据国务院领导的批示于 2000 年 6 月 12 日组建的一个虚拟的科技文献信息服务机构,成员单位包括中国科学院文献情报中心、工程技术图书馆(中国科学技术信息研究所、机械工业信息研究院、冶金工业信息标准研究院、中国化工信息中心)、中国农业科学院图书馆、中国医学科学院图书馆。网上共建单位包括中国标准化研究院和中国计量科学研究院。中心设办公室,负责科技文献信息资源共建共享工作的组织、协调与管理。

2. NSTL 的服务

NSTL 系统提供的主要服务有文献检索与全文提供、期刊浏览、全文文献、引文检索、代查代检、参考咨询、热点门户、预印本服务等。非注册用户可以免费获得除全文提供以外的各项服务，注册用户可以获得全文提供服务。

（三）CASHL

1. CASHL 简介

中国高校人文社会科学文献中心（China Academic Humanities and Social Sciences Library，CASHL）是在教育部的统一领导下，本着"共建、共知、共享"的原则和"整体建设、分布服务"的方针，为高校哲学社会科学教学和研究建设的文献保障服务体系，是全国唯一的人文社会科学文献收藏和服务中心。其宗旨是组织若干所具有学科优势、文献资源优势和服务条件优势的高等学校图书馆，有计划、有系统地引进国外人文社会科学期刊，借助现代化的服务手段，为全国高校的人文社会科学教学和科研提供高水平的文献保障。

目前，CASHL 已收藏有 9 148 种国外人文社会科学领域的重要期刊、40 万种外文图书、1 370 种电子期刊、25 万种电子图书。涉及地理、法律、教育、经济/商业/管理、军事、历史、区域学、人物/传记、社会科学、社会学、体育、统计学、图书馆学/信息科学、文化、文学、心理学、艺术、语言/文字、哲学/宗教、政治等学科。

2. CASHL 面向全国开展的服务

CASHL 面向全国开展的主要服务包括：

（1）人文社会科学外文期刊检索与浏览服务；

（2）原文传递服务（期刊论文原文传递服务、外文图书部分章节的文献传递服务、外文图书借阅服务）；

（3）人文社会科学外文图书联合目录检索与浏览服务；

（4）电子资源检索和下载服务［目次与目录检索、原文下载服务（仅限于中心馆）］；

（5）国外人文社科核心期刊总览；

（6）国外人文社科重点期刊订购推荐；

（7）专家咨询服务：教育学（北京师范大学），基础教育、世界史（东北师范大学），人文地理、教育学原理（华东师范大学），西北民族研究、敦煌学（兰州大学），欧美研究（南开大学），文艺学、中国古代哲学（山东大学），管理学（清华大学），台湾研究、东南亚研究（厦门大学），应用心理学（浙江大学），经济学、法学（中国人民大学）。

（四）其他政府信息资源平台

政府信息资源是一切产生于政府内部或虽然产生于政府外部但对政府业务活动有影响的信息的统称。由于这些资源常常直接关系到国民经济和社会发展的状况与水平，因此，加强管理、合理开发和有效共享这些资源，一直是网络环境下各级政府工作的当务之急。

政府信息资源类型很多，按内容划分，可分为政府信息（情报）、军事信息（情报）、科技信息、经济信息、文化信息；按信息运行状态划分，可分为连续性信息、间隔性信息、常规性信息和突发性信息；按信息表现形式划分，可分为语音信息、文字信息、数据信息、图形/图像信息；按信息传递方向和特点划分，可分为上情下达类信息（如政府宣传性信息）、下情上传类信息（如公众反馈性信息）、横向沟通类信息（如政府部门之间的双向交流性信息）等。从信息资源共享和保密的特点与要求来看，政府信息资源主要包括以下四种类型：①可以完全对社会公开的信息，如国家政策信息和法规信息等。

IT界曾经议论得相当红火的政府上网工程，主要是指将这类信息上传到面向公众的因特网上，使社会公众能够在网络环境下利用这些资源。②只在指定的系统或部门之间（含内部）共享的信息，如在财政部门与银行之间的外联网上流通的信息等。③只在本系统或部门内部共享的信息，如内部会议纪要等。这类信息一般可在某一系统或部门的内联网上流通。④只对某一或某些特定的个体开放的信息，如有关国防部署、尖端科学技术发展计划、党和国家领导人的秘密谈话或行动计划等绝密信息，在解密之前都属于此类信息。这类信息一般有很高的密级规定，传播范围也极其有限，一般不将其投入各种类型的网络（包括局域网），以防被人截取或篡改。

在上述各种类型的信息资源中，各级政府机构是当之无愧的信息搜集者、生产者和发布者。各级政府机构大力推进内部信息基础设施建设的初衷，就是最大限度地共享政府信息资源，以便充分挖掘其潜力，发挥其在政务沟通和决策支持中的重要作用。

政府信息资源是我国信息资源中最为重要的组成部分，对政府信息资源的利用是推动经济社会全面发展的重要途径，是增强我国综合国力和国际竞争力的必然选择。社会资源共享得以实现的最基本的前提条件，是政府信息资源的客观、公正和尽可能充分地公开。

十、OA资源及利用

（一）OA的概念及特点

OA（Open Access）也叫开放存取、开放共享、公开获取等，是基于订阅的传统出版模式以外的另一种选择。它是指读者通过网络免费、永久地获取和利用各种类型的学术资源。这种利用包括向公众展示作品、传播派生作品、以合理的目的将作品复制到任何形式的数字媒介上，以及用户制作少数印本作为个人使用的权利。

开放存取或公开获取是国际学术界、出版界、图书情报界为了推动科研成果利用互联网自由传播而采取的行动。其目的是促进科学及人文信息的广泛交流，促进利用互联网进行科学交流与出版，提升科学研究的公共利用程度、保障科学信息的保存，提高科学研究的效率。

数字化、网络存储、全文免费获取是公开获取的三个基本特点。互联网是OA得以实现的基本条件，《柏林宣言》明确提出"全文在线免费获取，完全版本的论著存储在至少一个在线服务器中，以确保免费阅读，不受约束地传播和长期的数据库（Archive）存储"。

（二）OA的类别

1. OA期刊

OA期刊是一种免费的网络期刊，旨在使所有用户都可以通过互联网无限制地访问期刊论文全文。此种期刊一般采用作者付费出版、读者免费获得、无限制使用的运作模式，论文版权由作者保留。在论文质量控制方面，OA期刊与传统期刊类似，采用严格的同行评审制度。OA期刊不再利用版权限制获取和使用所发布的文献，而是利用版权和其他工具来确保文献可永久公开获取。

2. OA存储

OA存储也称为OA知识库，包括基于学科的存储和基于机构的存储。

学科OA存储最早出现在物理、计算机、天文等自然科学领域，采取预印本的形式在网上进行专题领域的学术交流。于是一些学术组织开始自发地收集这些可共享的学术信息，将其整理后存放于服务器中供用户免费访问和使用。发展至今，很多学科OA存储仍主要以预印本资源库的形式存在，对某一学科领域或多个学科领域中的所有研究者开放，提供免费的文献存取和检索服务，以供交流、学习。

机构OA存储的主体一般为高校图书馆、科研院所或学术组织，存储对象为组织或机构的内部成员在学术研究过程中产生的各种有价值资源，如项目研究成果（包括开题报告、中期报告、结题报告等）、调查研究报告、硕/博士学位论文、会议论文，甚至包括课程讲义、多媒体资料等。这些资料虽不一定曾正式发表出版，但是作为学术研究活动过程中的产出，仍具有一定的学术价值。如能通过积极的存储与管理使其得到有效利用，对促进与推动组织内部其他学者的科研创新活动，也必将起到积极的作用。

除上述两种形式外，各种其他形式的OA资源也陆续涌现，如个人网站、电子图书、博客、学术论坛、文件共享网络等。但这些资源的发布较为自由，缺乏严格的质量保障机制，较前两类开放存取出版形式而言，随意性更强，学术价值良莠不齐。

第三节　工作信息资源

★自学指南

1. 常用的求职招聘网站有哪些？
2. 你所学专业涉及哪些行业？如何查找这些行业信息？
3. 专利文献、标准文献以及商标、科技文献的检索工具主要有哪些？

一、实习与求职信息

（一）就业

就业，是指具有劳动能力的公民，依法从事某种有报酬或劳动收入的社会活动。就业人口，在我国是指在16周岁以上，特殊职业需要18周岁以上，从事一定社会劳动并获取劳动报酬或经营收入的人员，其中，城镇就业人口是指在城镇地区从事非农业活动的就业人口，包括在国有单位、城镇集体单位、股份合作单位、联营单位、有限责任公司、股份有限公司、私营企业、港澳台投资单位、外商投资单位和个体工商户从业的人员。

就业相关法律依据包括《中华人民共和国就业促进法》《中华人民共和国劳动争议调解仲裁法》《中华人民共和国劳动合同法》《中华人民共和国劳动合同法实施条例》《集体合同规定》《就业服务与就业管理规定》《女职工劳动保护特别规定》《职工带薪年休假条例》《企业劳动争议协商调解规定》。

(二)就业信息渠道

1. 学校就业网

每一所高校都建立有专门的就业信息网,以"服务毕业生、服务高校、服务用人单位"为宗旨,按照公益性、专业化的要求,建立高校毕业生离校前后信息衔接和服务接续运行机制,搭建离校未就业高校毕业生就业供求平台,加大离校未就业高校毕业生就业指导力度,营造促进高校毕业生就业的良好氛围,促进高校毕业生面向社会需求充分就业。

学校就业网的主要职责为宣传、贯彻国家、省、市有关高校毕业生就业的各项方针、政策和法规;开展高校毕业生就业指导工作,积极宣讲就业形势和政策措施;办理大中专毕业生报到手续,并对毕业生就业有关信息做统计分析;建立毕业生就业见习基地,加强管理,吸纳毕业生到基地见习;指导做好高校毕业生就业服务工作;发布有关单位进校双选会及招聘信息。如四川大学毕业生就业网(http://jy.scu.edu.cn/eweb/jygl/index.so)。如图2-15所示。

图2-15 四川大学毕业生就业网

2. 公共就业服务机构

公共就业服务(PES)指政府组织建立的以促进就业为目的的公共制度。我国《劳动力市场管理规定》中对公共就业服务的界定为:本规定所称公共就业服务,是指由各级劳动保障部门提供的公益性就业服务,包括职业介绍、职业指导、就业训练、社区就业岗位开发服务和其他服务内容。公共就业服务机构,是由原地方人事、劳动保障部门的就业和人才服务管理机构合并成立,旨在方便劳动者求职就业和用人单位招聘用人。目前我国已基本形成覆盖城乡的公共就业服务体系,并基本建成统一规范的公共就业服务制度。地方公共就业服务机构主要有省、市、区、县、镇（街道）各级人才交流服务中心、劳动就业服务中心等。如四川人力资源市场网/四川人才网（http://www.scrc168.com/）、四川人事考试网（http://www.scpta.gov.cn/），如图2-16所示。

图 2-16　四川人事考试网主页

3. 综合招聘平台或网站

综合招聘平台或网站包括拉勾网、前程无忧、中华英才网、智联招聘、百度招聘、赶集网、58同城、Nextoffer（图2-17）、内推网、猪八戒威客网、猎聘网等。

图 2-17　Nextoffer 主页

4. 行业人才招聘渠道

行业人才招聘渠道包括最佳东方酒店人才、建筑英才网、中国卫生人才网、中国服装人才网、丁香人才网、中国汽车人才网（图2-18）、万行教师人才、医药英才网、中国外语人才网、高校人才网、中国电力人才网、中国招教网、中国旅游人才网、中国建筑人才网、中国教师人才网（图2-19）等。

图 2-18　中国汽车人才网主页

图 2-19　中国教师人才网主页

此外，想要获得求职就业信息，还可关注各地人才市场现场招聘会、人才市场报，或者意向单位官网的招贤纳士栏目，也可关注各类职场社交平台，如领英。领英（LinkedIn）致力于向全球职场人士提供沟通平台（图2-20），并协助他们发挥所长，打造专属人脉。领英作为全球职业社交网站，其全球会员人数已超过5亿。在领英，用户可以轻松打造职业形象、获取商业洞察、拓展职业人脉并发现更多职业机遇。另外，还可关注求职节目，例如职来职往、非你莫属、天生我才，或求助各种社会资源，如亲友、校友、教师的推荐等。

图2-20 领英主页

二、行业信息资源

（一）行业

根据《国民经济行业分类》（GB/T 4754—2017），行业（或产业）是指从事相同性质的经济活动的所有单位的集合。该标准将国民经济行业门类划分为：农、林、牧、渔业；采矿业；制造业；电力、热力、燃气及水生产和供应业；建筑业；批发和零售业；交通运输、仓储和邮政业；住宿和餐饮业；信息传输、软件和信息技术服务业；金融业；房地产业；租赁和商务服务业；科学研究和技术服务业；水利、环境和公共设施管理业；居民服务、修理和其他服务业；教育；卫生和社会工作；文化、体育和娱乐业；公共管理、社会保障和社会组织；国际组织。

（二）行业信息资源的含义及类型

行业信息资源具体是指，有关行业知识产权、知识内容、产品信息、产品服务及功能介绍、产品优势及行业概述等有关内容的载体。

知识产权，也称为"知识所属权"，指"权利人对其智力劳动所创作的成果享有的财产权利"，一般只在有限时间内有效。各种智力创造如发明、外观设计、文学和艺术作品以及在商业中使用的标志、名称、图像等，都可被认为是某一个人或组织所拥有的知识产权。知识产权有两类：一类是著作权（也称为版权、文学产权）；另一类是工业产权（也称为产业产权）。著作权是指自然人、法人或者其他组织对文学、艺术和科学作品依法享有的财产权利和精神权利的总称。其主要包括著作权及与著作权有关的邻接权。工业产权则是指工业、商业、农业、林业和其他产业中具有实用经济意义的一种无形财产权，主要包括专利权与商标权。

行业信息资源按用途可分为行业分析报告、投资分析报告、可行性研究报告、市场专项调研报告。

（1）行业分析报告。与国民经济中的其他商品或服务一样，市场是行业发展的基础，市场容量决定厂商规模。行业分析作为一种系统性信息成果，无疑拥有巨大的市场潜力。行业分析报告一般由企业内部市场部或专业的市场研究公司撰写，市场研究公司在数据采集、资料归类、观点提炼、报告撰写方面具备独特的专业优势。行业分析报告的主要任务包括：解释行业本身所处的发展阶段及其在国民经济中的地位，分析影响行业发展的各种因素以及判断其对行业的影响力度，预测并引导行业的未来发展趋势，判断行业投资价值，揭示行业投资风险，为政府部门、投资者以及其他机构提供决策依据或投资依据。

（2）投资分析报告。投资分析是针对某一特定的，以谋取商业利益、竞争优势为目的的投资行为，就其产品方案、技术方案、管理、市场以及投入产出预期进行分析和选择的工作过程。投资分析报告能够帮助企业或投资机构快速、全面、准确地认识行业的市场状况和项目的市场前景、投资价值和经营风险，可作为企业或投资机构的经营、融资、投资等活动的专业参考依据。

（3）可行性研究报告。可行性研究报告是从事一种经济活动（投资）之前，双方要从经济、技术、生产、供销直到社会环境、法律等各种因素进行具体调查、研究、分析，确定有利和不利的因素、项目是否可行，估计成功率大小、经济效益和社会效果程度，为决策者和主管机关审批的上报文件。

（4）市场专项调研报告。市场专项调研是市场调查与市场研究的统称，它是个人或组织根据特定的决策问题而系统地设计、搜集、记录、整理、分析及研究市场各类信息资料、报告调研结果的工作过程。市场调研报告是经过在实践中对某一产品客观实际情况的调查了解，将调查了解到的全部情况和材料进行分析研究，揭示出本质，寻找出规律，总结出经验，最后以书面形式陈述出来。

行业信息资源应用于具体行业或工作的实践中，还包括市场竞争力报告、商业计划书、行业数据等。

（三）常用检索平台

1. 中经专网（中国经济信息网）

中国经济信息网（图2-21）简称"中经网"，是国家信息中心组建的、以提供经济信息为主要业务的专业性信息服务网络,于 1996 年 12 月 3 日正式开通,由中经网数据有限公司负责运营。中经网继承了国家信息中心多年来的丰富的信息资源和信息分析经验,利用自主开发的专网平台和互联网平台,为政府部门、金融机构、高等院校、企业集团、研究机构及海内外投资者提供宏观经济、行业经济、区域经济、法律法规等方面的动态信息、统计数据、研究报告和监测分析平台,帮助其准确了解经济发展动向、市场变化趋势、政策导向和投资环境,为其经济管理和投资决策提供强有力的信息支持。

图 2-21　中国经济信息网主页

中国经济信息网主要业务包括:

(1) 信息内容集成:中经专网(国际国内经济动态、数据、分析、政策)、中经要报(周刊)、决策要参(周刊)。

(2) 经济数据库:中经网经济统计数据库、中经网产业数据库、世界经济月度库、中国权威经济论文库、中国法律法规库、中国环境保护数据库。

(3) 中经视频:50 人论坛、地区发展、行业报告、高层论坛、公共课程、大讲堂、电子政务、凤凰时政、财经新闻。

(4) 经济研究报告:中国行业发展年度报告、中国行业季度分析报告、中国行业监测周报、中国区域经济分析报告、中国固定资产投资季度报告、宏观经济月度分析报告、金融市场月度分析报告。

(5) 经济分析平台:宏观经济监测预测系统、经济景气分析系统、中国区域监测评价系统、项目评审信息支持系统、银行业竞争情报系统、综合经济效益比较系统。

2. 中国产业经济信息网

中国产业经济信息网(图 2-22)由中国报业协会主管主办,成立于 1997 年,是由中国报业协会行业报委员会发起,几十家国家级行业媒体共同组建的、中国最大的行业信息发布网站之一。该网站所拥有的"中国产经数据库"容纳了中国 54 家国家级行业媒体的信息数据 200 多万条,同时拥有每日 1 500 条左右的数据更新量,其内容涵盖了国民经济各部门、各层面,构成宝贵的信息资源。

应用型信息检索与利用

图 2-22 中国产业经济信息网主页

3. 国务院发展研究中心信息网

国务院发展研究中心信息网简称"国研网"（图 2-23），由国务院发展研究中心主管、国务院发展研究中心信息中心主办、北京国研网信息有限公司承办，以国务院发展研究中心丰富的信息资源和强大的专家阵容为依托，与海内外众多著名的经济研究机构和经济资讯提供商紧密合作，全面汇集、整合国内外经济金融领域的经济信息和研究成果，打造中国最为权威的经济决策支持平台，为中国各级政府部门和企业提供关于中国经济政策和经济发展的深入分析和权威预测，为海内外投资者提供中国宏观经济和行业经济领域的政策导向及投资环境信息。

国研网公司已建成了内容丰富、检索便捷、功能齐全的大型经济信息数据库集群，包括《国研报告》《宏观经济》《金融中国》《行业经济》《世界经济与金融评论》《国研财经》《区域经济》《企业胜经》《高校管理决策参考》《基础教育》《对外贸易》等，同时针对金融机构、高校用户、企业用户和政府用户的需求特点开发了四个专业版产品。上述数据库及信息产品已经赢得了政府、企业、金融机构、高等院校等社会各界的广泛赞誉，成为他们在经济研究、投资决策过程中的重要辅助工具。

图 2-23　国务院发展研究中心信息网主页

此外,行业信息资源或有关信息,可以通过国家知识产权总局等官方主管部门、行业协会(如中国钢铁工作协会、中国保险业协会、中国汽车工作协会、中国软件行业协会等)以及一些专注于数据挖掘和整理的企业或组织(如腾讯的企鹅智酷、易观智库、阿里研究院、360营销研究院、百度研究院以及艾媒、艾瑞、CBNData、CNNIC等)获取。

三、统计信息检索

(一)统计信息

统计信息是指由企业和社会统计工作反映出来的资料和数据。其包括统计原始信息、统计整理信息、统计分析信息和统计监督信息。统计信息来源于整个人类社会活动,以反映社会发展变化为内容,借助一定的载体形式,包括数据(如数字、字母、符号)、凭证、报表、报告、图纸、规章、制度等,能用统计技术进行采集传输或存储,被人们接受、理解,对人们参与社会活动有用的信号和消息。

(二)统计信息的作用

随着社会主义市场经济的发展,市场规模不断扩大,市场竞争越来越激烈,企业经营决策越来越依赖统计信息,统计信息对企业的发展和经营的胜败起着关键作用。全面、准确和及时的市场统计信息,如市场份额统计信息、商品供需统计信息、市场价格统计信息、商品质量统计信息、企业和产品发展的统计信息等,不仅是企业经营决策的重要依据,也是宏观经济调控的重要依据。因此,也可以说统计信息发挥着市场信号显示的作用。

(三)常见统计信息检索渠道

1. 统计局

统计局是官方数据统计机构,包括国家、省、市、县级统计部门。中华人民共和国国家统计局是国务院直属机构。其主要职责有:承担组织领导和协调全国统计工作,确保统计数据真实、准确、及时的责任;制定统计政策、规划、全国基本统计制度和国家统计标准,起草统计法律法规草案,制定部门规章,指导全国统计工作;组织实施全国人口、经济、农业等重大国情国力普查,汇总、整理和提供有关国情国力方面的统计数据;组织实施全行业统计调查，收集、汇总、整理和提供有关调查的统计数据，综合整理和提供地质勘查、旅游、交通运输、邮政、教育、卫生、社会保障、公用事业等全国性基本统计数据等（图2-24）。

图2-24 统计局数据查询界面

2. 统计年鉴

年鉴是以全面、系统、准确地记述上年度事物运动、发展状况为主要内容的资料性工具书。它是汇辑一年内的重要时事、文献和统计资料，按年度连续出版的工具书。它博采众长，集辞典、手册、年表、图录、书目、索引、文摘、表谱、统计资料、指南、便览于一身，具有资料权威、反应及时、连续出版、功能齐全的特点。它属于信息密集型工具书。

统计年鉴，是指以统计图表和分析说明为主，通过高度密集的统计数据来全面、系统、连续地记录年度经济、社会等各方面发展情况的大型工具书。获取统计数据资料，是进行各项经济、社会研究的必要前提。而借助统计年鉴，则是研究者常用的途径。目前国内常用的统计年鉴是《中国统计年鉴》和各省（市）统计年鉴。

3. 在线数据库

（1）Google "公共数据浏览器"（Public Data Explorer）。它搜集了全球多家官方机构的公共数据，并将其转化为可视化的图表甚至动画。

公共数据浏览器来自 Google 公司的公共数据团队，专为学生、记者、决策者等狂热的数据爱好者打造，能够让人们以非常直观的图表方式浏览各种公共统计数据，诸如条形图（线性/对数）、柱形图、地图、气泡图等，而且可以随意选择要查看的统计数据类别、国家和地区、货币汇率、历史时间进行对比，更改选项的时候图表还会动态变化，最有趣的是如果历史数据充足，还能得到 Flash 动态演示以观察历史变化趋势。图表制作完成后，可以选择与朋友分享，甚至嵌入网站或者博客，而且图表内容会随着数据更新而随时更新，不会落后。

该浏览器的数据提供机构目前有世界银行、欧洲统计局、经合组织、美国劳工统计局、美国人口统计局、加利福尼亚教育部、美国疾病控制中心、美国经济分析局等总计 80 多个涉及各种领域的不同资源，都具有相当的权威性，极具参考价值，而且也基本都是 Google 搜索引擎中最受欢迎的搜索主题。

目前该浏览器的数据资源大类有：世界发展指数（下有 54 个子集）、经合组织 Factbook 2009（下有 16 个子集）、欧洲失业率（每月）、欧洲物价调和指数、欧洲最低工资、美国失业率、美国 GDP 和人均收入（每年）、美国零售、美国人口、美国性传播疾病、美国死亡率、美国癌症、加州教育统计。

（2）中国统计信息网。中国统计信息网汇集了海量的全国各级政府各年度的国民经济和社会发展统计信息，建立了以统计公报为主，统计年鉴、阶段发展数据、统计分析、经济新闻、主要统计指标排行等为辅助的多元化统计信息资料库。该网站通过专业的索引页面，帮助使用者在最短的时间内找到自己需要的资料，大大减少了数据需求者在查询数据时所消耗的时间。

（3）互联网统计数据。互联网统计数据主要包括移动端数据（微信、微博、APP）、网站数据、综合数据、票房和电视收视率、视频指数、内容数据等。用户可通过在线平台查询，如新榜、清博大数据，微问数据（图 2-25）、微博数据中心、百度指数、阿里指数等。

图 2-25　微问数据主页

(4) 传统行业统计数据。传统行业统计数据包括金融数据、汽车数据、建筑数据、医疗数据、服装数据等,可通过专业行业协会等数据提供机构获得。如金融数据可查询中国互联网金融研究中心、中国互联网金融网、中国互联网金融联盟、中国电子商务研究中心,建筑数据可查询中华人民共和国住房和城乡建设部,医疗数据可查询世界卫生组织,服装数据可查询中国皮革原材料指数、海宁周价格指数、中国柯桥纺织指数、大朗毛织价格指数等。

四、专业资料信息检索

(一)专利信息资源

专利信息是指以专利文献作为主要内容或以专利文献为依据,经分解、加工、标引、统计、分析、整合和转化等信息化手段处理,并通过各种信息化方式传播而形成的与专利有关的各种信息的总称。

专利信息资源检索,是根据一项数据特征,从大量的专利文献或专利数据库中挑选符合某一特定要求的文献或信息的过程。主要国家和组织的专利管理机构官方网站都可以进行专利检索。专利检索可以分为专利文本检索和专利审查过程查看两类,前者主要是对已经公开的大量专利文本进行检索,后者则是锁定一个专利,查看特定国家的审查过程(即审查意见通知书和意见陈诉)。

常见专利信息资源检索渠道:

(1) 国家知识产权总局专利检索平台,如图 2-26 所示。

图 2-26 国家知识产权总局专利检索及分析主页

(2) 全国专利信息公共服务资源,可查询各省市知识产权服务平台,如北京市知识产权服务中心、北京市知识产权公共信息服务平台、天津市知识产权服务中心、浙江省知识产权研究与服务中心、中国西部知识产权信息网、成都市知识产权综合服务信息共享平台等在线机构。

(3) 国际/地区组织专利信息公共检索资源,包括比荷卢知识产权局、欧亚专利组织、欧洲内部市场协调局、欧洲专利局、海湾合作委员会、世界知识产权组织。可通过国家知识产权局官方提供的链接服务，进行访问查询。

（4）中国科学院知识产权网。中国科学院知识产权网，面向院内提供专利检索、分析服务，注册后方可使用。专利数据覆盖中国、美国、日本、英国、德国、法国、瑞士、澳大利亚、加拿大以及欧洲和世界知识产权组织。网站提供创建主题、保存专利检索结果及分析结果可视化展现功能，使用便捷。

（5）SOOIP 知识产权大数据分析系统。SOOIP 是国内首个具有军民融合特色的公益性知识产权大数据检索分析系统，可实现全球专利的在线检索、阅读、分析、下载。SOOIP 将通过检索工具大众化、便捷化，让知识产权更加普及，为创新创造提供更多的动力，让每一位科技工作者都拥有一套属于自己的知识数据库。SOOIP 作为目前市面上的免费专利数据库，相较于其他数据库有很多独特和值得推荐的地方，可以免费导出并下载检索结果的 Excel 表，这给专业的专利分析人员提供了重要的帮助；在专家检索模式中，可以直接对检索式进行"and"或者"or"运算，大大提高了检索效率，也有助于理清检索策略和思路。

SOOIP 专利检索数据较为全面，全文数据及法律状态涵盖中国、美国、日本、韩国、欧洲专利局的专利全文；检索界面友好，检索入口多，允许专家检索；整合了复审无效、专利运营、中国专利诉讼判例的数据，可以一站式获取相应信息；提供自建数据库；提供军民融合专利的导航检索（图 2-27）。

图 2-27　SOOIP 知识产权大数据检索分析系统主页

（6）其他查询专利信息的网络资源。有些专利网站可以直接免费公开获取专利全文，也是查询和获取专利的有效途径。如 CNKI 中国知网专利文献库、中国知识产权局专利检索与查询平台（http：//www.sipo.gov.cn/zljsfl/）、中国专利信息中心专利之星检索系统（http：//www.patentstar.cn/frmLogin.aspx）、欧洲专利局（http：//ep.espacenet.com/）、美国专利商标局（http：//patft.uspto.gov/）、日本特许厅（http：//www.jpo.go.jp/index_e/patents.html）、世界知识产权组织（http：//patentscope.wipo.int/search/en/search.jsf）。

（二）标准信息资源

标准是规范性文件之一。它是为了在一定的范围内获得最佳秩序，经协商一致制定并由公认机构批准，共同使用的和重复使用的一种规范性文件。标准化，是为了在既定范围内获得最佳秩序，促进共同效益，对现实问题或潜在问题确立共同使用和重复使用的条款以及编制、发布和应用文件的活动。

标准按使用范围划分，可分为国际标准、区域标准、国家标准、专业标准、地方标准、企业标准；按内容划分，可分为基础标准（一般包括名词术语、符号、代号、机械制图、公差与配合等）、产品标准、辅助产品标准（工具、模具、量具、夹具等）、原材料标准、方法标准（包括工艺要求、过程、要素、工艺说明等）；按成熟程度划分，可分为法定标准、推荐标准、试行标准、标准草案。

国际标准由国际标准化组织（ISO）理事会审查，ISO理事会接纳国际标准并由中央秘书处颁布；在中国，国家标准由国务院标准化行政主管部门制定，行业标准由国务院有关行政主管部门制定，企业生产的产品没有国家标准和行业标准的，应当制定企业标准，作为组织生产的依据，并报有关部门备案。法律对标准的制定另有规定的，依照法律的规定执行。制定标准应当有利于合理利用国家资源，推广科学技术成果，提高经济效益，保障安全和人民身体健康，保护消费者的利益，保护环境，有利于产品的通用互换及标准的协调配套等。

常见标准信息检索渠道：

（1）标准信息服务网。国家标准化管理委员会标准信息中心（国家标准化管理委员会国家标准技术审评中心）为国家标准化管理委员会直属事业单位（局级），是一个专业从事全国标准化信息化规划、建设、管理、服务和标准审评的国家级信息、标准审评机构。为标准化事业发展提供有力的技术支撑，为经济社会发展提供及时准确的标准审评和标准化信息服务，如图2-28所示。

图2-28 国家标准化管理委员会标准信息中心主页

（2）国家标准文献共享服务平台。该平台统筹国内31省市地方标准化研究院和62个行业部门资源，整合10万余条标准数据，近300个品种，内容包括国际标准、国外国家标准、国外专业学、协会标准以及我国国家标准、行业标准和地方标准等，数据总量累计达160万条。目前已形成中国国家标准题录数据库、中国行业标准题录数据库、国际标准题录数据库、国外国家标准题录数据库及国内外技术法规全文数据库。其向社会开放服务，提供标准动态跟踪、标准文献检索、标准文献全文传递和在线咨询等功能。

(3) 工标网。工标网全称工业标准咨询网,成立于 2005 年 5 月。它是目前国内最大、最全的标准化信息服务平台之一,也是目前国内在线咨询量最多的网站之一,目前已形成了一套完整的网上标准化信息查询服务系统。工标网拥有海量的标准数据库,同时与行业内系统协作,工标网库内标准包括国家标准、行业标准、国家军用标准、ISO(国际标准化组织)、ASTM(美国材料与实验协会)、IEC(国际电工委员会)、DIN(德国标准化学会)、EN(欧洲标准)、BS(英国国家标准学会)、JSA(日本标准)等数十个国家的近百万条标准。

(4) 其他查询标准信息的网络资源。

①国家科技图书文献中心检索系统(http：//www.nstl.gov.cn/NSTL/)可以查找到国外标准、中国标准及计量检定规程。

②万方数据库资源系统中外标准数据库(http：//www.wanfangdata.com.cn)收录了包括国际标准、区域标准、国家标准、行业标准等标准文献。

③中国知网国标全文库、行业标准库。

④PERINORM(https：//www.perinorm.com/)标准数据库由德国 DIN、法国 AFNOR、英国 BSI 三大标准化组织共同推出的标准信息数据库,收集了 24 个国家,约 150 万条标准信息(现行有效约 75 万)。

⑤IEEE 标准数据库(http：//standards.ieee.org/)收录了 IEEE 颁布的标准,IEEE 标准制定内容涵盖信息技术、通信、电力和能源等多个领域。目前,IEEE 标准协会已经与包括国际电工委员会(IEC)、国际标准化组织(ISO)以及国际电信同盟(ITU)等多个国际标准组织建立了战略合作关系。

⑥韩国标准数据库收集全套的韩国标准,约 24 000 条现行标准信息及其标准全文。

⑦VDI 标准数据库(http：//www.vdi.eu/engineering/vdi－standards/)。德国工程师协会(Verein Deutscher Ingenieure,VDI)成立于 1856 年,主要从事技术的发展、监督、标准化工作研究、权利保护和专利等方面的工作,是世界工程组织联合会(WFEO)的正式成员,是欧洲最大的工程协会,其标准文献光盘收藏了 1 700 余条现行标准信息及其部分标准全文。

⑧ISO 标准：http：//www.iso.org/iso/home/standards.htm。

⑨IEC 标准：http：//www.iec.ch/。

⑩美国国家标准：http：//www.ansi.org/。

(三) 商标信息资源

商标是一个专门的法律术语。品牌或品牌的一部分在政府有关部门依法注册后,称为"商标"。我国商标法规定,经商标局核准注册的商标,包括商品商标、服务商标和集体商标、证明商标,商标注册人享有商标专用权,受法律保护,如果是驰名商标,将会获得跨类别的商标专用权法律保护。

商标查询有着重要作用,其主要表现在：①可以提高商标申请率。通过商标查询可以查询在相同或近似商品上存在已经核准注册的商标。申请人可以根据已经注册的商标调整需要申请的商标。②避免商标侵权。通过商标查询，还可以避免造成对他人注册商标构成侵权，降低经营风险。③发现抢注商标，通过商标查询，还可以发现别人是不是抢注了自己的商标。可以在商标尚在申请阶段，还未获得注册，及时在异议公告期间提出异议。④了解商标申请进展，进行商标查询可以了解商标注册申请进展情况，做到商标注册心中有数。

常见商标信息检索渠道：

（1）国家工商行政管理总局商标局/中国商标网。商标局隶属于国家工商行政管理总局（图2-29），承担商标注册与管理等行政职能，具体负责全国商标注册和管理工作，依法保护商标专用权和查处商标侵权行为，处理商标争议事宜，加强驰名商标的认定和保护工作，负责特殊标志、官方标志的登记、备案和保护，研究分析并依法发布商标注册信息，为政府决策和社会公众提供信息服务，实施商标战略等工作。

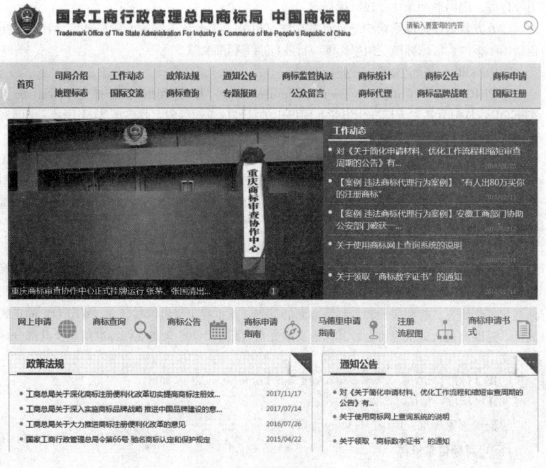

图 2-29 中国商标网主页

（2）社标网。社文商标大数据是由社文独立建设并运营的国内国际全量商标数据库，数据的采集、加工、更新及维护由社文数据中心独立完成，并拥有自主知识产权。社文商标大数据目前已拥有中国商标超 2 600 万、马德里商标超 250 万、美国 500 万。

（3）美国专利及商标局。美国专利及商标局（USPTO）成立于1802年，是美国商务部下的一个机构，主要负责为发明家和他们的相关发明提供专利保护、商品商标注册和知识产权证明。

（四）科技报告信息资源

科技报告又称研究报告、报告文献，是在科研活动的各个阶段，由科技人员按照有关规定和格式撰写的，以积累、传播和交流为目的，能完整而真实地反映其所从事科研活动的技术内容和经验的特种文献。它具有内容广泛、翔实、具体、完整，技术含量高，实用意义大，便于交流，时效性好等其他文献类型所无法相比的特点和优势。做好科技报告工作可以提高科研起点，大量减少科研工作的重复劳动，节省科研投入，加速科学技术转化为生产力。科技报告大多与政府的研究活动、国防及尖端科技领域有关，发表及时，课题专深，内容新颖、成熟，数据完整，且注重报道进行中的科研工作，是一种重要的信息源。

美国四大报告：

（1）PB报告。1945年6月美国成立商务部出版局，负责整理、公布从第二次世界大战战败国获取的科技资料，并编号出版，号码前统一冠以"PB"字样。20世纪40年代的PB报告（10万号以前），主要为战败国的科技资料，50年代起（10万号以后），则主要是美国政府科研机构及其有关合同机构的科技报告，PB报告的内容绝大部分属科技领域，包括基础理论、生产技术、工艺、材料等；70年代以后，侧重于民用工程技术。

（2）AD报告。凡美国国防部所属研究所及其合同户的技术报告均由当时的美国武装部队技术情报局（ASTIA）整理，并在规定的范围内发行。AD报告即这个情报局出版的文献。PB、AD报告的主要检索工具为美国《政府报告通报和索引》。

（3）NASA报告。NASA报告为美国国家航空与宇宙航行局拥有的研究机构产生的技术报告。其主要内容为：空气动力学、发动机及飞行器结构、材料、试验设备、飞行器的制导及测量仪器等。其主要检索工具为《宇航科技报告》（STAR）。

（4）AEC/ERDA/DOE报告。1946年美国建立原子能委员会，简称AEC，AEC报告即该委员会所属单位及合同户编写的报告；1975年该委员会改名为能源研究与发展署（简称ERDA），AEC报告于1976年改称ERDA报告；1977年该署又改组扩大为美国能源部（简称DOE），1978年7月起逐渐改为冠以DOE的科技报告。报告内容仍以原子能为重点。其主要检索工具为《核子科学文摘》，继之为《能源研究文摘》。

常见科技报告检索渠道：

（1）NSTL（国家科技图书文献中心）（http：//www.nstl.gov.cn/）。NSTL国外科技报告数据库主要收录1978年以来的美国政府四大科技报告，以及少量其他国家学术机构的研究报告、进展报告和年度报告等。学科范围涉及工程技术和自然科学各专业领域，每年增加报告2万余篇，每月更新。

（2）国务院发展研究中心信息网（http：//drcnet.las.ac.cn/）。《国研报告》是国务院发展研究中心专家不定期发布的有关中国经济和社会诸多领域的调查研究报告，内容丰富，具有很高的权威性和预见性。报告每年200期，100万字左右，不定期出版，网络版每天在线更新，印刷版每月初出版。报告内容包括：中国宏观经济政策走向及其对经济发展的影响、中长期发展战略和区域经济发展政策、产业及技术经济的发展动态、中国对外开放的战略与对策、企业改革和发展的重大问题、农村改革等诸多经济热点问题。报告全面汇集、整合国内外经济金融领域的研究成果和经济信息。

（3）Science. gov（https：//www. science. gov/）。Science. gov 是美国联邦政府的科学门户网站，由美国能源部（DOE）主办，链接了2 200多个科学网站供用户查询。它由来自美国 12 个主要科技部门的 17 个科技信息机构组成的联合工作组开发维护，包括农业部、商业部、国防部、教育部、能源部、健康和公共事业部、内务部、环保局、美国航天及空间管理局和美国科学基金会等。

（4）NASA Technical Reports Server（NTRS）（https：//ntrs. nasa. gov/）。提供有关航空航天方面的科技报告，可以检索并浏览，部分有全文。

（5）SciTech Connect（https：//www. osti. gov/scitech/）。SciTech Connect 是美国能源部（Department of Energy）研发的，可以检索并获得科技与发展报告全文，内容涉及物理、化学、材料、生物、环境、能源等领域。

（6）世界银行组织的文件与报告库，可以免费看全文。此外，国内还有一些单位收藏了科技报告，如中国国防科技信息中心：http：//www. dsti. net；中国科学技术信息研究所：http：//www. istic. ac. cn；北京航空航天大学图书馆：http：//lib. buaa. edu. cn。

实践训练

1. 设定毕业旅行场景，选择一个目的地，自行安排出行时间、住宿、路线等，利用垂直搜索工具，制作一份详细的旅游攻略。

2. 国内外多次报道了因使用霉素眼药水引起急性再生障碍性贫血的疾病以及其他多种不良反应的病例，请你借助搜索引擎和文献数据库查找霉素不良反应的相关文献，进行总结分析，与同学分享。

3. 除了本章讲到的信息资源以外，你还有哪些较好的生活、学习资源，请列举出来，并与同学交流。

4. 请就防晒霜、口红等化妆品的卫生标准和添加剂的毒性情况通过文献检索进行调查，并将调查结果与大家分享。

5. 如果你想要考研，怎样选择学校和专业？怎样获取报考信息？怎样查找复习参考书？请利用考研信息检索的途径与工具，制订一份详细的考研计划。

6. 谈谈你对"人肉搜索"的态度，你认为"人肉搜索"应该禁止吗？为什么？

第三章 信息检索

★ 本章提示

重点：掌握信息检索的技术和技巧，词汇控制、布尔逻辑运算运用、搜索引擎等。掌握搜索引擎的常见技巧。熟悉学术资料原文获取方式。

难点：布尔逻辑运算运用和搜索引擎特殊检索技术。

第一节 信息检索的技术与技巧

★ 自学指南

1. 信息检索的主要技术有哪些？
2. 什么是布尔逻辑检索？
3. 通过自学，你能快速、准确下载网络上任意格式的文献资源吗？

一、信息检索的技术

（一）信息检索技术的产生

随着信息技术的飞速发展，以手工检索、光盘检索为主的传统信息检索方式发生了巨大的变革。检索的中介代理服务功能逐步减弱，信息服务的对象也由具有较高信息素养的专业用户扩大到知识背景千差万别的一般用户。传统的信处检索方式已经不能满足不同层次用户的信息需求了。随着计算机、网络技术的产生、发展与运用，根据用户的信息需要找出有关的信息的技术就产生了。

（二）信息检索的主要技术

1. 布尔逻辑运算

在实际检索中，检索提问所用的关键词不止一个，同一个关键词可用其他相关词或同义词提问。为了表达正确的检索提问，系统中常采用布尔逻辑运算符将不同的检索词组配起来，使一些具有简单概念的检索单元通过组配成为一个具有复杂概念的检索式，用以表达用户的信息检索要求。根据需求运用不同的逻辑运算来扩大或缩小检索范围，也可以提高或降低查准率和查全率。布尔逻辑运算符有逻辑与、逻辑或和逻辑非，各种逻辑组配关系如图 3-1 所示，逻辑检索的表示方法、检索功能和技术示例如表 3-1 所示。

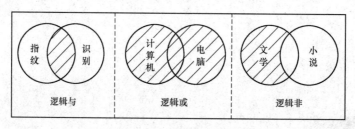

图 3-1　逻辑组配关系图

表 3-1　逻辑检索的表示方法、检索功能和技术示例

逻辑与（并且）	表示方法	用"*"或"AND"表示，如"A AND B"或"A*B"
	检索结果	既含有检索词 A 又含有检索词 B 的文献
	检索功能	表示概念交叉和限定关系的一种组配，用来缩小检索范围，提高检出文献与检索要求的相关性，提高查准率
	检索示例	检索有关指纹的识别方面的文献，检索式："指纹*识别"
逻辑或（或者）	表示方法	用"+"或"OR"表示，如"A OR B"或"A+B"
	检索结果	含有检索词 A 或含有检索词 B 的文献
	检索功能	表示概念并列关系的一种组配，用来扩大检索范围，提高文献的检出数量，防止漏检，提高查全率
	检索示列	检索有关计算机方面的文献，检索式："计算机+电脑"
逻辑非（不包含）	表示方法	用"－"或"NOT"表示，如"A NOT B"或"A－B"
	检索结果	含有检索词 A，同时不含有检索词 B 的文献
	检索功能	具有不包含概念关系的一种组配，用来缩小检索范围，减少文献输出量，提高检索词的准确性
	检索示列	检索有关不是小说方面的文学。检索式："文学－小说"

2. 位置检索

位置检索是指运用位置运算符表示两个检索词间的位置邻近关系，又叫邻近检索。如果说布尔逻辑运算符是表示两个概念之间的逻辑关系的话，那么位置运算符表示的是两个概念在信息中的实际物理位置关系。位置检索运算符及实例如表 3-2 所示。

表 3-2　位置检索运算符及实例

(W)	说明	表示该运算符两边的检索词按顺序排列，不许颠倒
	示例	communication (W) Satellite
	结果	只能检索出含有 communication satellite 的文献，不能检索出含有 satellite communication 的文献
(nW)	说明	表示该运算符两边的检索词按顺序排列，不许颠倒，并且中间可间隔 n 个词（$n=1, 2, 3\cdots$）
	示例	communication (1W) Satellite
	结果	可以检索出含有 communication broadcasting satellite 等词的文献
(N)	说明	表示该运算符两边的检索词顺序可以颠倒
	示例	communication (N) Satellite
	结果	既能检索出含有 communication satellite 的文献，也能检索出含有 satellite communtication 的文献
(nN)	说明	表示该运算符两边的检索词顺序可以颠倒，并且中间可间隔 n 个词（$n=1, 2, 3\cdots$）
	示例	communication (2N) Satellite
	结果	既能检索出含有 communtication bus for satellite 的文献，也能检索出含有 satellite sharing mobilc communication 的文献
(S)	说明	表示该运算符两边的检索词必须同时出现在文献记录的同一子字段中（如篇名、摘要中的一个句子等），词序任意
	示例	communication (S) Satellite
	结果	可以检索出含有 constructing a new communication system by integrating the GSM to the satellites infrastructure 的文献

3. 截词检索

截词检索是指把检索词截断，取其中的一部分片段，再加截词符号一起构成检索式，系统将按照这个片段与数据库里的索引词对比匹配，凡包含这些词的片段的文献均会被检索出来。

截词检索可以扩大检索范围，提高查全率和检索效率，主要用于西文数据库检索，中文数据库检索通常不使用这种技术。

在不同的检索系统中使用不同的截词符号，常见的截词符号有"＊"和"？"两种。"＊"常用于无限截词，如"comput＊"可以检索到 computer、computers、computing 等词。"？"常用于有限截词，如"colo？r""wom？n"等，分别代表 colour 或 color，woman 或 women。

根据截词的位置，可将截词检索分为前截断检索、后截断检索、中截断检索；根据截断的字符数量，可将截词检索分为有限截断检索和无限截断检索。各种截词检索的说明、示例和结果如表 3-3 所示。

表 3-3　截词检索的说明、示例和结果

后截断检索	说明	前方一致检索，截词符放在被截词的右边
	示例	socio ＊
	结果	可以检索出 sociobiology、socioecology、sociology

续表

前截断检索	说明	后方一致检索,截词符放在被截词的左边
	示例	*magnetic
	结果	可以检索出electro-magnetic、electromagnetic、thermo-magnetic
中截断检索	说明	中间一致检索,把截词符放在词的中间
	示例	organi?ation
	结果	可以检索出organisation、organization
有限截断检索	说明	限制被截断的字符数量
	示例	educat??
	结果	表示被截断的字符只有两个,可以检索出educator、educated
无限截断检索	说明	不限制被截断的字符数量
	示例	educat*
	结果	可以检索出educator、educators、educated、educating、education

4. 字段限制检索

字段限制检索是指用于限定提问关键词在数据库记录中出现的区域,控制检索结果的相关性,是提高检索效果(与选择检索途径有很强的一致性)的一种有效检索方法。常用限定符号有"in""=",字段限制有两种方式:前缀方式和后缀方式。

(1)前缀方式。前缀方式即检索词在字段代码之后。如AU=小王,结果为作者是小王的文献信息;PY=2018,结果为2018年出版的文献信息。

(2)后缀方式。后缀方式即检索词在字段代码之前。如rice in TI,结果只显示rice出现在标题中的文献信息;旅行青蛙 in KW,结果只显示关键词中有旅行青蛙的文献信息。

字段限制检索一般出现在商业数据库高级检索或专业检索中,数据库都会提供常用字段作为选项(图3-2)。

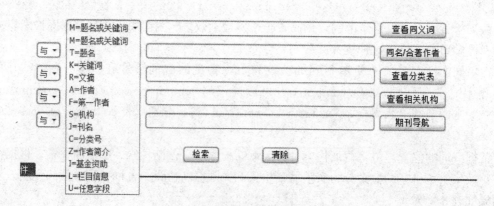

图3-2 商业数据库字段限制检索展示

在运用字段限制检索时,要熟悉常见字段代码(不同商业数据库存在不同字段的定义方式,以实际情况为准)。表3-4列出了较为常用的字段名称、字段代码和字段中文名称。

表 3-4 常用的字段名称、字段代码和字段中文名称

字段名称	字段代码	字段中文名称
Title	TI	题名（篇名）
Subject	SU	主题
Keyword	KW	关键词
Author	AU	作者
Author Affiliation	AF	作者单位
Abstract	AB	摘要
Source	SO	文献来源
Publication Year	PY	出版年份
Language	LA	语种
Address of Author	AD	作者地址
Accession Number	AN	记录存储号
Classification Code	CL	分类号
CODEN	CN	期刊代码
ISSN	IS	国际标准刊号

5. 短语检索

短语检索又称精确检索或词组检索，是将一个词组或短语用双引号（""）引起作为一个独立运算单元，进行严格匹配，以提高查准率。检测结果与内容完全一致。

6. 区分大小写检索

区分大小写检索主要用于大小写具有不同含义的单词或词组，在检索时需要注意其大小写才能保证检索结果的准确性。该类检索多用于外文文献信息检索，少数搜索引擎支持这类检索方式，如谷歌。

【实例】

Apple——苹果公司或其产品，apple——苹果；Jobs——史蒂夫·乔布斯（人名），jobs——职业；China——中国，china——瓷器；Windows AND Design——电脑操作系统设计（计算机技术类），windows AND design——窗户设计（建筑工程、艺术类）。

(三) 信息检索的特殊技术

1. 加权检索

加权检索是一种定量检索的方式，必须在提供该项功能的检索系统中使用。即要判断检索系统中是否有检索词，重点在满足条件后检索词在命中文献中的影响程度。

加权检索的原理是：给每个检索词赋予一个数值，这个数值称为权，根据重要程度决定赋予大小。在检索时，先查找这些检索词在数据库记录中是否存在，然后计算存在的检索词的权值总和，权值总和达到或超过预先给定的阈值时，该记录即为命中记录。根据权值从高到低输出结果。

【实例】

要检索"旅行青蛙汉化版介绍及下载"这个内容，可分别对各检索词赋予权值：旅行青

蛙40，汉化版20，介绍10，下载30；设置阈值为60。这样在检索时输出结果排序为：

旅行青蛙汉化版简介及下载地址　　100
旅行青蛙汉化版下载　　　　　　　 90
旅行青蛙简介及下载　　　　　　　 80
旅行青蛙下载　　　　　　　　　　 70
旅行青蛙　　　　　　　　　　　　 40

2. 跨库检索

跨库检索是指通过一个检索框直接检索多个不同类型、不同商家及其他资源类型的数据库内容。跨库检索提高了检索效率，在检索时不用多次切换数据库。如中国科学院文献情报中心（国家科学图书馆）的跨库集成检索服务系统、大为 Innojoy 专利检索系统能从 120 个字库中，实现对中、外及七国两组织的跨库检索（图3-3）。

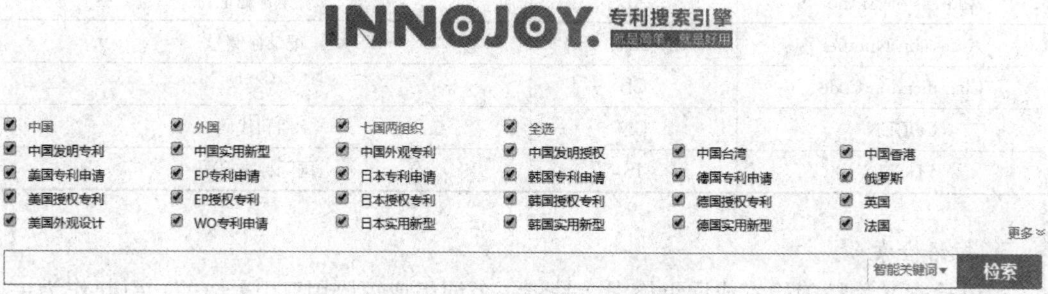

图 3-3　Innojoy 专利跨库检索系统

3. 引文检索

引文检索是指对文献信息的参考文献进行的检索，通过对文献信息之间的相互引证关系分析建立数据库。引文检索能够了解检索课题的发生、发展和变化；当前研究的最新进展情况；现阶段存在的问题、难点等。常用数据库有：美国科学信息研究所的科学引文索引（Science Citation Index，SCI）数据库、中国科学院文献情报中心的中国科学引文数据库（Chinese Science Citation Database，CSCD）、中国知网的中国引文数据库（Chinese Citation Database，CCD）、维普公司的中文科技期刊数据库（引文版）（China Citation Database，CCD）。

4. 相关性检索

相关性检索是指在检索时，检索系统的输出结果会按照用户的检索要求（主题相关性、时间、出现频次等）进行检索排序，可以理解为另一种"加权检索"。该类检索主要体现在检索系统对检索结果的排序方式上。

【实例】在淘宝网上查找"三只松鼠"相关产品。

解：在淘宝网输入"三只松鼠"后得到结果可按照综合排序、人气、销量、信用、价格等排列检索结果。

5. 跨语言检索

跨语言检索是指用户用一种自己所掌握的语言提问，检索出另一种或几种语言描述信息资源的检索技术和方法。如谷歌、雅虎、搜狗等都有该项功能。这种检索方式避免了用户须先翻译检索词再进行检索的烦琐步骤，该项功能也是现有各检索系统发展和完善的目标之一。

6. 资源导航

资源导航是指按照一定的分类方式（如类别、首字母等）或热点信息建立一个目录，方便用户查找相关文献信息的检索方式。几乎所有检索系统都具备资源导航功能。

7. 文献漫游

文献漫游是指用户在检索浏览某一单篇文献信息时，检索系统提供该文献信息与其参考文献、引证文献、二级参考文献等相关信息链接，方便用户点击查看。

【实例】检索《人民的名义》热播原因的相关文献。

解：用中国知网检索到一篇文献"《人民的名义》热播原因刍议"，检索结果如图3-4所示。

图 3-4　文献漫游功能展示

如图 3-4 所示，该文献信息的参考文献、二级参考文献、共引文献、引证文献等相关信息篇数都有罗列，并且点击相应链接会提供详细信息。

二、信息检索技巧

（一）网页文本、图片、在线视频的下载

1. 网页文本获取

在海量的网络资源中，用户经常需要网页上的文本信息。这类信息的获取方式主要有以下几种：

（1）可直接选定内容并可以使用右键的网页。直接复制粘贴到用户的编辑工具中即可。网络上该类型网页居多，可直接操作。

（2）可选定内容但限制使用右键的网页。尝试使用快捷键，复制为 Ctrl＋C，粘贴为 Ctrl＋V。

（3）不允许有任何操作的网页。该类网页多为商业网站，如起点中文网、潇湘书院等。这种情况，用户也可以获取网页上的文本，具体操作如下：在联网状态下，打开 Microsoft Office Word，单击"文件"——"打开"，在弹出的"打开"对话框的"文件名"文本框中输入所需文本网页的网址后，单击"打开"按钮即可。

【实例】需要《圣墟》这本小说第一章节内容。

解：在起点中文网上找到该小说第一章内容，并复制当前网址。打开 Microsoft Office

Word,单击"文件"——"打开",在弹出的"打开"对话框的"文件名"文本框中输入检索结果网页网址,然后单击"打开"按钮,即可在 Word 中进行复制编辑,如图 3-5 所示。

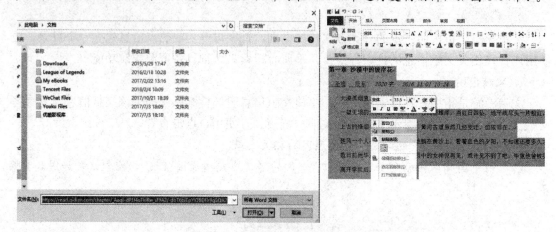

图 3-5 受限网页文本获取步骤及结果

2. 图片获取

用户在浏览网页时常常会遇到喜欢的图片,这些图片也都可以下载保存。可操作的网页选定图片后单击鼠标右键,然后在弹出的快捷菜单中选择"图片另存为"命令,并指定存储路径即可。对于无法操作的页面具体方法如下:

(1) 全网页下载保存。网页浏览器都能下载当前浏览网页全部内容,具体操作:选择"文件"——"保存网页"命令,在弹出的"另存为"对话框中选择路径,保存类型默认为"网页,全部",单击"保存"按钮。网页全部内容下载完毕以后到保存路径查找所需图片即可。

【实例】需要《完本之王》这本小说封面。

解:在起点中文网找到《完本之王》这本小说,进入第一章节阅读。选择"文件"——"保存网页"命令,打开"另存为"对话框,选择保存路径为桌面上的"下载"文件夹,打开"下载"文件夹,单击文件夹"完本之王"查看封面图片,如图 3-6 所示。

图 3-6 网页下载

(2) 使用截图工具。使用截图工具方式主要针对对像素要求不高的用户,常用截图工具有 QQ 截图、PicPick Portable、Snipaste 等。

【实例】需要《完本之王》这本小说封面。

解：在起点中文网找到《完本之王》这本小说，登录 QQ 软件，按快捷键 Ctrl＋Alt＋A 或单击任意聊天窗口中对话框上方的剪刀形状屏幕截图按钮，选取封面调整大小，双击左键或单击"完成"；打开任意对话框，在输入框粘贴，右击输入框内图片，单击"另存为"选择保存路径。封面图片已保存到本地，如图 3-7 所示。

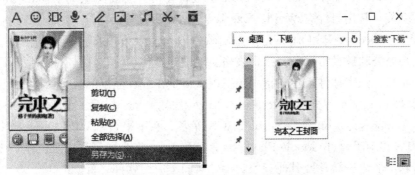

图 3-7　网页图片 QQ 截图保存展示

3. 在线视频下载

网络上有很多专业视频网站（如优酷、土豆、爱奇艺等），该类网站往往提供视频下载功能。而一些直播类视频网站没有视频下载功能，这类网站的视频通过网页插件（如 360 浏览器"视频下载神器"插件）一样可以下载。

【实例】需要将 papi 酱搞笑视频保存到本地，在没有网络环境中能继续观看。

解：打开 360 浏览器，单击 360 浏览器"扩展"按钮，在扩展中心查找"视频下载神器"插件并安装，打开百度视频，检索 papi 酱视频，单击工具栏"视频下载神器"按钮，选择所需视频，选择下载保存路径，完成。操作流程如图 3-8 所示。

图 3-8　在线视频下载流程图

（二）各种实用工具的高效下载

随着计算机网络技术的发展，得心应手的计算机软件已成为用户必不可少的工具。用户使用适合的计算机软件能大大提高工作效率。下面为大家介绍九种常用软件。

1. 办公软件

（1）Microsoft Office。Microsoft Office 是微软公司开发的一款基于 Windows 操作系统的办公软件套装，常用组件有 Word、Excel、PowerPoint 等。

（2）WPS Office。WPS Office 是由金山软件股份有限公司自主研发的一款办公软件套装，可以实现办公软件最常用的文字、表格、演示等多种功能。它具有内存占用低、运行速度快、体积小巧、强大插件平台支持、免费提供海量在线存储空间及文档模板、支持阅读和输出 PDF 文件、全面兼容微软 Microsoft Office 格式（doc/docx/xls/ppt/pptx 等）的独特优势，覆盖 Windows、Linux、Android、iOS 等多个系统平台。WPS Office 支持桌面和移动办公。WPS 移动版通过 Google Play 平台，已覆盖 50 多个国家和地区，WPS for Android 在应用排行榜上领先于微软及其他竞争对手，居同类应用软件之首。

（3）Adobe Reader。Adobe Reader（也被称为 Acrobat Reader）是美国 Adobe 公司开发的一款优秀的 PDF 文件阅读软件。文档的撰写者可以向任何人分发自己制作（通过 Adobe Reader 制作）的 PDF 文档而不用担心文档被恶意篡改。

（4）谷歌翻译器。谷歌翻译器是一款小巧、绿色、免费、无插件的在线翻译软件和在线朗读翻译文字发音软件，它利用开放的谷歌翻译 API 进行翻译，是谷歌翻译的客户端或桌面工具。它拥有谷歌翻译的全部功能，并简化操作，可以对 58 种语言进行互译。有了它，用户再也不用打开庞大的浏览器到谷歌翻译页面去进行翻译操作了，只需复制或录入等简单操作即可得到翻译结果，它还可以翻译文件和保存翻译结果，自动监视剪贴板复制即时翻译，自动缓存翻译记录方便查询，支持 34 种语言的语音朗读。

2. 浏览器

（1）360 安全浏览器。360 安全浏览器（360 Security Browser）是 360 安全中心推出的一款基于 IE 和 Chrome 双内核的浏览器，是世界之窗开发者凤凰工作室和 360 安全中心合作的产品。

360 安全浏览器拥有全国最大的恶意网址库，采用恶意网址拦截技术，可自动拦截挂马、欺诈、网银仿冒等恶意网址。它独创沙箱技术，在隔离模式即使访问木马也不会感染。它提供多种插件方便用户使用，如前面提到的下载视频插件"FVD Downloader"等。

（2）百度浏览器。百度浏览器是一款简洁轻快的浏览器，它依靠百度强大的搜索平台，在满足用户浏览网页的基础上，整合百度体系业务优势，带给用户更方便的浏览方式，更舒适的上网体验。百度浏览器也提供多种插件供用户安装使用。

（3）谷歌浏览器。谷歌浏览器（Google Chrome）是一款由 Google 公司开发的网页浏览器，该浏览器基于其他开源软件撰写，包括 WebKit，目标是提升稳定性、速度和安全性，并创造出简单且有效率的使用者界面。

软件的名称来自称作 Chrome 的网络浏览器 GUI（图形使用者界面）。软件的 beta 测试版本在 2008 年 9 月 2 日发布，提供 50 种语言版本，有 Windows、Linux、Android 以及 iOS 版本。谷歌公司在谷歌浏览器 Chrome 上推出"小程序"增强型网页应用（Progressive Web Apps，

PWAs），是 Chrome 69 新增的功能。

（4）搜狗高速浏览器。搜狗高速浏览器是由搜狗公司开发，基于谷歌 Chrome 内核，力求为用户提供跨终端无缝使用体验，让上网更简单、网页阅读更流畅的浏览器。

搜狗高速浏览器首创"网页关注"功能，将网站内容以订阅的方式提供给用户浏览。搜狗手机浏览器还具有 WIFI 预加载、收藏同步、夜间模式、无痕浏览、自定义炫彩皮肤、手势操作等众多易用功能。

（5）UC 浏览器。UC 浏览器（UC Browser）是阿里巴巴移动事业部旗下的核心产品。它是 UC Mobile Limited 在 2004 年 8 月开发的一款软件，分为 UC 手机浏览器和 UC 浏览器电脑版。UC 浏览器是全球使用量最大的第三方手机浏览器。2015 年，UC 头条发布，标志着 UC 浏览器开启了第三代浏览器的新浪潮。从信息入口工具到内容分发平台，基于大数据实现精准推荐，让信息更精准连接到人，融入信息流式交互体验，为用户提供个性化阅读体验。截至 2016 年，UC 浏览器月活跃用户超过 4 亿，季活跃用户超过 6 亿。

3. 聊天软件

（1）QQ。QQ 是腾讯 QQ 的简称，是腾讯公司开发的一款基于 Internet 的即时通信软件。目前 QQ 已经覆盖 Microsoft Windows、Android、iOS、Windows Phone 等多种主流平台。

腾讯 QQ 支持在线聊天、视频通话、点对点断点续传文件、共享文件、网络硬盘、自定义面板、QQ 邮箱等多种功能，并可与多种通信终端相连。

（2）微信。微信（WeChat）是腾讯公司于 2011 年 1 月 21 日推出的一个为智能终端提供即时通信服务的免费应用程序，多在移动终端使用。微信支持跨通信运营商、跨操作系统平台通过网络快速发送免费（需消耗少量网络流量）语音短信、视频、图片和文字，同时，也可以使用通过共享流媒体内容的资料和基于位置的社交插件"摇一摇""漂流瓶""朋友圈""公众平台""语音记事本"等服务。

（3）YY 语音。YY 语音是欢聚时代（又名广州华多网络科技有限公司）旗下的一款通信软件，是基于 Internet 团队语音通信平台，功能强大、音质清晰、安全稳定、不占资源、反响良好、适应游戏玩家的免费语音软件。

（4）阿里旺旺。阿里旺旺是将原先的淘宝旺旺与阿里巴巴贸易通整合在一起的一个新品牌。它是淘宝和阿里巴巴为商人量身定做的免费网上商务沟通软件/聊天工具，可以帮助用户轻松找客户，发布、管理商业信息，及时把握商机，随时洽谈生意，简洁方便。

阿里旺旺分为阿里旺旺（淘宝版）与阿里旺旺（贸易通版）、阿里旺旺（口碑版）三个版本，这三个版本之间支持用户互通交流，但是，如果用户想同时使用与淘宝网站和阿里巴巴中文站相关的功能，需要同时启动淘宝版与贸易通版。贸易通账号登录贸易通版本阿里旺旺，淘宝账号登录淘宝版本阿里旺旺，口碑网账号对应登录口碑版阿里旺旺。以前的贸易通升级为阿里旺旺贸易通版版本后，在原来贸易通的基础上，新增了群、阿里旺旺口碑版、淘宝版用户互通聊天、动态表情、截屏发图等新功能，贸易通用户可以用原来的用户名直接登录使用。

4. 下载软件

（1）迅雷。迅雷是迅雷公司开发的互联网下载软件。迅雷本身不支持上传资源，只提供下载和自主上传。迅雷是一款基于多资源超线程技术的下载软件，作为"宽带时期的下载工具",迅雷针对宽带用户做了优化,并同时推出了"智能下载"的服务。

(2)比特彗星。比特彗星(BitComet,简写为"BC")是一款采用"C++"编程语言为 Microsoft Windows 平台编写的 BitTorrent 客户端软件,也可用于 HTTP/FTP 下载,并可选装 eMule 插件(eMule plug-in),通过 ed2k 网络进行 BT/eMule 同时下载。

(3)硕鼠。硕鼠是 FLV 在线解析网站官方制作的专业 FLV 下载软件,提供土豆、优酷、我乐、酷六、新浪、搜狐等 90 个主流视频网站的解析+下载+合并/转换服务。

硕鼠支持多线程下载,具有智能选择地址、自动命名、FLV/MP4 自动合并、智能分类保存、特色的"一键"下载整个专辑等功能,无须人工干预,并集成了转换工具,可将下载文件批量转换为 3GP、AVI、MP4 等格式。

5. 视频软件

(1)爱奇艺视频。爱奇艺视频是爱奇艺旗下一款专注于视频播放的客户端软件。爱奇艺视频包含爱奇艺所有的电影、电视剧、综艺、动漫、音乐、纪录片的 720P、1080P、4K 格式的视频内容,支持 PC、移动、MAC 三大平台。

(2)优酷客户端。优酷客户端具有"桌面优酷"之称,集成了视频推荐、搜索、播放、下载、转码、上传、专辑管理等多个强大功能,带给用户更炫的视觉效果,更优质的视频体验。用户使用优酷客户端上传视频到优酷网上,上传速度更快,不会出现网页崩溃导致数据丢失的情况。

(3)腾讯视频播放器。腾讯视频播放器原名 QQ 直播,是一款由腾讯开发的用于通过互联网进行大规模视频直播的软件。它采用了先进的 P2P 流媒体播放技术,可以确保在大量用户同时观看节目的情况下,节目依然流畅清晰;同时具有很强的防火墙穿透能力,为用户在任何网络环境下收看流畅的视频节目提供了有力保障;并且所有流媒体数据均存放在内存中,避免了频繁直接访问硬盘数据而导致的硬盘损坏。

(4)暴风影音。暴风影音是北京暴风科技有限公司推出的一款视频播放器,该播放器兼容大多数的视频和音频格式。暴风影音播放的文件清晰,当有文件不可播放时,右上角的"播"起到了切换视频解码器和音频解码器的功能,会切换视频的最佳三种解码方式。

(5)迅雷影音。迅雷影音是迅雷公司旗下的一款媒体播放器,该软件更好地整合了迅雷网页看看的特性,支持本地播放与在线视频点播,如用户用迅雷下载视频还支持"边下边看"功能。

(6)爱剪辑。爱剪辑是由爱剪辑团队凭借 10 余年的多媒体研发实力,历经 6 年以上创作而成的一款易用、强大的视频剪辑软件。它是完全根据中国人的使用习惯、功能需求与审美特点进行全新设计的,许多功能都颇具首创性。用户使用爱剪辑甚至不需要视频剪辑基础,不需要理解"时间线""非编"等各种专业词汇,一切都还原到最直观易懂的剪辑方式。

6. 图形图像

(1)美图秀秀。美图秀秀是 2008 年 10 月 8 日由厦门美图科技有限公司研发、推出的一款免费图片处理软件。美图秀秀具有图片特效、美容、拼图、场景、边框、饰品等功能。使用美图秀秀,用户可以快速制出影楼级照片,并且还能一键分享到新浪微博、人人网、QQ

空间等。

(2) CAD迷你看图。CAD迷你看图（CAD看图软件）是一款非常轻巧、快速的DWG看图工具，可脱离AutoCAD快速浏览DWG图纸，并提供了平移、缩放、全屏等常用功能。CAD迷你看图采用独特的云技术，可根据不同DWG图纸需要自动下载并转载相应的字体，解决了DWG图纸字体、图形丢失问题。

7. 音乐软件

(1) 酷狗音乐。酷狗（KuGou）是中国领先的数字音乐交互服务提供商，互联网技术创新的领军企业，致力于为互联网用户和数字音乐产业发展提供最佳的解决方案。其先后与几十家唱片公司、版权管理机构合作探索发展，积累了数万首数字音乐版权，并在推动广范的跨行业、跨平台合作上做出努力，在艰巨的全球音乐数字化进程中做出自身的贡献。酷狗拥有数亿的共享文件资料，深受全球用户的喜爱，拥有上千万使用用户。它给予用户人性化的功能，实行多源下载，提升平时的下载速度，使用户可以更快更高效率地下载搜索到的歌曲，是国内最先提供在线试听功能，方便用户进行选择性下载的音乐软件。良好的音乐效果、丰富的网络音乐资源、简单的操作成为酷狗音乐吸引用户的特色。

(2) 网易云音乐。网易云音乐是一款由网易开发的音乐产品，是网易杭州研究院的成果。其依托专业音乐人、DJ、好友推荐及社交功能，在线音乐服务主打歌单、社交、大牌推荐和音乐指纹，以歌单、DJ节目、社交、地理位置为核心要素，主打发现和分享。该产品2013年4月23日正式发布，截至2017年4月，已经实现与iPhone、Android、Web、PC、iPad、WP8、Mac、Win10 UWP、Linux九大平台客户端兼容。

(3) FL Studio编曲软件。FL Studio简称FL，全称Fruity Loops Studio，是由Image Linne公司研发的。它可以播放由用户指定或加入的任何取样数据（WAV）、音频产生器（软件音源）、VST和DXI、MIDI乐器。通过它可以转换WAV、MP3、MIDI、LOOPS等不同格式的音乐。

8. 安全软件

(1) 360杀毒。360杀毒是360安全中心出品的一款免费的云安全杀毒软件。它创新性地整合了五大领先查杀引擎，包括国际知名的BitDefender病毒查杀引擎、小红伞病毒查杀引擎、360云查杀引擎、360主动防御引擎以及360第二代QVM人工智能引擎。

360杀毒具有查杀率高、资源占用少、升级迅速等优点。它能快速、全面地诊断系统安全状况和健康程度，并进行精准修复，带来安全、专业、有效、新颖的查杀防护体验。其防杀病毒的能力得到多个国际权威安全软件评测机构认可，荣获多项国际权威认证。

(2) 360安全卫士。360安全卫士是一款由奇虎360公司推出的功能强、效果好、受用户欢迎的安全杀毒软件。360安全卫士拥有查杀木马、清理插件、修复漏洞、电脑体检、电脑救援、保护隐私、电脑专家、清理垃圾、软件管理、清理痕迹等多种功能。

360安全卫士独创了"木马防火墙""360密盘"等功能，依靠抢先侦测和云端鉴别，可全面、智能地拦截各类木马，保护用户的账号、隐私等重要信息。360安全卫士使用极其方便，用户口碑极佳。

(3) 腾讯电脑管家。腾讯电脑管家是腾讯公司推出的免费安全软件，拥有云查杀木马、系统加速、漏洞修复、实时防护、网速保护、电脑诊所、健康小助手、桌面整理、文档保护等功能。

9. 误删文件恢复或文件解密软件

（1）360文件恢复。360文件恢复是360安全中心开发的文件恢复工具，目前位于360安全卫士的"功能大全"里，它可以帮助用户快速从硬盘、U盘、SD卡等磁盘设备中恢复被误删除的文件。使用时应注意选择恢复后文件放置的位置，切记不要将恢复出来的文件放至丢失文件的那个磁盘（否则可能损坏，恢复难度进一步加大）。

（2）Recuva还原工具。Recuva是一个免费的Windows平台下的文件恢复工具，它可以用来恢复那些被误删除的任意格式的文件，能直接恢复硬盘、闪盘、存储卡（如SD卡、MMC卡等）中的文件，只要没有被重复写入数据，无论是格式化还是删除操作均可直接恢复。其支持FAT12、FAT16、FAT32、NTFS、exFat文件系统。这个软件操作简单，搜索被删除文件的速度极快，用户选择好要扫描的驱动器后单击"扫描"按钮即可。新版改进了数据恢复算法以及部分用户界面。汉化版修正了官方版本中项目信息面板的中文字体显示不完整、过小或不完全以及翻译不完整等问题。安装后直接运行即可正常使用。

（3）PDF Password Cracker解密软件。PDF Password Cracker（PDF文档解密软件）是一款能够为用户带来PDF文档加密解密功能的工具。它可以让用户轻松地对所需的PDF文档进行解密，从而查看到文档内的各项内容，进行各类编辑，还能够重新修改密码，PDF文档的上锁加密、操作禁止、禁止写入等都可一键解密，使用也是相当简单，操作方便，界面清晰。

以上介绍的软件获取方式主要有：一是通过安全管理软件中软件管理功能直接下载，如360安全卫士、电脑管家等。二是通过专业的软件下载网站，如华军软件园、天空下载、太平洋下载中心等。在该类网站下载软件时需要注意的是：由于盈利需要，这类网站的页面广告会精心装饰成下载按钮的模样，很多所谓的"流氓软件"都是这样进驻我们的电脑的。因此在下载前需先查看评价，选择无插件和无捆绑安装版本或通过浏览器安装ADB插件屏蔽广告，查清楚下载软件的真实地址，然后点击下载按钮。

（三）自动文摘技术

1. 自动文摘概念

自动文摘是指利用计算机自主地从原文献中提取出能够准确、简洁地表达原文中心内容的连贯短文。

自动文摘常见的有摘要和摘录两种，主要运用摘录技术，通常包含文本预处理、文本分析处理及生成文摘三个步骤。

2. 国内外发展情况及常见系统

（1）国外研究情况及常见系统。国外自动文摘研究起步较早，最早Luhn在1958年就发表了一篇关于摘要自动生成方法的文章。标志着自动文摘时代的到来是在1995年，国际期刊 *Information Processing & Management* 出版了一期题为 *Summarizing Text* 的专刊。

国外常见系统有以下几种：

美国GE研究与开发中心的Lisa. F. Rau等人设计的ANES（Automatic News Extraction System）采用相对词频作为词的权值，利用词权继而计算句子权重，权衡权重形成文摘。

俄亥俄州立大学的 James. A. Rush 教授和他的学生在其所开发的 ADAM（Automatic Document Abstracting Method）系统中首次对文摘的连贯性给予了重视。在 ADAM 系统中，如果某个文摘候选句需要有一个先行词，那么位于该句前面的三个句子即使权值很低也要入选文摘，从而保证文摘中不出现由于先行词丢失而造成令人费解的现象。

美国耶鲁大学的 DeJong 研制的著名的 FRUMP（Fast Reading Understanding and Memory Program）系统用于快速阅览英文新闻资料。

美国 GE 研究与开发中心的 Lisa. F. Rau 等人研制了 SCISOR（System for Conceptual Information Summarization, Organization and Retrieval）概念信息缩写、组织和检索系统，它处理的对象是关于"公司合并"的新闻报道。

德国康斯坦茨大学的 Hahn 等人研制了 TOPIC 系统，该系统针对微处理器领域科技文献，以框架作为知识表示的基础，通过对全文的语法语义分析生成不同长度的摘要。

（2）国内研究情况及常见系统。我国自动文献研究起步于 20 世纪 80 年代后期，由于汉语博大精深，同一词汇有多重概念、特殊句式、词与词间没有空格等因素，给分析带来极大的困难。在我国专家学者的不懈努力下，针对汉语特点进行了研究，也研发出了较多系统，主要的有以下几种：

复旦大学完成的"复旦中文自动文摘系统"，将文本以向量空间模型进行表示，对输入文本进行项的统计，根据不同项在文本中的分布评估其重要性，据此和其他信息形成句子的综合权重，生成摘要。

上海交通大学的"OA 中文文献自动摘要系统"，根据行文编辑规律以及全文的叙述抓住文本主题，然后利用总结的文本规律来获得切题的文摘。

中科院软件所的李小滨、徐越研制了一套试验系统 EAAS，它局限于"就业机会介绍"这样一个领域。系统首先通过与用户交互获得信息焦点集，然后对文章进行语法语义分析，生成文章意义框架，接着按照信息焦点集从框架中搜索推理出相关信息，最后生成有一定逻辑性的文摘。

哈尔滨工业大学王开铸教授等人提出了偏重于篇章物理结构的"篇章计算模型"，并研制了一个基于篇章理解的军事领域自动文摘实用系统 MATAS（Military Area Text Automatic Abstract System）。该系统考虑了句子之间的语义联系，但是系统不能自动判断段落的文体，需要人工干预。

北京邮电大学的钟义信教授多年从事信息学领域的教学和研究工作，倡导用"全信息"的理论指导自动文摘的研制开发。在他的带领下，先后研制了面向计算机病毒方面的 Glance 系统、面向新闻报道的 News 系统以及面向神经网络学习算法领域的 Ladies 自动文摘系统。

（四）网络求助

网络求助是指用户通过在网络上咨询各类问题、寻找商机渠道，或者爆料新闻，解决自己遇到的各类问题，达到获利、获得网民支持、关注弱势群体的目的。在文献检索方面，网络求助主要是用于获取文献全文或文献相关信息。网络求助平台主要有以下几种：

（1）专业的问答平台。如百度知道、搜搜问问、360 问答、新浪爱问等。

（2）论坛社区。如知乎、水木清华 BBS、北大未名 BBS 等。

（3）专业的咨询平台。如上海交通大学图书馆的参考咨询平台、中国科学院国家科学图书馆网上咨询台、全国图书馆参考咨询联盟首页、国家科技图书文献中心参考咨询系统等。在本章第三节中有详细介绍这类平台的使用方法。

第二节　搜索引擎的门道

★自学指南

1. 什么是搜索引擎？它是如何分类的？
2. 常见的搜索引擎有哪些？能否熟练使用？
3. 使用搜索引擎时，运用哪些技巧能提高文献检索的准确率？

一、搜索引擎概述

（一）搜索引擎的概念

搜索引擎又称为检索引擎、查询引擎，是指基于Internet站点，检索相关网页信息。广义上搜索引擎是指一种基于Internet的信息查询系统，包括信息存取、信息组织和信息检索；狭义上搜索引擎是指一种为搜索Internet上的网页而设计的检索软件（系统）。

（二）搜索引擎的工作原理

现代大规模高质量的搜索引擎一般采用三段式工作流程，即网页搜集、建立索引和查询排序。

1. 网页搜集

搜索引擎服务的基础是有一大批预先搜集好的网页，获取这些网页就是在网页搜集阶段需要完成的工作。我们可以将整个互联网想象成一张巨型蜘蛛网，而搜索引擎机器人程序（也叫作爬虫）通过链接来抓取信息的过程就像是蜘蛛在这张网上爬来爬去一样。机器人程序是通过链接地址来寻找网页的，它由一个初始链接开始启动抓取行为，提取网页内容，同时也采集网页上的链接，并将这些链接作为下一步抓取的目标，如此重复执行，直到达到设定的某个停止条件后才会停止网页抓取。停止条件的设定通常是以时间或是数量为依据，有时也会以链接的层数来限制机器人程序的运行。

2. 建立索引

由分析索引系统对抓取回来的网页进行分析，提取相关网页信息（包括网页所在URL、编码类型、页面内容包含的关键词、关键词位置以及与其他网页的链接关系等），根据一定的相关度算法进行大量复杂计算，得到每一个网页针对页面内容及超链接中每一个关键词的相关度（或重要性），然后用这些相关信息建立网页索引数据库。

3. 查询排序

当用户输入关键词搜索后，由搜索系统程序从网页索引数据库中找到符合该关键词的所有相关网页。因为所有相关网页针对该关键词的相关度早已算好，所以只需按照现成的相关度数值排序，相关度越高，排名越靠前。最后，由页面生成系统将搜索结果的链接地址和页面内容摘要等内容组织起来返回给用户。

对搜索引擎工作原理的基本了解需要注意如下两方面内容：

第一，搜索引擎并不是在现有的互联网上进行实时的网页搜索，而是将事先搜集的一批网页以某种方式存放在系统中，当用户提交查询请求时，用户的搜索请求只是在系统内部进行。

第二，当用户认为通过搜索返回的结果列表中的某一项很可能是他需要的，从而点击URL获得网页全文的时候，此时访问的是网页的原始出处，而不是提前存放在系统中的页面，这两个页面是有区别的。

于是，从理论上讲，搜索引擎并不能保证用户在返回结果列表上看到的标题和摘要内容与他点击URL所看到的内容一致，甚至不能保证那个网页还存在。为了弥补这个缺陷，现代搜索引擎都会保存网页搜集过程中得到的网页全文，并在返回结果列表中提供"网页快照"或"历史网页"链接，保证让用户能看到和系统中提前保存的网页信息一致的内容。

（三）搜索引擎的分类

搜索引擎包括全文搜索引擎、目录搜索引擎、元搜索引擎、垂直搜索引擎、集合式搜索引擎、门户搜索引擎等。

1. 全文搜索引擎

全文搜索引擎是目前广泛应用的主流搜索引擎，如 Google、百度。它们从互联网提取各个网站的信息，建立起数据库，并能检索与用户查询条件相匹配的记录，按一定的排列顺序返回结果。

根据搜索结果来源的不同，全文搜索引擎可分为两类：一类是拥有自己的检索程序，能自建网页数据库，检索结果直接从自身的数据库中调用，Google 和百度就属于此类；另一类则是租用其他搜索引擎的数据库，并按自定的格式排列搜索结果。

当用户以关键字查找信息时，搜索引擎会在数据库中进行搜寻。如果找到与用户要求内容相符的网站，便采用特殊的算法，通常根据网页中关键字的匹配程度、出现位置、频次链接质量，计算出各网页的相关度及排名等级，然后根据关联度高低，按顺序将这些网页链接返回给用户。这种引擎的特点是搜索率比较高。

2. 目录搜索引擎

目录搜索引擎虽然有搜索功能，但严格意义上不能称为真正的搜索引擎，其只是按目录分类的网站链接列表。用户完全可以按照分类目录找到所需要的信息，不依靠关键字进行查询。目录搜索引擎中最具代表性的有 Yahoo、新浪分类目录搜索。

3. 元搜索引擎

元搜索引擎接受用户查询请求后，同时在多个搜索引擎上搜索，并将结果返回给用户。在搜索结果排列方面，有的直接按来源排列搜索结果，有的则按自定的规则将结果重新排列组合。

4. 垂直搜索引擎

垂直搜索引擎为 2006 年后逐步兴起的一类搜索引擎。不同于通用的网页搜索引擎，垂直搜索专注于特定的搜索领域和搜索需求，在其特定的搜索领域有更好的用户体验。相比通用的网页搜索动辄数千台检索服务器，垂直搜索需要的硬件成本低、用户需求特定、查询的方式多样。

5. 集合式搜索引擎

集合式搜索引擎类似元搜索引擎，区别在于它并非同时调用多个搜索引擎进行搜索，而是由用户从提供的若干搜索引擎中选择。

6. 门户搜索引擎

门户搜索引擎如 AOLSearch、MSNSearch 等，虽然提供搜索服务，但自身既没有分类目录也没有网页数据库，其搜索结果来自其他搜索引擎。

（四）常用搜索引擎介绍

1. 综合型搜索引擎

（1）百度（http：//www.baidu.com）。百度是全球最大的中文搜索引擎。1999 年年底，身在美国硅谷的李彦宏看到了中国互联网及中文搜索引擎服务的巨大发展潜力，抱着技术改变世界的梦想，他毅然辞掉硅谷的高薪工作，携搜索引擎专利技术，于 2000 年 1 月 1 日在中关村创建了百度公司。"百度"二字，来自南宋词人辛弃疾的一句词：众里寻他千百度。

百度拥有数万名研发工程师，这是中国乃至全球最优秀的技术团队之一。这支队伍掌握着世界上先进的搜索引擎技术，使百度成为掌握世界尖端科学核心技术的中国高科技企业，也使中国成为美国、俄罗斯和韩国之外，全球仅有的 4 个拥有搜索引擎核心技术的国家之一。

百度有新上线、搜索服务、导航服务、社区服务、游戏娱乐、移动服务、站长与开发者服务、软件工具、其他服务九大类别，提供了 110 余项服务产品。

（2）谷歌（http：//www.google.com.hk）。谷歌公司成立于 1998 年 9 月 4 日，由拉里·佩奇和谢尔盖·布林共同创建，被公认为全球最大的搜索引擎公司。

谷歌公司的业务包括互联网搜索、云计算、广告技术等，同时开发并提供大量基于互联网的产品与服务，其主要利润来自 AdWords 等广告服务。

1999 年下半年，谷歌网站"Google"正式启用。2010 年 3 月 23 日，谷歌宣布关闭在中国大陆市场的搜索服务。由于谷歌退出中国大陆，谷歌搜索在国内不能访问。但现在很多浏览器都支持安装谷歌搜索相关插件，安装后便可访问。如百度浏览器在"扩展中心"安装"谷歌访问助手"后便可以访问并使用谷歌搜索引擎。

（3）搜狗（http：//www.sogou.com）。搜狗是搜狐公司的旗下子公司，主要经营搜狐公司的搜索业务。2004 年 8 月 3 日推出搜狗搜索引擎，目的是增强搜狐网的搜索技能。其在经营搜索业务的同时，也推出搜狗输入法、搜狗高速浏览器。

搜狗分新品推荐、搜索产品、桌面工具、手机软件、智能硬件五大类别，提供 40 余项服务产品。

搜狗的产品线包括了网页应用和桌面应用两大部分。网页应用以网页搜索为核心，在音乐、图片、视频、新闻、地图领域提供垂直搜索服务；桌面应用旨在提升用户的使用体验。拼音输入法帮助用户更快速地输入；搜狗双核浏览器大幅提高用户的上网速度，拥有国内首款"真双核"引擎，独家采用"云恶意网址库"和"实时查杀"双重网页安全技术，有效防止病毒木马通过浏览器入侵。

搜狗网页搜索作为搜狗的核心产品,经过多年持续不断地优化改进,已凭借自主研发的服务器集群并行抓取技术,成为全球首个中文网页收录量达到 100 亿的搜索引擎(目前已达到 500 亿以上);加上每天 5 亿网页的更新速度、独一无二的搜狗网页评级体系,确保了搜狗网页搜索在海量、及时、精准三大基本指标上的全面领先。

搜狗搜索的垂直搜索也各有特色:音乐搜索的歌曲和歌词数据覆盖率首屈一指,视频搜索为用户提供贴心的检索方式,图片搜索拥有独特的组图浏览功能,新闻搜索及时反映互联网热点事件,还有地图搜索的创新功能路书,使得搜狗的搜索产品线极大地满足了用户的需求,体现了搜狗强大的研发、创新能力。

搜狗搜索从用户需求出发,以一种人工智能的新算法,分析和理解用户可能的查询意图,对不同的搜索结果进行分类,对相同的搜索结果进行聚类,在用户查询和搜索引擎返回结果的过程中,引导用户快速准确定位自己所关注的内容。该技术全面应用到了搜狗网页搜索、音乐搜索、图片搜索、新闻搜索、地图搜索等服务中,帮助用户快速找到所需的搜索结果。这一技术也使得搜狗搜索成为了全球首个第三代互动式中文搜索引擎,是搜索技术发展史上的里程碑。

基于搜索技术,搜狗还推出了若干桌面应用产品。拼音输入法利用先进的搜索引擎技术,通过对海量互联网页面的统计和对互联网上新词、热词的分析,使得首选词准确率(即候选的第一个词就是要输入的词的比例)领先于其他输入法。搜狗浏览器也提供了用户地址栏搜索、文本划词搜索等各种无缝衔接的搜索方式,让用户能随心所欲地搜索。

其他常用综合型网络搜索引擎有以下几个:
①搜狐,网址为 http://www.sohu.com。
②搜搜搜索,网址为 http://www.SOSO.com。
③Excite,网址为 http://www.excite.com。
④Lycos,网址为 http://www.lycos.com。
⑤Webcrawler(元搜索引擎),网址为 http://www.webcrawler.com。
⑥Mamma(元搜索引擎),网址为 http://www.mamma.com。

2. 中文学术搜索引擎

(1) 百度学术(http://xueshu.baidu.com)。百度学术于 2014 年 6 月上线,是百度旗下的免费学术资源搜索平台,致力于将资源检索技术和大数据挖掘分析能力贡献于学术研究,优化学术资源生态,引导学术价值创新,为海内外科研工作者提供最全面的学术资源检索和最好的科研服务体验(图 3-9)。

百度学术收录了包括知网、维普、万方、Elsevier、Springer、Wiley、NCBI 等 120 多万个国内外学术站点,索引了超过 12 亿学术资源页面,收录了包括学术期刊、会议论文、学位论文、专利、图书等类型在内的 4 亿多篇学术文献,成为全球文献覆盖量最大的学术平台。在此基础上,构建了包含 400 多万个中国学者主页的学者库和包含 1 万多种中外文期刊主页的期刊库。其以强大的技术和数据优势,为学术搜索服务打下了坚实的基础,目前每年为数千万学术用户提供近 30 亿次服务。

百度学术目前提供以下两大类服务:
①学术搜索:支持用户进行文献、期刊、学者三类内容的检索,并支持高校和科研机构

图3-9　百度学术

图书馆定制版学术搜索。

②学术服务：支持用户"订阅"感兴趣的关键词、"收藏"有价值的文献、对所研究的方向做"开题分析"、进行毕业论文"查重"、通过"单篇购买"或者"文献互助"的方式获取所需文献、在首页设置常用数据库方便直接访问。

（2）超星读秀（http：//www.duxiu.com）。读秀是由海量全文数据及资料基本信息组成的超大型数据库，为用户提供深入图书章节和内容的全文检索，部分文献的原文试读，高效查找、获取各种类型学术文献资料的一站式检索，周到的参考咨询服务，是一个真正意义上的学术搜索引擎及文献资料服务平台。

读秀学术搜索引擎是超星电子图书推出的一款学术搜索引擎，读秀学术搜索后台是一个海量全文数据及元数据组成的超大型数据库。它能够为读者提供260万种图书、6亿页全文资料等一系列海量学术资源的检索及使用。同时，通过读秀学术搜索，还能一站式检索馆藏纸质图书、电子图书、期刊等各种异构资源，几乎囊括了图书馆内的所有信息源。读秀学术搜索提供知识、图书、期刊、报纸、学位论文、会议论文、音视频、文档等主要搜索频道。读秀搜索涵盖的学科也比较全面，对学习、研究、做课题都有很大帮助。用户可通过直接下载或文献传递的方式获取所需文献（图3-10）。

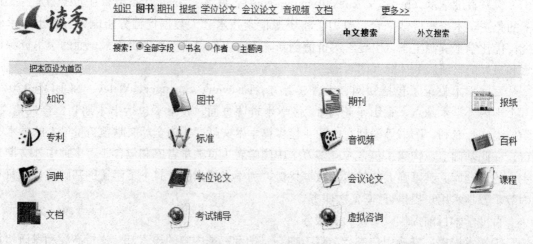

图3-10　读秀搜索首页

（3）CALIS E 读（http：//www.yidu.edu.cn）。CALIS E 读是由中国高等教育文献保障系统（CALIS）发布的一个学术搜索引擎，能在海量信息中实现高质量的检索。它集成高校所有资源，整合图书馆纸本馆藏、电子馆藏和相关网络资源，使读者能在海量的图书馆资源中通过一站式检索，查找所需文献。

2015 年 3 月 25 日，经过一年多的时间，CALIS 与方正联合开发对 E 读进行升级，将其命名为"开元知海·e 读"并上线使用（图 3-11）。

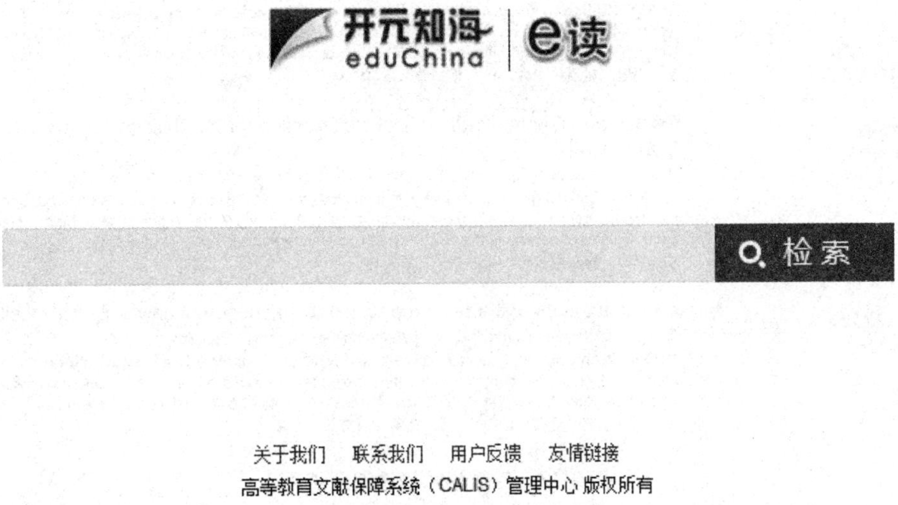

图 3-11　开元知海·e 读首页

"开元知海·e 读"可与 CALIS 馆际互借系统配套使用，在一站式发现本馆资源的同时，还可通过馆际互借、文献传递的形式获取外馆纸质或电子文献。

3. 英文学术搜索引擎

（1）谷歌学术（http：//scholar.google.com.hk/? hl＝zh－CN）。谷歌学术是一个可以免费搜索学术文章的 Google 网络应用。2004 年 11 月，Google 第一次发布了 Google 学术搜索的试用版，该项索引包括了世界上绝大部分出版的学术期刊。用户可以从一个位置搜索众多学科和资料来源：来自学术著作出版商、专业性社团、预印本、各大学及其他学术组织的经同行评论的文章、论文、图书、摘要和文章。Google 学术搜索可帮助用户在整个学术领域中确定相关性最强的研究。谷歌学术支持中英文检索。

【实例】需要查找关于"高校图书馆期刊利用率"相关研究的英文文献。

解：打开谷歌学术搜索引擎，在搜索框输入"Utilization rate of periodicals in University Libraries"，单击"搜索"按钮进行检索，得出结果如图 3-12 所示。选择需要的文献点击查看即可。

（2）微软学术（http：//academic.microsoft.com）。微软学术搜索（Microsoft Academic Search）是微软研究院开发的免费学术搜索引擎。它为研究员、学生和其他用户查找学术论文、国际会议、权威期刊等提供了一个更加智能、新颖的搜索平台，同时也是对象级别垂直搜索、命名实体的提取和消歧、数据可视化等许多研究思路的试验平台。该搜索引擎只支持英文。

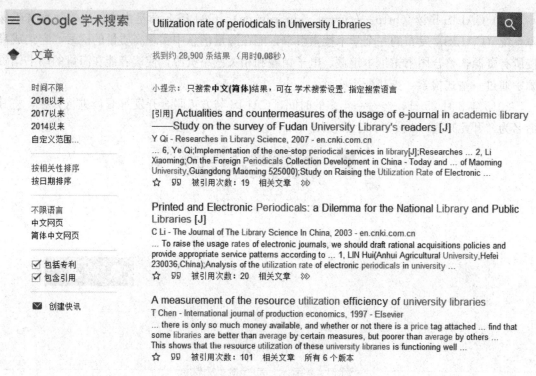

图 3-12　谷歌学术检索部分结果

【实例】需要查找关于"纯电动汽车"相关研究的英文文献。

解：打开微软学术搜索引擎，在搜索框输入"Blade Electric Vehicles"，单击"搜索"按钮进行检索，得出结果如图 3-13 所示。选择需要的文献点击查看即可。

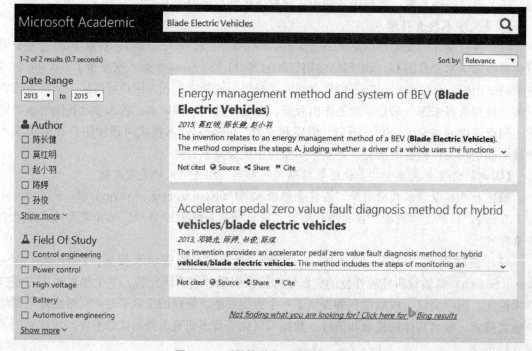

图 3-13　"微软学术"检索部分结果

（3）CiteSeer（http：//citeseerx.ist.psu.edu）。CiteSeer 又名 ResearchIndex，是 NEC 研究院在自动引文索引（Autonomous Citation Indexing，ACI）机制的基础上建设的一个学术论文数字图书馆（图 3-14）。

图 3-14　CiteSeer 首页

CiteSeer 可检索互联网上 PostScript 和 PDF 文件格式的学术论文。目前在其数据库中可检索到超过 500 万篇论文。论文涉及的内容主要是计算机科学领域，涉及的主题包括互联网分析与检索、数字图书馆与引文索引、机器学习、神经网络、语音识别、人脸识别、元搜索引擎、音频、音乐等。CiteSeer 在网上提供完全免费的服务，包括下载 Post Script 或 PDF 文件格式的全文。该搜索引擎只支持英文。

二、搜索引擎的使用技巧

（一）选取合适的检索词

在使用搜索引擎过程中，能否合理确定检索词，对快速、准确、大量地获取相关文献有着直接的影响。下面就为大家介绍几个确定检索词的技巧。

（1）合理拆分和删除词汇。对课题中所有词汇进行最小单元的分割，以便抽取合理的检索词。但题目中存在拆分后会失去原意的词应不进行拆分。如"四川大学"不能拆分为"四川"和"大学"，"三峡工程"不能拆分为"三峡"和"工程"。

拆分后对于虚词、连词、过分宽泛的词，或者过分具体的限定词、禁用词，或者不能表达课题实质的高频词，一律予以删除。如常见课题中的"与""的""中""研究""应用""探讨"等词。

（2）运用同义词和近义词替换或补充检索。在检索中通过同义词和近义词替换或补充，对提高文献查全率有着重要的影响。主要出现的情况有：

①学名和俗名。如马铃薯和土豆、汞和水银、乙醇和酒精等。

②新旧称。如狗和犬、杜鹃和子规等。

③异地称。如小偷和三只手、媒婆和红娘等。

④不同行业领域异称。如智囊在政界多称幕僚，在军界称参谋。

⑤简称、缩写与全称。如冀和河北省、WTO和世界贸易组织、CEO和首席执行官等。

（3）运用检索词的上位词和下位词检索。上位词和下位词即指在概念内容上外延更广和内涵更窄的词汇。如"植物"是"花"的上位词，"鲜花"是"花"的下位词。通常情况下使用上位词检索比使用下位词检索获取文献更多。

（4）理解课题，找出其中隐性内容。隐性内容是指在课题中没有直接的文字表达，但经过理解、推理得到有检索价值的词汇。如课题为"能取代高残留除草剂的理想品种"，其课题似乎只有"除草剂、（新）品种"，但实际隐含有"高效低毒农药"的隐性内容。

（二）单项检索与组合检索

1. 单项检索

目前，用户在检索时往往习惯于输入一个检索词。这种选择一个检索点或一个检索词的检索过程称为单项检索。同样，如果用户在数据库中检索时只选择关键词检索字段，或者只选择作者等单一检索字段，并且只输入一个检索词的检索过程也属于单项检索。单项检索简单方便，但其检索效果有时不太好，有时查全率太低，有时查准率太低。例如，想检索中国汉服的历史文化，若只用"汉服"作为检索词，则有可能出现汉服销售和生产的信息。

单项检索只适用于目的性不强的需求检索。往往使用单项检索后都需要调整进行二次甚至三次、四次重检。

2. 组合检索

组合检索可以是单项检索中多个字或词的组合检索，也可以是多个检索点之间的组合检索，即在一个检索点中设定多个检索词，或是同时限定多个检索点的不同条件后执行检索。组合检索的完成依赖检索工具所设计的各种功能。它主要是综合使用数据库提供的诸如逻辑运算符和字段限制等检索功能，快速完成复杂的检索过程。在这个过程合理利用各种检索功能，正确书写检索式是关键所在。

（1）逻辑运算符。前文介绍了布尔逻辑运算，组合检索中最常用的就是该项检索方法。本节将结合实例来介绍其使用方法。

【实例】 检索四川工商学院师生以外的科研人员发表的有关四川方言转移的文献。

解： 分析课题，从三个方面来说明。

首先，如果将"四川方言转移"作为检索词，会出现漏检。因为相关文献不一定全部都含有"四川方言转移"。前面讲到了拆分，可以将"四川方言转移"拆分为两个词汇："四川方言"和"转移"。故在检索过程中应该用这两个词进行检索，只要这两个词同时出现在一篇文章中就应该为命中文献。

其次，在语言学上，"转移"常常也被称为"迁移"。因此，"转移"和"迁移"这两个词在文献中出现任何一个都有可能是所需文献。所以，只要这两个词有一个出现都应该为命中文献。

最后，要求中"四川工商学院师生以外的科研人员"的限制，说明只想要非四川工商学院师生发表的文章。这时就要考虑到机构的曾用名，"四川工商学院"前身为"四川师范大学成都学院"。因此，在实施检索时，机构名称中出现两个中的任何一个都不是所需文献。

上述三个方面必须要同时满足才能是所需文献，可以通过布尔逻辑运算来实施检索。

逻辑与：逻辑与常用来表达检索词之间或检索点之间的相交运算，即被逻辑与连接起来的检索条件需要同时满足。在上面的例子中，"四川方言"和"转移"两个词之间就是逻辑与关系，用符号表示就是："四川方言 and 转移"或者"四川方言 * 转移"（不同检索工具可能存在不同定义，根据实际情况采用便可）。逻辑与通常能提高查准率，通过增加检索词来减少命中文献数量，提高准确性。

逻辑或：逻辑或常用来表示检索词之间并列关系的运算。其用于相同概念的不同检索词，如同义词、近义词等，以增加命中文献的篇数，不遗漏。上面的例子中，"转移"和"迁移"这两个词之间就是逻辑或关系，用符号表示就是："转移 or 迁移"。同样，"四川工商学院"与"四川师范大学成都学院"两个词之间也是逻辑或关系，用符号表示为："四川工商学院 or 四川师范大学成都学院"。逻辑或可以扩大文献的检索范围，防止漏检，所以，一般逻辑或能提高查全率。

逻辑非：逻辑非常用于排除某一概念的文献。在上面的例子中，就要在满足前面两个条件的文献中排除四川工商学院师生发表的文献。那么这个条件就和前面两个条件存在逻辑非的关系。逻辑非可以缩小检索范围，提高查准率。

最后，同时满足上述三个条件的通用检索式为：

关键词＝［四川方言 and（转移 or 迁移）］not 机构＝（四川工商学院 or 四川师范大学成都学院）

逻辑运算能够帮助用户通过多个检索点或检索项来实现组合检索，从而提高文献检索的查全率和查准率，排除不适合的文献。

（2）运用搜索引擎或商业数据库提供的高级检索实现组合检索。常用搜索引擎和商业数据库都提供高级检索功能，通过自带的功能实现检索点或检索项之间的逻辑运算，从而提高检索效率。

【实例】查找关于旅行青蛙最新的相关内容。

解：分析要求。查找关于"旅行青蛙"的内容，检索词不能拆分，必须是完整的。"最新的"，可限定为一天内最新更新的内容。

实施检索：打开"百度"，选择"设置"→"高级搜索"命令。在"高级搜索"选项卡的"包含以下的完整关键词"框中输入"旅行青蛙"；在"时间"栏选择"最近一天"，单击"高级搜索"按钮，完成检索。得出的检索结果就为最近一天"百度"内关于"旅行青蛙"的所有最新更新的内容，如图3-15所示。

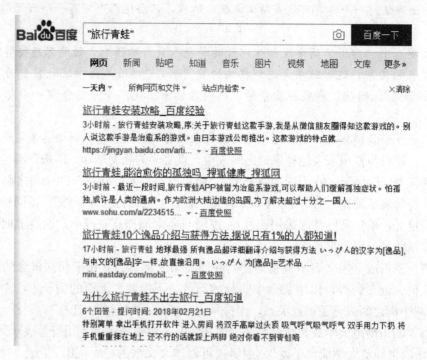

图 3-15 百度高级检索部分结果

【实例】查找关于吴章贵教授在西昌学院工作期间发表的文章。

解：分析要求。吴章贵教授先后在西昌学院中文系和图书馆工作，作者单位就会有西昌学院、西昌学院中文系和西昌学院图书馆。实施检索时这三个检索词出现一个即为命中文献，并且要与作者吴章贵同时满足。

实施检索：打开"中国知网"，单击"高级检索"，打开高级检索界面，单击"作者发文检索"标签，在"作者"栏输入"吴章贵"，单击"作者单位"栏左侧的"＋"按钮增加检索项，依次在三个"作者单位"栏输入"西昌学院""西昌学院中文系""西昌学院图书馆"，"作者单位"逻辑关系选择"或者"（逻辑或），"作者"与"作者单位"默认为"并且"（逻辑与），如图 3-16 所示。单击"检索"按钮，完成检索。获得的结果就为吴章贵教授在西昌学院工作期间发表的论文。

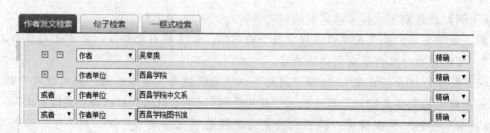

图 3-16 中国知网组合检索实施图

（三）在搜索引擎中限定检索技巧的使用

1. 格式限定

在数以亿计的网页中，想要找到自己所需要的指定的文件类型可谓是十分困难的事情。通过高级搜索指令 filetype，用户可以快速地定位并找到自己所需要的文件。几乎所有的搜索引擎都支持该项指令。用户可以直接在检索框内输入该项指令执行检索。在该项指令后输入用户所需文件格式类型即可。语法格式如下：filetype:??（文件类型）。目前百度支持的文件格式有 pdf、doc、xls、ppt、rtf、txt；谷歌支持的文件格式有 ppt、xls、doc、rtf、swf、pdf、kmz、kml、ps、def。但需要注意的是，关键词与命令之间需要空一格，命令和空格都必须在英文半角状态下输入，交换关键词前后位置对检索结果几乎无影响。

【实例】查找 PDF 文件格式关于商务英语的相关文献。

解：打开"百度"，在检索框内输入"商务英语 filetype：pdf"（或"filetype：pdf 商务英语"），点击检索，获取结果全部为 PDF 文件格式的商务英语相关文献，如图 3-17 所示。

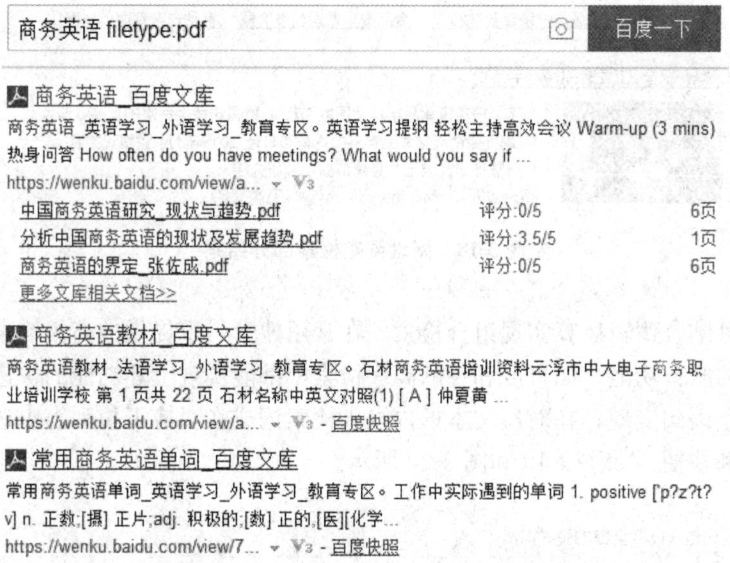

图 3-17　格式限定检索部分结果

2. 标题限定

在搜索引擎中可以限定检索词只出现在网页标题中，不同的搜索引擎指令不同。如百度为 title，谷歌为 allintitle。

3. 网址限定

在搜索引擎中可以对网址包含内容进行限定。指令为 site，对用户在检索过程提高检索效率有极大的帮助。

【实例】查找由中国教育机构公布的关于食品安全的相关内容。

解：中国教育机构网址中都含有 edu.cn，只要满足检索词"食品安全"同时网址中出现"edu.cn"就为命中文献。

打开"百度"，在检索框输入"食品安全 site：edu.cn"，单击"百度一下"按钮进行检索，获得的结果就为中国教育机构公布的关于食品安全的相关内容，如图 3-18 所示。

图 3-18　网址限定检索部分结果

限定检索可结合逻辑运算实现组合检索。在常用搜索引擎提供的高级检索中都已经提供所有限定检索的服务功能。如百度和谷歌高级检索中都能实现上述功能的快速组合检索，而不用再通过指令语句实现，在对应文本框内输入检索词或在对应下拉列表中选择相应选项即可，更加方便和快捷。如图 3-19 和图 3-20 所示。

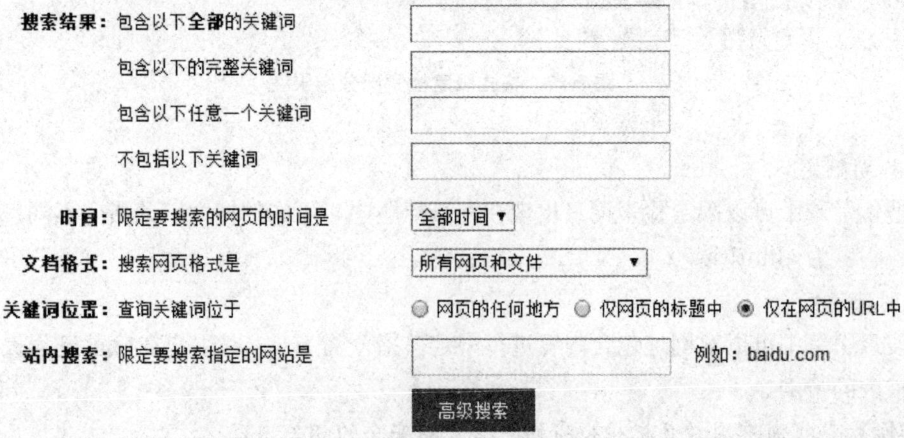

图 3-19　百度高级搜索界面

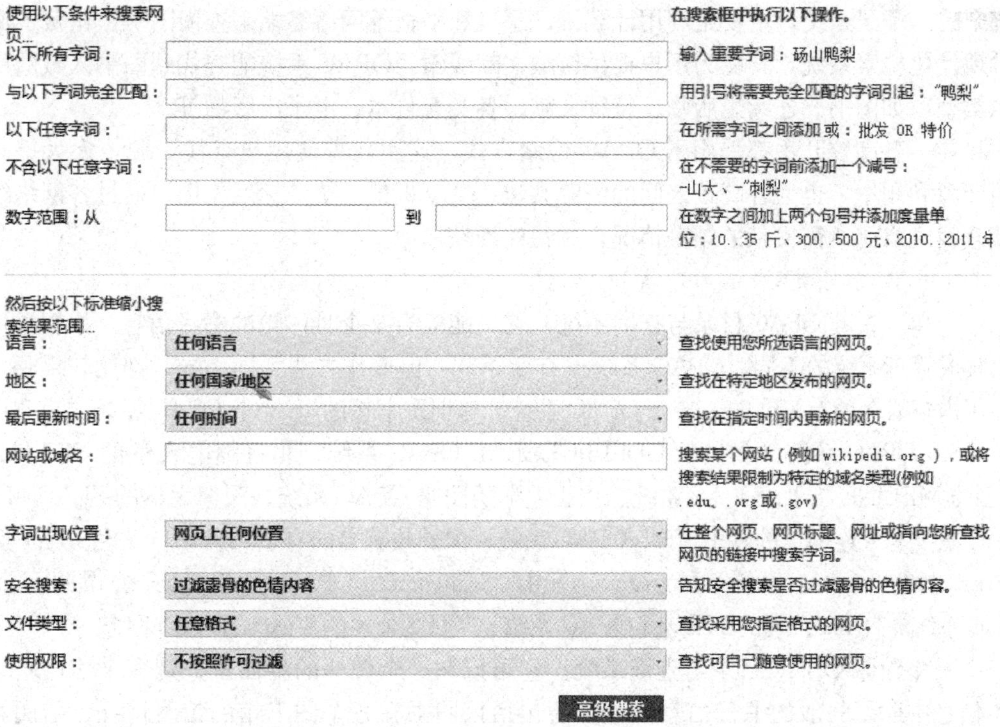

图 3-20 谷歌高级搜索界面

第三节 学术资源的获取窍门

★自学指南

1. 什么是 OPAC 系统？能熟练操作图书馆检索系统吗？能否在书架上准确快速找到所需图书？
2. 什么是文献传递？常用平台有哪些？
3. 发现系统有什么用？如何最大限度发挥其作用？

一、学术资料线索特征查找

（一）图书馆系统 OPAC

1. 图书馆系统及 OPAC 介绍

图书馆系统是指随着计算机技术与网络技术的发展，根据图书馆的业务范围及特点，设计了采访子系统、编目子系统、期刊子系统、公共检索子系统、典藏子系统、流通信息子系统以及系统管理子系统，这几个子系统包括了图书馆的主要业务工作，可以全面实现对图书馆的采购、编目、检索、统计和流通等业务的计算机管理。

OPAC（Online Public Access Catalogue）系统即联机公共目录检索系统，只是图书馆

系统中的一个子系统，主要是利用计算机、手机和平板等网络终端来查询图书馆馆藏资源的一种现代化检索系统。其能为用户提供馆藏文献线索。OPAC系统能查找到图书入藏的所有文献类型，如图书、连续出版物、特种文献、各类合订本、电子出版物等。

目前，各高校几乎都采用了OPAC检索方式，这不仅方便用户查找资源，大大提高了馆藏资源利用率，也为各高校之间的资源共建、共享提供了统一标准。用户通过各网络终端就能查找到自己所需文献的馆藏情况，并快速地获取原文。

2. OPAC常见类型

（1）单一馆藏OPAC目录与查询系统，它只能检索某个具体馆的书目信息。根据采用的图书集成管理系统的不同，OPAC系统也有所不同，但操作方法大同小异，都比较简便、快捷。国内较有名的有汇文的Libsys OPAC系统、深圳图书馆的ILASⅢ OPAC系统、广州图创的Interlib OPAC系统、金盘的GDLIS GLOBAL OPAC系统、北京邮电大学的MELINETS（北创的MELINETSⅡ）OPAC系统、重庆大学的图腾OPAC系统、深圳大学的SULCMIS Ⅲ OPAC系统、大连网信的妙思V6.5 OPAC系统；国外较有名的有Ex Libris（艾利贝斯）公司的ALEPH 500 OPAC系统、Innovative公司的Millennium OPAC系统、Sirsi公司的Unicorn OPAC系统、Dynix公司的Horizon OPAC系统、VTLS公司的Virtua OPAC系统。

（2）多馆藏OPAC目录与查询系统。它可以在一个统一的界面里查询多个馆的书目信息，信息中除了一般的书目信息项外，还包括该图书在各个图书馆的馆藏情况、借阅状态等，有的还可以提供馆际互借和文献传递等服务，如世界联合书目数据库（World Cat）、中国高等教育文献保障系统（CALIS）联合目录、中国高校人文社会科学文献中心（CASHL）外文图书联合目录等。

3. OPAC主要功能

（1）馆藏查询。图书馆入藏资源查询，查询范围包括馆藏的中外文图书、中外文期刊、非书资料等纸质文献及缩微品、音像资料等电子文献。检索途径有题名、作者、分类号、主题词、关键词、ISBN/ISSN、出版社、索书号等。检索结果会显示该文献的馆藏地点、借阅状态（可借/已借）、借书时间、还书时间，使馆藏对用户完全透明。

（2）用户查询。用户通过各类网络终端登录个人账号（根据各系统设置要求进行登录，通常采用用户名和密码方式登录），便可看到用户个人的借阅权限、可借阅册数及借阅时间、借阅历史、当前借阅及应还时间、违章缴款、预约信息、委托信息、系统推荐等信息，用户可以根据这些信息合理安排图书的借还。

（3）网上预约与续借。用户通过各类网络终端登录以后，可随时随地完成预约图书（预约图书是指当所需图书被外借，预约后图书归还时系统将为预约用户保留一定的时间，只能预约用户借阅该本图书，并发送消息通知预约用户）和已借图书的续借业务。这方便了用户，节约了时间，同时减轻了图书馆的工作量。

（4）新书推荐。用户可通过系统为图书馆推荐资源。一般有两种方式：一是用户主动推荐，直接在"新书推荐"模块提供文献的相关信息，如题目、责任者、出版信息（出版社、标准号等）及推荐理由等；二是通过图书馆在OPAC上提供的推荐目录中直接选取即可。图书馆工作人员可将相关推荐信息作为采购计划参考，从而提高用户积极性和资源借阅率，提升馆藏结构，避免经费浪费。

(5) 信息发布。图书馆可在 OPAC 上发布新书通报、借阅排行、预约到书、委托到书、超期欠款、超期催还和用户培训、讲座、最近要举行的阅读活动以及一些试用数据库、信息站点导航等信息，加强对图书馆信息资源的宣传，帮助用户跟踪图书馆的最新动态，调动用户积极性，提高图书馆信息资源的利用率。

(6) 用户留言。用户可通过 OPAC "留言板"模块，随时与图书馆工作人员互动。图书馆可以采纳用户的有效建议，有利于图书馆工作的改进和创新，最终提升服务质量。

(二) 尝试信息咨询

1. 信息咨询概念

信息咨询也称为参考咨询，是指图书馆馆员对读者在利用文献和寻求知识、情报方面提供帮助的活动。它以协助检索、解答咨询和专题文献报道等方式向读者提供事实、数据和文献线索。它也是高校图书馆实现"藏、借、阅、咨"全方位服务一体化的重要组成部分。

2. 信息咨询方式

(1) 传统咨询。传统咨询方式是通过一对一、面对面的服务模式为用户提供服务。它主要有以下形式：

①用户到馆咨询。用户通过图书馆设置的咨询台或各工作岗位直接咨询相关问题。

②电话咨询。用户通过电话联系图书馆相关工作人员咨询。

③图书馆提供主动服务。图书馆通过开展学科馆员、专家特别服务等活动主动为用户提供咨询服务。

(2) 网络虚拟咨询。随着计算机技术与网络技术的发展，用户的习惯发生改变，传统咨询已经不能满足用户需求。基于计算机网络的咨询形式逐步完善并被广泛运用。其主要有以下形式：

①电子邮件咨询。图书馆都会为用户提供咨询服务专用邮箱，方便用户留言咨询。

②FAQ 咨询。FAQ (Frequently Ask Question) 即常见问题解答数据库。图书馆工作人员收集、汇总普遍性和典型性的问题，周密解答，汇集答案，分类编排，然后将其设计成网页，这就是 FAQ。通过 FAQ 服务可以解答一般指南性问题，如图书馆开放时间、服务项目、资源特点与布局、检索方法和信息推荐等。目前，我国开展 FAQ 服务的图书馆的服务内容也各有差异。有的图书馆开展 FAQ 咨询服务比较全面，如清华大学图书馆主页上的"图书馆利用 100 问"提供的 FAQ 服务，它对资料查找、数据库检索、OPAC 查询及流通阅览与咨询服务中的常见问题都作了全面而详尽的解答。

③即时咨询。图书馆采用免费的即时通信工具开展咨询服务，如 QQ、微信、MSN 等，通过一对一或一对多进行实时咨询。

④建立专业咨询平台。图书馆或机构通过自行开发或购买软件建立专业的咨询平台。如上海交通大学图书馆的参考咨询平台（http：//lcvrs.lib.sjtu.edu.cn）、中国科学院文献情报中心—网上咨询台（http：//dref.csdl.ac.cn）、全国图书馆参考咨询联盟首页（http：//www.ucdrs.net）、国家科技图书文献中心参考咨询系统（http：//www.nstl.gov.cn/anyask/ask.html）等。

【实例】查找中国科学院大学开通了哪些数据库。

解：通过中国科学院图书馆网上咨询台可查找到相关信息。打开"中国科学院文献情报中心—网上咨询台"网站,在检索框内输入"中国科学院大学开通了哪些数据库",点击检索,所得结果便是中国科学院大学开通的数据内容,如图3-21所示。

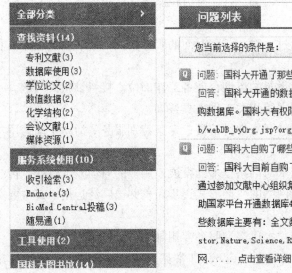

图3-21 中科院网上咨询平台咨询结果

二、获取全文的方式

在日常学习生活中往往需要获取所需文献全文,获取全文的主要方式有以下几种:

（一）借阅

1. 本馆借阅

用户在学校或机构通过图书馆OPAC系统查找所需文献,记录文献获取相关信息（如图书索书号、光盘编号等）,根据相关信息查找到文献后办理借阅即可。

2. 馆际互借

馆际互借是指图书馆与图书馆或图书馆与其他文献信息部门（机构）之间,相互利用对方馆藏,以满足用户借阅需求的一种形式。由于馆舍和经费的限制,任何一个图书馆都无法完全满足用户对文献的需求,通过图书馆之间的互借机制,就可以圆满地解决这一问题。读者只需到所在图书馆办理相应的互借手续即可（往往要付较高费用）。馆际互借主要运用于解决用户重大问题、急需文献或珍贵文献借阅，往往对使用用户有一定限制。

常用馆际互借平台有中国国家图书馆馆际互借与文献传递服务平台（http://wxtgzx.nlc.cn:1701，业务不对个人开放）、CALIS 馆际互借平台（http://www.calis.edu.cn）、中国高校人文社会科学文献中心（CASHL）（http://www.cashl.edu.cn/portal/search.html）等。

【实例】某一四川高校图书馆为 CASHL 成员馆，该校一名老师想通过 CASHL 来借阅上海交通大学图书馆图书。

解：打开 CASHL 主页，单击"用户注册"按钮，按步骤完成操作（填写信息必须准确真实），携带有效证件到图书馆馆际互借员处进行确认；确认后，登录 CASHL 主页查找所需图书，提交馆际互借申请，待馆际互借员确认执行后等待到书通知，收到通知前去领取图书和完成缴费即可。（注：其他馆际互借平台操作流程类似，前提是用户所在图书馆或机构必须为中心成员才能使用馆际互借。）

（二）在线阅览、下载

1. 商业全文数据库下载

使用商业全文数据库可直接在线阅览和下载用户所需文献。如超星、维普、万方、中国知网等。

【实例】查找下面这篇文章并在线阅读后下载。

题名：音乐社交短视频软件何以走红——以抖音 APP 为例

作者：吴佳妮

机构：上海理工大学

刊名：新媒体研究，2017（18）：88—89

ISSN 号：2096—0360

解：由刊名和 ISSN 号可判定这篇文章为中文期刊论文，维普、万方、中国知网等商业数据库都有可能会进行全文收录，先选择维普进行检索。

打开维普网首页，在检索框直接输入"音乐社交短视频软件何以走红——以抖音 APP 为例"，单击"开始搜索"按钮进行检索，便可在线阅读或下载本文。

把本例中题目输入其他数据库有可能找不到该篇文章，因为个别数据库将题名中"——"判断为逻辑非运算符，故在实施检索时可将"——"换为逻辑与"＊"来代替。

2. 通过搜索引擎来实现在线阅览和下载

搜索引擎也能提供文献的在线阅览和下载，有些资源会以付费或其他限制条件来限制用户在线阅览和下载。

【实例】查找有关如何自拍让自己好看的 PPT 介绍，在线阅览并下载。

解：打开"百度"，在检索框输入"如何自拍让自己好看 filetype：PPT"（运用格式限定只检索 PPT 格式的资源），单击"百度一下"按钮进行检索。可单击"继续阅读"在线阅读全部 PPT 内容，也可以单击"立即下载"下载该 PPT。

3. 通过发现系统实现在线阅览和下载

发现系统建立在日益增长的海量数字资源基础之上，其宗旨是为用户提供具备完善的知识挖掘与情报分析功能的系统。以数据挖掘的相关技术为支撑，对这些文献资源进行数据关联与情报分析处理，深入发现隐藏在大量数据背后的信息，帮助用户简捷、快速获得所有需要的知识。从发现系统中也能够实现文献的在线阅览和下载。

【实例】查找关于幼儿教育义务化及立法方面的文章。

解：打开"超星发现系统"，在检索框输入"幼儿教育义务化及立法"，点击检索，在检索结果中单击"学术期刊"栏中"幼儿教育义务化及立法选择"这篇文献，即可在线阅读该文献，如图 3-22 所示。在线阅读该文献时，单击"pdf 下载"可以下载该文献。

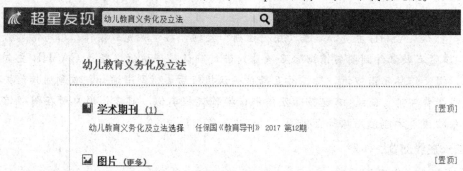

图 3-22　超星发现检索部分结果

（三）文献传递

1. 文献传递的概念

文献传递是指图书馆或文献管理中心等机构按照用户需求，采用邮寄、快件、传真或电子邮件方式投递给需求用户所需文献的纸质或电子版。主要方式是以电子邮件传递电子版。往往会收取合理的传递费用。

文献传递是馆际互借服务的延伸服务，不管是效率、成本都优于馆际互借。

2. 文献传递常用平台或方法

（1）专业文献传递平台。如前面馆际互借平台中提到的中国高等教育文献保障系统（CALIS）、中国高校人文社会科学文献中心（CASHL）、国家科技图书文献中心（NSTL）等。操作流程和馆际互借类似。使用该类平台通常都要付费，故需求用户所在机构必须为平台成员，完成实名注册和平台管理人员认证后才能使用。

（2）数据库商家开发的学术搜索引擎。较多数据库商家开发了自己的学术搜索引擎，都可以提供文献传递或推荐获取途径的方式获取到原文。如超星读秀、中国知网 SCHOLAR 学术搜索等。

【实例】查找由沈春娥编著，中国文联出版社出版的《大学生社交礼仪》这本图书"求职面试礼仪"章节全部内容。

解：打开"超星读秀"，选择检索"图书"，在检索框输入"大学生社交礼仪"，点击检索，点击检索到的这本图书，如图 3-23 所示，单击"部分阅读"按钮，从目录页中查看"求职面试礼仪"起止页数为 151—175 页，单击"图书馆文献传递"按钮，认真填写咨询表单，"咨询范围"151 页至 175 页，电子邮箱填写需求用户邮箱地址，输入验证码，单击"确认提交"按钮完成文献传递，如图 3-24 所示。需求用户打开邮箱查看文献全文（接收传递文献通常有延时）。

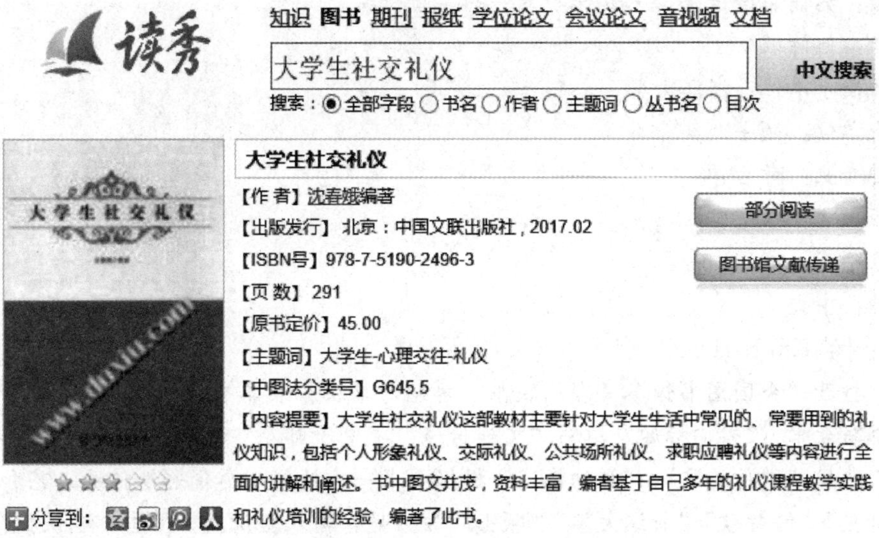

图 3-23 读秀检索部分结果

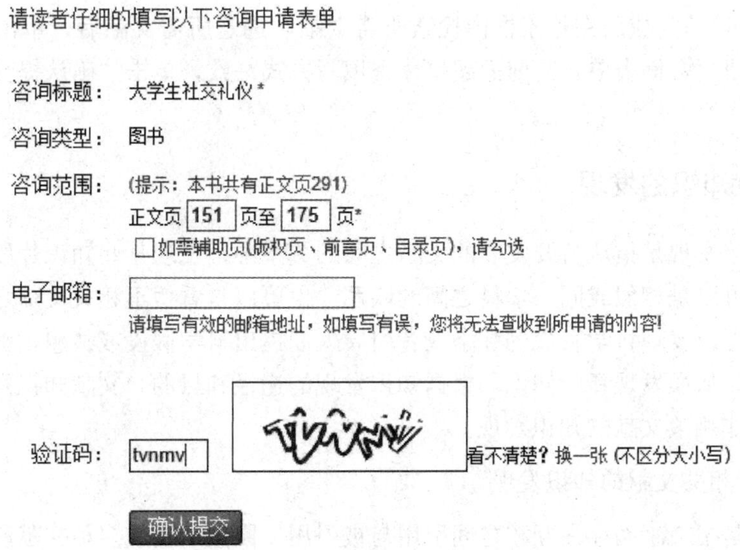

图 3-24 读秀文献传递表单填写

（3）运用参考咨询平台完成文献传递。一些专业参考咨询平台在检索和咨询功能中提供文献传递功能。如全国图书馆参考咨询联盟就提供多种文献传递服务（都为免费服务）。

第一种方式：联盟主页中"表单咨询"栏就可以通过咨询功能，提供期刊、学位论文、会议论文、标准和专利文献类型文献传递服务。但必须填写所需文献详细相关信息（如标题、刊名、出版日期、期号、学位授予单位、标准号、专利号等）和需求用户邮箱，填写越详细，文献传递准确率越高。该类文献传递方式同样存在一定延时。

【实例】通过文献传递获取下面毕业论文全文。

题名：秦俑彩绘传统工艺和保护方法的实验研究
作者：何诗敏
学位授予单位：浙江大学
授予学位：硕士
学科专业：考古学
导师姓名：张秉坚
学位年度：2014
语种：中文
分类号：K871.41

解：打开"全国图书馆参考咨询联盟"网站，单击"表单咨询"，根据例中所需文献相关信息填写表单。"咨询标题"填写"文献传递"，"电子邮箱"填写需求用户电子邮箱，"咨询类型"选择"学位论文"，"详细描述"根据要求一次填写"秦俑彩绘传统工艺和保护方法的实验研究""何诗敏""浙江大学""硕士""2014"，输入验证码，单击"确认提交"按钮，需求用户打开邮箱查看该毕业论文全文。

第二种方式：打开全国图书馆参考咨询联盟检索页（http://www.ucdrs.superlib.net），按要求完成账号注册并登录（全图联盟对账号申请无任何限制，只要有邮箱即可）。完成后在检索框内检索所需文献，选定所需文献后，单击"图书馆文献传递"按钮，填写咨询表单，与前面超星读秀填写方式一致，单击"确认提交"按钮完成文献传递。

三、文献知识的发现

文献知识的发现是指从公开发表的文献之间的关系中，发现某些知识片段之间的隐含联系，这种联系可以是相似或同一学科之间的联系，也可以是看似不相关文献之间的联系。通过这些联系，可以发现科学发展的脉络或者引导人们提出科学假设或猜想，引导科研人员进行攻关或实验，从而发现新的知识。根据知识发现的途径和目的，文献知识发现可以分为基于相关文献和非相关文献的知识发现。

（一）基于相关文献的知识发现

相关文献是指文献间存在互相之间引用与被引用、同被一篇或多篇文献所引用、共同引用他文献、在研究内容上属于同一领域这些关系中的一种或多种。该类型的知识发现方法主要有以下几种：

1. 文献计量法

文献计量法是指借助文献的各种特征的数量，采用数学与统计学方法来描述、评价和预测科学技术的现状与发展趋势的方法。目前主要运用的文献计量法是引文分析法和H指数法。

（1）引文分析法。引文分析法是指利用各种数学及统计方法和比较、归纳、抽象、概括等逻辑方法，对期刊、论文、著者、研究机构等各种分析对象的引用和被引用现象进行分析，以揭示其数量特征和内在规律的一种文献分析研究方法。

利用不同角度的引文分析可以达到不同的目的，如用以评价学者、机构的科研水平，分析学科的发展脉络、研究学科文献分布、确定核心期刊、研究文献用户的需求特点等。这些工作建立在对大量文献之间关系研究的基础上,这就是知识发现与普通文献检索之间的根本不同,也就是前者研究文献之间的关系,而后者只关注文献本身。如:汤姆森公司(The Thomson Corporation)运用引文分析法提前预测出获得各类别诺贝尔奖的名单,并且有较高准确率。

(2) H 指数法。H 指数(H index)是 2005 年由美国加利福尼亚大学圣地亚哥分校的物理学家乔治·希尔施提出的一个混合量化指标,用于评估研究人员的学术产出数量与学术产出水平。一名学者的 H 指数是指其发表的 N 篇论文中有 h 篇,每篇至少被引用 h 次,而其余 N-h 篇论文每篇被引用均小于或等于 h 次,不适合用于跨学科的比较。

学者的 H 指数越高,则表明他的论文影响力越大。例如,某学者的 H 指数是 60,这表示他已发表的论文中,每篇被引用了至少 60 次的论文总共有 60 篇。

2. 内容分析法

内容分析法是指对各种信息载体上的内容进行客观的、系统的描述和分析,将文字表示的资料转换为数量表示的资料的形式方法。内容分析法通过对同一研究领域大量文献的对比分析,寻找它们之间的联系和共同之处,从而得出综合的全面客观的结论,完成知识发现过程。内容分析法有以下三个步骤:

(1) 抽取文献样本。内容分析的抽样常常从各种文献的标题或期号中进行,或者在作者、书籍、章节、段落、句子、短语、词汇等层次上进行,各种层次的抽样方法都可以采用。根据具体的研究目的确定如何抽取文献样本。

(2) 确定分析单元。分析单元也称内容单元。常用的分析单元有词汇、主题等。以主题作为分析单元,以主题词出现的频率统计为基础进行分析推断。如以小说的主题为分析单元对有关刊物小说所反映的爱国主义、理想主义或人际矛盾等主题进行统计,研究当代中国小说反映社会实际的程度。

(3) 文献内容数量化。文献内容数量化的主要方法包括对某种信息出现的次数进行计量,对某种信息在载体中出现的位置、篇幅进行计量等。如,对新闻在报纸中的位置打分,头条位置打最高分,其他逐步次之;也可以对不同主题的新闻在报纸中所占的篇幅进行打分,篇幅越大,打分越高,反之越低。

3. 聚类分析法

聚类分析法又称群分析、集分析,是指以大量对象的测量或计量为基础,把具有相似性的一些数据组合为同一类的研究方法。它是定量研究样品或指标分类问题的一种多元统计方法。

除聚类分析法外,分类标引也是一种根据论文内容进行分类的分析方法。但两者存在不同点,聚类分析的类别是未知的,通过一定的统计分析(如词频统计等)确定类别,而分类标引是先有确定的类别,然后再归类。聚类分析的目的在于挖掘隐含的内容类别,而分类标引的目的在于将论文归入给定的某个分类。

4. 专利分析法

专利分析法是指通过对专利说明书、专利公报中大量零碎的专利信息进行分析、加工、组合,并利用统计学方法和技巧使这些信息变为能总揽全局级预测功能的统计数据等,为企业的技术、产品开发或学者学术研究提供决策参考。因此,专利分析法在科研方面的主要作用有：提高科研效率；规避侵权风险；了解某一领域的技术分布情况和发展趋势；避免做重复而无意义的研究等。

【实例】通过专利分析法了解与硬盘有关的技术专利申请与授权情况。

解：通过专业的专利数据库（如中国知网专利数据库）或专利查询网站（如中国国家知识产权局专利文献检索系统）进行所有相关专利检索，将基本信息（如专利名、摘要、申请时间、申请人等）收集至 Excel 表格中，进行关键词、申请人、年度总量等分析，即得出结论。

近几年关于硬盘容量方面的专利申请数量呈逐年递减趋势，提高读写速度和硬盘无线连接等方面技术的专利申请数量则逐年递增，表明容量增加相关的技术已经比较成熟，在容量持续增加的模式下继续提高读写速度的无线连接硬盘是一个新的发展方向，新的大容量高读写速度的无线连接硬盘将是下一代硬盘的核心产品。

（二）基于非相关文献的知识发现

相关文献间的关系是非常明显的，尤其是有了专门的引文检索数据库之后，无论是引用与被引用关系，还是共引关系都很容易发现，只需要顺着引文这条线或使用内容分析等基于相关文献的知识发现方法总能找到这些关系中所隐含的知识。而对于非相关文献，文献在表面上没有反映出有任何联系，通过知识发现方法首先是要找到它们之间隐含的关系，然后再挖掘隐含的知识，因此基于非相关文献的知识发现就更加困难一些。

那么，究竟隐含的关系和知识是怎么被发现的呢？请看下面的经典案例。

【实例】食用鱼油会对雷诺氏病患者有益。

解：1986 年，斯旺森发现，雷诺氏病是一种病因和治疗方法均未知的血液循环紊乱疾病。有的文献记载了部分雷诺氏病患者血液中有些异常（如血液黏度偏高），又有一些文献记载了食用鱼油能降低血液黏度。斯旺森将 34 篇论述血液变化可导致雷诺氏病的生物医学文献分为一组，而将 25 篇论述食用鱼油可引起血液某种变化的生物医学文献分为另一组，通过雷诺氏病主题词将两组文献联系在一起。在此基础上，斯旺森提出科学假设："食用鱼油会对雷诺氏病患者有益。"当时，这一假设并未以任何形式公开发表过，学术界尚未发现食用鱼油与雷诺氏病之间的联系。两年后，这个科学假设被临床实验所证实。后来，斯旺森通过文献研究又发现了偏头痛与镁的 11 条被忽略掉的联系。他在 1998 年发表的文章中提出了"镁的缺乏可能引起偏头痛"的假设，后来也被临床实验和脑中镁含量的检测报告所证实。

非相关文献的知识发现重点就是找到两篇文献之间的共同关联点，从而找出它们之间的新知识。

（三）常用发现系统

1. 超星发现（http：//www.chaoxing.com）

超星发现以近十亿海量元数据为基础，利用数据仓储、资源整合、知识挖掘、数据分析、文献计量学模型等相关技术，较好地解决了复杂异构数据库群的集成整合、完成高效、精准、统一的学术资源搜索，进而通过分面聚类、引文分析、知识关联分析等实现高价值学术文献发现、纵横结合的深度知识挖掘、可视化的全方位知识关联。

超星发现系统除了具有一般搜索引擎的信息检索功能外，其最大的功能是提供了深达知识内在关系的强大的知识挖掘和情报分析功能。为此，发现的检索字段大大增加，更具备大到默认支持全库数据集范围的检索，细到可以通过勾选获取非常专指主题的分面组合检索，从而实现了对学术宏观走向、跨学科知识交叉及影响和知识再生方向的判断，具备了对任何特定年代，或特定领域，或特定人及机构的学术成果态势进行大尺度、多维度的对比性分析和研究。超星发现系统是学者准确而专业地进行学术探索和激发创新灵感的研究工具。

从资源量上来说，超星发现的各类资源量较高，图书和期刊的数量更是遥遥领先，在与馆藏 OPAC 整合方面更是略胜一筹，通过整合能够检索到馆藏纸质和电子图书。

超星发现主要功能有以下几个方面：

（1）多维分面聚类。搜索结果按各类文献的时间维度、文献类型维度、主题维度、学科维度、作者维度、机构维度、权威工具收录维度等进行任意维度的聚类。

（2）智能辅助检索。借助内置规范知识库与用户的历史检索发现行为习惯，自动判别并切换到与用户近期行为最贴切的领域，帮助实时把握所检索主题的内涵。

（3）立体引文分析。实现图书与图书之间、期刊与期刊之间、图书与期刊之间，以及其他各类文献之间的相互参考、相互引证关系分析。

（4）考镜学术源流。通过单向或双向线性知识关联构成的链状、网状结构，形成主题、学科、作者、机构、地区等关联图，从而反映出学术思想之间的相互影响和源流。

（5）展示知识关联。集知识挖掘、知识关联分析与可视化技术于一体，能够将发现数据及分析结果以表格、图形等方式直观展示出来。

（6）揭示学术趋势。揭示出任一主题学术研究的时序变化趋势图，在大时间尺度和全面数据分析的高度洞察该领域研究的起点、成长、起伏与兴衰，从整体把握事物发展的完整过程和走向。

【实例】查找关于"图书馆"知识的期刊论文在 2010—2018 年中文核心期刊（北大版）和 CSSCI 的收录情况。

解：打开"超星发现"，在检索框中输入"图书馆"后进行检索，在检索结果左侧分面栏中"内容类型"选择"期刊"，"年份"勾选 2010—2018，"重要收录"选择"中文核心期刊（北大）和 CSSCI 中文社科引文索引"，单击"确定"按钮。所得结果即题目要求，如图 3-25 所示。

2. 维普智立方（http://zlf.cqvip.com）

维普智立方是一个知识资源的大数据服务平台，能满足资源发现、知识管理、情报服务的多层次需求，为图书馆、科研单位和个人用户提供全方位、基于与平台架构的一体化解决方案。

维普智立方不仅适用于资源发现、知识发现方面的资源整合平台采购，也广泛适用于机构的各类信息服务整合项目，从专家库、机构库、主题库、领域词典词表，到知识目录导航、区域学术联盟检索等项目。

维普智立方在元数据质量方面还是有保障的，检索到的期刊文献的全文获取是非常准确的。

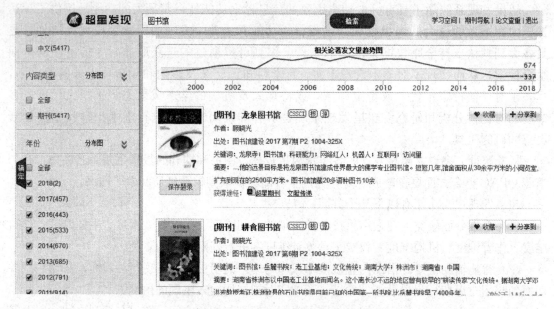

图 3-25　超星发现检索部分结果

维普智立方主要功能有以下几个方面：

（1）资源发现。整合了中外文期刊、学位论文、会议论文、专利、专著、标准、科技成果、产品样本、科技报告、政策法规等多种文献类型，并且提供一站式检索和全文保障服务，提供分面聚类、相关排序等多种检索结果寻优途径。

（2）知识管理。文献知识对象的标识和粒度分析，同时支持对客户本地特色资源、文献之外的科学数据等相关资源的整合扩展，有助于构建适合本单位的知识体系，实现机构的学科评估、人才评估等功能，从而实现真正意义上的知识管理，以达到知识产出不断创新的目的。

（3）情报服务。通过对文献中涉及的各类知识对象（领域、主题、学者、机构、传媒、资助等）做唯一标识、粒度分析、关联呈现，得以实现从情报分析视角对隐含知识关联做深入挖掘，同时提供学科研究方向分析、竞争情报动态连续追踪等服务。

3. 水木搜索（http：//lib. tsinghua. edu. cn/dra）

水木搜索是由清华大学图书馆自主研发的一款发现系统，是一站式的文献资源检索系统，能够帮助用户快速、高效地从海量学术资源中查找并获取所需信息。

水木搜索主要功能有以下几个方面：

（1）查找馆藏各类图书并支持线上预约和续借。

（2）保存检索历史和感兴趣的检索结果。

（3）批量导出题录到 Endnote、Refworks 等引文管理工具。

（4）查看完整的检索结果。

水木搜索只是具备了发现系统的基础功能——检索文献，对文献间隔关系没有分析。它整合了本馆所有文献数据，主要用于文献的发现，方便用户查找和获取资源，但其元数据量缺乏。

4. 上图发现

上图发现是由上海图书馆开发的一个图书馆资源检索和发现的系统，支持检索学术资源和图书馆馆藏目录，该系统作为读者的单一检索入口，可实现简单检索、高级检索、原文/文摘获取等多种服务。

上图发现的主要功能有以下几个方面：

(1) 查找馆藏各类图书并支持线上预约和续借。

(2) 保存检索历史和感兴趣的检索结果。

(3) 查看完整的检索结果。

上图发现和水木搜索一样，只具备了发现系统的基础功能——检索文献，和前面提到的商业发现系统相比，在元数据量、文献间关系分析深度、文献全文的分析、可视化程度等方面都有较大的差距。

实践训练

1. 利用图书馆查找本专业类相关图书，完成借阅，并选择超星系统完成该书的电子版下载。

2. 利用超星读秀或维普期刊检索，检索3~5篇与本专业有关的论文，通过文献传递的方式，获取全文。

3. 利用搜索引擎特殊检索运算符，完成特定格式的文档检索。

4. 在手机上安装超星"学习通"软件，完成注册、登录，加入学校邀请码，操作在线检索和在线电子书的阅览。

5. 当我们通过网络视频软件或者App看到一个心仪的视频，想将其下载下来，一般有哪些方法？如果视频不能直接下载，你还有别的方法吗？

6. 假如你已经毕业或者放寒暑假了，不在学校，但又需要访问图书馆资源，应该怎么办呢？

第四章

信息利用

★ 本章提示

重点:学会查找和利用与行业有关的信息资料;能够根据需求选择和运用网络资源垂直搜索工具;能够掌握创新创业信息资源的利用;学会综合检索利用信息资源的方法,解决实际问题。

难点:信息资源综合检索利用的方法。

第一节 行业信息资源的检索利用

★ 自学指南

1. 从以下行业中选择和你所学专业相联系的三个行业,然后查找这几个行业的有关信息,把有用的信息简单记录下来。

汽车制造　房地产开发　移动通信　航空航天　天气预报　小学教师　养老护理　养殖种植　音像制品　编辑出版　高铁运营　广告制作　银行储蓄　体育健身

2. 仔细阅读行业信息检索利用的案例,把不懂的问题记下来,然后请教老师。

一、教育法律类信息资源的检索与利用

（一）教育类信息资源的概念及类型

1. 教育类信息资源的概念

教育类信息资源是指支持教育教学的资源,包括支持学与教的系统和教学材料与环境,还包括并非为教学目的而设计,但被发现具有一定的教育利用价值而被用作教育资料的资

源，例如，电子百科、电子报刊、软件工具、音像资料以及各种网上信息资源。

2. 教育类信息资源的类型

教育类信息资源是教育研究成果的记载，由于传播方式多种多样，因此教育信息的类型也多种多样。概括来说它有以下几种类型：图书、期刊、报纸、学术会议、资料性与参考性工具书及科普读物。如《全国新书目》《中华书局图书总目》《全国报刊索引》《复印报刊资料索引》《教育大辞典》《中国大百科全书》《中国教育年鉴》等，这些都是检索教育类及相关学科著作的重要工具。

（二）法律类信息资源的概念及类型

1. 法律类信息的概念

所谓法律类信息，是指法律所依赖的所有条件的共同体，其范围非常广泛。其主要包括法规和条约。法规泛指法律、法令、条例、章程、规则等，条约指两个或两个以上国家（地区）在政治、军事、经济、文化等方面签订的文书。它们都是在社会科学研究领域经常需要查阅的重要信息。

2. 法律类信息资源的类型

法律类信息是维系政治、经济和社会活动的重要元素，是支持与保障法治进程的重要资源。法律类信息资源类型包括法学专著、教材、论文、报告、百科全书、辞典、参考资料汇编、表册图录等，如《法律大辞典》《法学词典》等。专业法学内容涉及宪法、司法、民法、刑法、经济法等，其检索工具包括《宪法学辞典》《中国司法大辞典》《中国刑法词典》等。

（三）教育法律类信息资源检索的相关网站

1. 教育类信息资源部分网站

（1）中国教育科研信息网（http：//www.chinaedu.edu.cn/）：主要包括新闻咨询、科研成果、课题研究、资源衔接、区域动态、教师培训等。

（2）中华人民共和国教育部（http：//www.moe.edu.cn/）：主要包括教育的政策性文件、教育动态、法规、基础教育、高等教育、职业成人教育、教育工程与基金、专家的讨论、评审资料等。

（3）中国高等教育学会（http：//www.hie.edu.cn/）：主要包括高教观点、政策法规、学术观点、投稿平台。

2. 法律类信息资源部分网站

（1）中国法律信息网（http：//service.law－star.com）：主要包括最新法规、法规查询、法律论文、案件追踪、热点专题、中国律师、谈法论道、法律博客、法律图书、产品服务等。

（2）国信法律网（http：//www.ceilaw.com.cn/）：主要包括新法规联机查询、国家法律数据库、国家强制性标准、法律理论专刊、人民法院报特辑等。

（3）中国法律网（http：//www.5law.cn/）：主要包括免费法律咨询、律师在线咨询、法律法规查询、点对点法律咨询解答、在线案件委托咨询服务。

（4）国务院法制办公室（http：//www.chinalaw.gov.cn/）：主要包括法规检索、法规快递、法制天地、政府法制、立法专题、法制监督、行政复议等。

（四）教育法律类信息资源检索案例

【实例】如果想证实自己学历的真实性，怎样来查找？

解：进入"学信网"首页，单击"学历查询"，然后选择"本人查询"。首次登录学信网需要注册账号，注册完成后登录即可进行学历查询。

【实例】某大学生创业团队想申请专利，但对专利政策不了解，想通过网络查找国家有关专利申请的法规，怎样来获取？

解：查找国家有关法律法规的文件，可以利用"中国政府法制信息网"进行查找。打开"中国政府法制信息网"主页，在检索框内输入检索词"专利申请"，即可查找到国家有关专利申请的法规，点击具体标题即可查看具体内容。

二、经济管理类信息资源的检索与利用

（一）经济管理类信息概述

经济管理类信息包括经济类信息和管理类信息，常见的经济管理类信息包括市场营销、会计、人力资源管理、金融、国际贸易、企业管理、统计、财税等信息。这类信息反映国家的经济发展、经济建设、经济生产等问题，反映着各个时代的政治和经济，许多内容都反映了当时的政策、法规、社会生活、经济活动以及人类的各种活动，都有着详细的记载，因此是了解某一时期的政治经济、社会发展的重要资料。

（二）经济管理类信息资源的类型

了解经济管理类信息资源的检索与利用，对于学习和利用经济管理类信息是非常重要的。经济管理类信息所包括的知识主要有两方面：一是人们研究物质资料的生产、流通、分配和消费等经济关系和经济活动及其应用的理论知识；二是用于指导经济理论研究和各项经济活动的有关信息。

经济管理类信息资源，从内容上区分，可分为政治经济学理论、经济管理、经济史、经济思想史方面的信息；从论述的范围上区分，可分为综合性、专业性、边缘性信息；从区域上区分，可分为世界经济、各国经济、地方经济和部门经济信息；从历史年代上区分，可分为古代经济、近代经济、现代经济信息。经济管理类信息资源有百科全书、辞典、统计年鉴、手册、名录、指标、文摘、评论、全书、报纸等。如《经济与管理大辞典》《中国企事业名录大全》《中国工商企业名录大全》《中国统计年鉴》《全国各省、自治区、直辖市历史统计资料汇编》《中国商业外经统计资料》《中国市场统计年鉴》《中国行业年度报告》《中国行业季度报告》《中国地区经济发展报告》等。

（三）经济管理类信息资源检索的相关网站

（1）天眼查（https：//www.tianyancha.com）：实现了企业背景、企业发展、司法风险、经营风险、经营状况、知识产权方面等多种数据维度查询。

（2）黄页88（http：//b2b.huangye88.com）：查询全国企业信息大全、企业名录。

（3）中国商品信息服务平台（http：//www.anccnet.com/）：以权威准确、翔实全面的高质量商品信息为基础，为商品的制造商、零售商、批发商以及咨询机构提供信息服务。

(4) 中财网（http：//www.cfi.net.cn/）：24小时提供全面及时的财经新闻、数据、统计图表，财经分析软件等信息服务。

(5) 中华人民共和国国家统计局（http：//www.stats.gov.cn/tjsj/ndsj/）：国家统计局对外发布信息、服务社会公众的唯一网络窗口。

(6) 统计年鉴分享平台（http：//www.yearbookchina.com/）：分享免费统计年鉴下载平台，为科研工作者和学生查找数据提供方便。

(7) 国研网（http：//www.drcnet.com.cn/www/integrated/）：大型经济信息数据库集群，资源包括《国研报告》《宏观经济》《金融中国》《行业经济》《世界经济与金融评论》《国研财经》《区域经济》《企业胜经》《高校管理决策参考》《基础教育》《对外贸易》等，同时针对金融机构、高校用户、企业用户和政府用户的需求特点开发了四个专业版产品。

（四）经济管理类信息资源检索案例

【实例】小杨大学就读计算机专业，毕业前夕他在一个招聘网站上看到一则招聘广告，成都汇智动力信息技术有限公司招聘有关计算机/互联网/通信—动画/3D/多媒体设计（同设计类）职位，月薪为8 001~10 000元，有确切的联系方式和地址。他觉得这个职位不错，想查看一下公司的规模情况再决定是否前去应聘，小杨怎样获取信息？

解：打开"天眼查"首页，检索模块默认"查公司"，在检索框中输入"成都汇智动力信息技术有限公司"，单击"天眼一下"得到检索结果，第一条信息就是"成都汇智动力信息技术有限公司"，点击信息进行查看，发现该公司的背景、公司发展、司法风险、经营风险、经营状况、知识产权都有介绍，这些信息帮助小杨很好地了解了该公司。

【实例】查询"2017年城市消费者满意度测评报告"。

解：打开"中华人民共和国国家工商行政管理总局"网站，在检索框中输入"2017年城市消费者满意度测评报告"后进行检索，得到检索结果。

【实例】查找2017年金融市场运行情况。

解：要了解金融市场运行情况，可以利用金融相关网站或数据库进行查询。现以中国金融在线网站进行查找。登录该网站首页，在左侧的检索框中输入"2017年金融市场运行"，单击"查找"按钮，即可得到检索结果。

【实例】查找我国第三次全国农业普查数据公报。

解：检索内容涉及国家大型数据，为确保查找的数据的权威性和准确性，在选择检索工具时，最好选用政府有关数据统计的网站进行查找。本例选用"中华人民共和国国家统计局"网站进行查找，进入官网主页，查看"统计数据"栏目，发现子栏目有"统计公报"，点击进入主页，单击左侧"农业普查公报"按钮，发现有5条关于"第三次全国农业普查主要数据公报"的信息，可逐一点击每条查看具体内容。

三、工程类信息资源的检索与利用

（一）工程信息概述

工程信息是在建筑建材行业稳步发展下产生的一个新兴词汇。工程类信息是指建设工程信息管理的基本知识、原理和方法，工程信息管理涉及相关规范、规程、建设工程文件档案资料管理以及系统软件等相关信息。

（二）工程类信息资源检索的类型

工程类信息资源检索内容主要包括勘察设计、主体施工、设备安装、装饰装修、园林景观，涉及住宅酒店类，道路市政、水利、工业、厂房类，路桥、地铁、机场类，商业类和市政建设等各种建筑项目。工程类信息资源检索类型包括百科全书、辞典、标准、手册、指南、参考资料汇编、表册、图录等。如《工程勘察设计收费标准》《建筑工程技术规范合同》《建设工程项目管理》《室内设计纲要》《建筑工程施工手册》《道路桥梁工程施工监理手册》。

（三）工程类信息资源检索的相关网站

（1）建设网（http：//www.buildnet.cn/）：提供各类工程项目、招标采购、土地出让、建材产品和技术设备、工程建设规范等信息。

（2）国际标准化组织（https：//www.iso.org/home.html）：利于国际物资交流和互助，并扩大知识、科学、技术和经济方面的合作。

（3）中项网（http：//www.cces.net.cn/html/tm/）：国内专业的拟在建项目、工程信息网和招投标信息平台，全球工程项目信息及产业链服务网站，提供各领域项目实际建设的投资数据统计。

（4）建筑网（http：//www.cbi360.net/）：提供建设通 VIP（建筑建设中标、不良、荣誉、资质信息）、政策资讯、建设招标、PPP 项目、建筑工程众包等行业信息服务。

（5）土木工程网（http：//www.civilcn.com/）：提供建筑设计、结构设计、水利工程、园林工程、工程监理、电气工程、CAD 教程等相关专业方面的资源，大部分资源可以免费下载，是一个查找建筑工程专业资源的网站。

（四）工程类信息资源检索案例

【实例】利用有关网站查找"室内装饰"有关论文。

解：登录"土木工程网"首页，单击"论文"版块进入页面，页面左侧"建筑论文"有很多关于"室内装饰"的论文，可逐一点击查看。

【实例】查找 2018 年重庆招标项目。

解：登录"建筑网"首页，单击"招标"版块页面，系统检索省份默认"四川"，选择"重庆"，在"招标信息查询"检索框中输入"2018 年招标项目"，点击搜索得到检索结果。

四、文化艺术类信息资源的检索与利用

（一）文化类信息资源的检索与利用

1. 文化信息概述

文化是一种社会现象，是人们长期创造形成的产物，同时又是一种历史现象，是社会历史的积淀物。文化信息是凝结在物质之中又游离于物质之外，能够被传承的国家或民族的历史、地理、风土人情、传统习俗、生活方式、文学艺术、行为规范、思维方式、价值观念等，是人类之间进行交流的普遍认可的一种能够传承的意识形态信息。

2. 文化类信息资源的类型

文化类信息包括人类文化，侧重社会结构、语言、法律、政治、宗教、信仰、艺术、风俗习惯、道德情操、学术思想、文学艺术、科学技术等范畴的探讨。文化类信息资源检索的工具包括百科全书、字典、辞典、手册、汇编、指南、名录、书评、书目、索引和摘要等。如《中国二十一世纪文学研究论著提要》《中国古代文学理论名著题解》《中国史书目提要》《中国现代当代文学研究论文索引》《外国文学研究论文资料索引》《外国文学评论》《网络文学评论》《书评摘要》《中国现代文学史资料汇编》《古典文学研究资料汇编》《中国现代文学总书目》等。

3. 文化类信息资源检索相关网站

（1）中国高校人文社会科学信息网（https://www.sinoss.net/）：服务人文社会科学研究、社科研究管理、人文社科资源及成果推广应用，提供信息服务、资源与成果、发展动态、研究成果及其他信息。

（2）中国文化市场网（http://www.ccm.gov.cn/）：研究拟定文化市场和以商品形式进入流通领域的文化产品以及文化娱乐经营活动的管理政策、法规并监督实施，管理文艺演出市场、文化娱乐市场等。

（3）中国文学网（http://www.literature.org.cn/）：发布论文、学术信息、原创文学作品、网络文学和古籍数字化信息、数字文献学信息。

（4）环球文化网（http://www.hqwhw.com/）：拥有丰富的传媒整合优势资源以及书画艺术家经营推广平台，涵盖泛文化产业的全方位宣传和展示的平台。

（5）中国传统文化国际研究院（http://www.cyifs.com/）：研究具有鲜明民族特色、历史悠久、内涵博大精深的传统优良文化（包括道家文化、佛家文化、易经文化等）。

（二）艺术类信息资源检索与利用

1. 艺术信息概述

无论艺术的审美创造抑或审美接受，都需要通过主体一定的感官去感受和传达并引发相应的审美经验。对艺术的审美分类，主要应根据主体的审美感受、知觉方式来进行。依据这个原则，艺术信息可以分为造型艺术、表演艺术、综合艺术和语言艺术四类。这四类信息都面向创意文化产业的发展需要，涵盖了设计、艺术、文化的前沿领域，反映了艺术设计学科的主要增长点，代表了信息科技与文化结合的新方向。

2. 艺术类信息资源的类型

艺术类信息资源按传统的分类方法包括以下种类：文学艺术信息（如诗歌、戏剧、小说等）、视觉艺术信息（如绘画、素描、雕塑等）、图文设计、造型艺术信息（如雕塑、造型等）、装饰艺术信息（如马赛克等）、表演艺术信息（如戏剧、舞蹈、音乐、相声等）、综合艺术信息（如电影、电视、歌剧、音乐剧等）等。根据时空性质将艺术类信息分为时间艺术信息、空间艺术信息、综合艺术信息。艺术类信息资源检索的工具包括百科全书、字典、辞典、手册、汇编、专业的工具书、专业辞典、年鉴、机构指南等。如《中国美术辞典》《现代艺术辞典》《西方美术大辞典》《中国工艺美术大辞典》《中国人物画全集》《漫画人物肖像》《世界人物肖像全集》等。

3. 艺术类信息资源检索的相关网站

（1）世纪在线中国艺术网（http：//www.cl2 000.com/）：弘扬中国文化，搭建国内外艺术交流互动的桥梁。拥有海量的艺术信息，是纯粹的艺术爱好者的天堂。

（2）中国美术家网（http：//www.meishujia.cn/）：中国艺术品门户专业网站，定位于全艺术主流新媒体，中国最大的艺术品收藏投资者之间的交易交流平台。

（3）中国美术家协会（http：//www.caanet.org.cn/）：开展学习培训、深入生活、采风创作、评奖办节、成果展示、理论研讨、出版宣传、文艺志愿服务、对外交流和权益保护等各项工作。

（4）艺术家世界网（http：//www.yishujiashijie.com/）：提供大量有关文化艺术方面的资料，包含文学、书画、戏曲、影视、古玩藏品等世界文化艺术类的综合性网站。

（5）中国设计在线（http：//www.ccdol.com/）：网站主要内容包括创意资讯、平面设计、工业设计、CG动画、广告设计、包装设计、VI设计、艺术摄影等栏目，形成以资讯、作品欣赏、理论、访谈、专题为一体的全内容模式。

（三）音乐类信息资源的检索与利用

1. 音乐信息概述

中国是世界上音乐文化发展最早的国家之一。我们的先人在漫长的历史长河中创造了光辉灿烂的音乐文化。音乐信息是反映时代、民族或音乐家个人的思想观念、审美理想、精神气质等内在特性的外部印记。

2. 音乐类信息资源的类型

音乐类信息资源的类型主要包括音乐学术研究、艺术教育、作品创作、演奏和欣赏。音乐类信息资源可利用的检索工具主要涉及中外综合性和专业性的音乐百科全书、音乐辞典以及指南、手册和资料汇编、期刊文章、篇章和著作、乐志、律志、类书、纪念文集、电影胶片、录像、乐器的设计技术图、手稿复印本、音乐图像、乐谱评注本、田野录音、会议论文集、书评等。

3. 音乐类信息资源检索的相关网站

（1）中国音乐网（http：//www.zgyyw.roboo.com/）：网站内容主要涵盖声乐、舞蹈、器乐方面的相关资讯、专业知识、视频、推荐、培训、微博交流等。

（2）中国音乐家网（http：//www.zgyyj.cn/）：提供全国大型音乐展演活动新闻、最新优秀原创歌曲点听、中国音乐家介绍、音乐新闻、音乐讲座、大家乐评等。

（3）中央音乐学院（http：//www.ccmusic.edu.cn）：是以民族音乐教育、研究为目的，专门培养中国民族音乐教育、研究、表演、创作等人才的高等音乐教育机构。

（4）中国音乐学网（http：//musicology.cn/）：名人荟萃，专家云集，拥有目前国内音乐艺术界层次最高的专业门户、论坛和博客。

（四）舞蹈类信息资源的检索与利用

1. 舞蹈信息概述

根据舞蹈的作用和目的，舞蹈一般可分为生活舞蹈和艺术舞蹈两大类。生活舞蹈是指人们为自己的生活需要而进行的舞蹈活动，艺术舞蹈则是指为了表演给观众欣赏的舞蹈。舞蹈信息是指有关国家文艺方针的政策、舞蹈历史文化知识和舞蹈基本理论、舞蹈作品、舞蹈学习、舞蹈教学、舞蹈表演和编排、舞蹈论文和评论、舞蹈文学、舞蹈赛事等信息。

2. 舞蹈类信息资源的类型

舞蹈一般是有音乐伴奏，以有节奏的动作为主要表现手段的艺术形式。它一般借助音乐，也借助其他的道具。舞蹈信息资源根据舞蹈的功能、用途不同，可分为"实用舞蹈"信息（自娱）与"表演舞蹈"信息（娱人）两大类；根据舞蹈的不同风格特点来区分，有古典舞蹈、民族民间舞蹈、现代舞蹈、当代舞蹈和芭蕾舞相关的信息。舞蹈类信息资源可以通过期刊、专著、辞典、词典、音像制品、手册、指南等进行检索。如《地域民间舞蹈文化的演变》《舞蹈艺术概论》《中国舞蹈意象概论》《舞蹈知识手册》《中国舞蹈发展史》《舞蹈创编法》等。

3. 舞蹈类信息资源检索的相关网站

（1）中国舞蹈网（http：//www.chinadance.cn/）：涵盖资讯、资源、机构、院校、培训、图片、视频、音乐、商城、博客、论坛和微博的舞者交流平台。

（2）中国舞蹈家协会（http：//www.danceinchina.org/）：提供舞蹈表演、编导、理论、教育等有关信息资源。

（3）中国体育舞蹈联合会（http：//www.cdsf.org.cn/xhome/index）：是实施全民健身计划，普及中国体育舞蹈运动，提高运动技术水平，提供舞蹈资讯和赛事的信息平台。

（4）华人舞蹈网（http：//www.hrwdw.com/）：提供世界各地体育舞蹈赛事全程跟踪录制及采访、最新拉丁摩登音乐、最新舞蹈资讯及舞蹈专业知识、舞蹈服装与服饰及教学与经典赛事光碟增值服务。

（五）文化艺术类信息资源的检索案例

【实例】查找古代作家苏轼有关信息。

解：利用中国文学网"历代作家数据库"可以查找有关信息。登录"中国文学网"首页，页面设置有专门的分类数据库，其中就有"历代作家数据库"，点击进去后，出现历代作家名单，其中就有"苏轼"的名字，单击"苏轼"可以看到与苏轼有关的信息资源。

【实例】利用专业网站查找"人物素描、山水画、花鸟画、中国写意画"技法。

解：在众多美术网站中，"中国美术家网"包含新闻、评论、访谈、展讯、专题、视频、技法、素材等栏目，内容丰富全面。现以"中国美术家网"检索此案例。打开"中国美术家网"网站，发现其栏目中设置有"技法"栏目，点击进入页面，发现需要检索的内容信息都包含在里面，只需要逐一打开阅读即可。

【实例】张颖想参加拉丁舞有关的比赛，请问她在哪能获取有关信息，并能参加比赛？

解：要参加拉丁舞比赛，可以通过"中国体育舞蹈网"查看有关赛事，也可在此网站上注册并报名参加有关舞蹈比赛。

五、电子、通信、计算机类信息资源的检索与利用

（一）电子工程类信息资源的检索与利用

1. 电子工程信息概述

电子工程又称"弱电技术"或"信息技术"。电子工程可进一步细分为电测量技术、调

整技术以及电子技术。电子工程的应用形式涵盖了电动设备以及运用了控制技术、测量技术、调整技术、计算机技术、信息技术的各种电子技术。

2. 电子工程类信息资源的类型

电子工程类信息资源主要包括电路知识、电子技术、信号与系统、计算机控制原理、通信原理等基础知识有关信息，可以通过专业类图书进行查找，如《电子工程节能设计规范》《复杂电子系统建模与设计》《电子工程制图》《电子工程综合实践》《电子设备结构工程师手册》等。

3. 电子工程类信息资源检索的相关网站

（1）21IC 中国电子网（http：//www.21ic.com/）：提供最新的电子技术和产品信息、市场动态和分析数据、软件资料等工程师所需要的信息，同时也是相互交流、学习的社区。

（2）电子工程专辑（http：//www.eet－china.com/）：提供最新工业和科技趋势信息、丰富的电子设计技术论文、应用实例和市场研究报告等。

（3）电子工程世界（http：//www.eeworld.com.cn/）：专为中国电子工程师和电子设计主管提供电子技术开发应用资讯的网络传媒。

（4）电子信息产业网（http：//www.cena.com.cn/）：提供新闻传播、信息搜索、企业推介、品牌推广等个性化、互动性服务，是电子信息产业信息、思想、情感交流的网络平台。

（5）电子发烧友论坛（http：//bbs.elecfans.com/）：主要有电子资料、技术应用、元器件、电路图、电子论坛等。专注于单片机、嵌入式技术、消费电子、半导体技术、EDA 技术等领域。

（二）通信工程类信息的检索与利用

1. 通信工程信息概述

通信工程是信息科学技术发展迅速并极具活力的一个领域，是信息社会的主要支柱，是现代高新技术的重要组成部分。尤其是数字移动通信、光纤通信、Internet 网络通信使人们在传递信息和获得信息方面达到了前所未有的便捷程度。通信工程信息包括通信技术、通信系统和通信网等方面的信息，通过信息能获得在通信领域中从事研究、设计、制造、运营及在国民经济各部门和国防工业中从事开发、应用通信技术与设备有关技术。

2. 通信工程类信息资源的类型

通信工程类信息资源主要涉及通信科学、信息科学领域坚实的数理基础和系统的专门知识，并具有电子科学、计算机科学以及控制科学方面的一般理论与技术。通信工程信息资源检索工具包括专著、教材、手册、标准、汇编、图册等。如《通信电子线路》《通信工程建设与维护手册》《通信建设工程类别划分标准》《通信工程项目管理》《通信工程建设监理》《通信工程概预算》等。

3. 通信工程类网络信息资源检索的相关网站

（1）中国通信网（http：//www.c114.com.cn/）：提供大容量、范围广泛的通信产业资讯、展会合作、论坛、电子商务和网络公关等多元服务。

（2）中华人民共和国工业和信息化部（http：//txzb.miit.gov.cn）：拟订实施行业规划、产业政策和标准，监测工业行业日常运行，推动重大技术装备发展和自主创新，管理通信业，指导推进信息化建设，协调维护国家信息安全等。

（3）通信产业网（http：//www.ccidcom.com/）：提供通信业的最新动态、通信业的市场格局、前沿通信业的发展趋势、通信业的趣闻逸事等信息。

（4）通信世界网（http：//www.cww.net.cn/）：反映国内通信行业发生的重要事件，并做出详细深入的解读。提供的信息覆盖解决方案、传输接入、网络交换、移动通信、无线通信、光通信、卫星通信、运营支撑、专网通信等众多专业领域。

（5）移动通信网（https：//www.mscbsc.com/）：移动通信论坛，专注于移动通信技术、人才招聘。

（三）计算机类信息资源的检索与利用

1. 计算机信息的概述

计算机信息是指有关计算机基础知识、计算机操作系统和数据库原理、计算机网络技术应用的基本技能；能运用管理理论、系统科学的方法和信息技术解决信息系统建设、维护和信息管理的实际问题。了解本专业相关领域的发展动态；掌握文献检索、资料查询、收集的基本方法，具有一定的实际工作能力；能组建内部网络系统，并能管理和进行多媒体制作的能力。

2. 计算机类信息资源的类型

计算机类信息资源包括数学、逻辑、数据结构、算法、电子设计、计算机体系结构和系统软件等方面的理论基础和专业技术基础，如软件企业桌面应用开发、软件生产企业编码、软件测试、系统支持、软件销售、数据库管理与应用开发、计算机美工、动画制作、影视编辑与制作、广告设计与制作、多媒体综合应用开发、多媒体课件制作等。计算机类信息资源检索的工具包括专著、教材、手册、指南、百科全书、辞典等。如《通灵芯片：计算机运作的简单原理》《程序设计实践》《重构：改善既有代码的设计》《时间管理：给系统管理员》《C♯程序设计实用教程》《计算机常用工具软件》《三维动画技法》《动画原画制作》《音视频编辑合成技术》等。

3. 计算机类信息资源检索的相关网站

（1）中国计算机协会（http：//www.ccf.org.cn/）：为本领域专业人士的学术和职业的发展提供服务，推动学术进步和技术成果的应用，进行学术评价，引领学术方向，对在学术和技术方面有突出成就的个人和单位给予认可和表彰。

（2）中国软件开发网（https：//www.csdn.net/）：定位于企业和开发者的基础需求，拥有知识服务和开发服务两大服务体系，帮助企业、团队及个人实现产品与技术的突破与提升。

（3）中国教育和科研计算机网（http：//www.edu.cn/）：网站提供关于中国教育、科研发展、教育信息化、CERNET等新闻动态。

（4）电脑技术网（http：//www.dnjishu.com/）：为广大热衷于电脑技术学习的人搭建的一个自主学习的场所。

（5）中关村在线（http：//www.zol.com.cn/）：资讯覆盖全国并定位于销售促进型的IT互动门户，是集产品数据、专业资讯、科技视频、互动行销为一体的复合型媒体，被誉为"全球第一科技门户"。

（四）电子、通信、计算机类信息资源的检索案例

【实例】查找电子工程行业及技术活动。

解：可以通过"电子工程专辑"网站进行查找，该网站包含电子工程有关的资讯、技术资源、社区、专题、行业活动、IC设计成就奖，通过其行业活动板块就可以查看近年来行业及技术活动的有关信息。

【实例】通信工程建设项目有关政策及招标信息在哪个网站可以获取？

解：有关通信工程建设项目招标的信息，可以通过"中华人民共和国工业和信息化部"网站查询，该网站是通信工程建设项目招标投标管理的信息平台系统，可以查找招标公告、专家公示、政策法规、中标公告等信息。

【实例】小李想换一款国产5.5英寸的手机，听说华为、OPPO、vivo、小米手机都不错，怎样查询和比较它们的性价比，以便做出购机选择？

解：可以通过一些商品购物网站进行查询和比较，比如太平洋网站、京东、苏宁易购，也可以通过中关村在线查询每款手机的外观、像素、内存、电池容量、分辨率、价格等有关信息，还可以查询大众口碑获得参考意见。网络信息只能提供参考，最终还是要根据自己的喜好来选择。

第二节　网络资源的垂直搜索利用

★自学指南

1. 什么是垂直搜索？你用过的网盘有哪些？
2. 仔细阅读本节"网络资源垂直搜索方法与案例"，联系实际思考，如遇到不懂的问题，可以与同学讨论解决，或者请教老师。

一、垂直搜索利用

在查找信息时，最好不要使用综合性的搜索引擎，因为这类搜索引擎链接太多，效率不高，而更好的选择就是垂直搜索。

（一）垂直搜索的定义

垂直搜索是指针对特定行业互联网网页中特定信息内容的搜索。这种搜索是针对某一个行业、领域、人群或特定需求的专业搜索。它对网页库中的某类专门信息进行整合，定向、分字段抽取出需要的数据，处理后再以某种形式返回给用户。

与普通的网页搜索相比，垂直搜索的最大特点在于其提供的搜索结果是从互联网网页中提取的信息内容本身，对信息进行了深度的、精细化的加工处理，而不仅是网页或该内容所在的网络地址。热门的垂直搜索行业有购物、旅游、汽车、工作、房产、交友等。

（二）常见的垂直搜索工具

垂直搜索工具主要是垂直搜索引擎，它与普通的网页搜索引擎的最大区别是对网页信息进行了结构化信息抽取，以结构化数据为最小单位。垂直搜索引擎将这些数据存储到数据库，进行进一步的加工处理，如去重、分类等，最后分词、索引再以搜索的方式满足用户的需求。垂直搜索追求专业性与服务深度，因此它具有重复率低、相关性强、查准率高的特点，在信息检索中成为首选的搜索工具。

垂直搜索引擎的应用方向很多，比如企业库搜索、供求信息搜索、购物搜索、房产搜索、人才搜索、地图搜索、mp3 搜索、图片搜索……几乎各行各业各类信息都可以进一步细化成各类的垂直搜索引擎。

二、网络资源垂直搜索的方法与案例

（一）常见的垂直搜索引擎

常见的垂直搜索引擎有很多，为了让大家更容易了解和掌握搜索的方法，主要结合案例进行介绍。下面介绍五种非常有特色的垂直搜索引擎：

1. 爱看图标网（http：//www.iconpng.com/）

爱看图标网目前收录了 10 000 多个图标，可以按照图标系列、分类、色系、关键字、标题等搜索；可以查看每一个图标的作者信息、尺寸大小、图像文件格式、色系、所属分类等信息。每一张图标都提供 png 格式（png 格式是透明背景）下载，大多数图标同时还提供 ico 格式下载，对设计网页和制作 PPT 非常有用。

【实例】小明设计动漫场景，需要房子、树木、云朵、星星、人物等一些小图标，怎样利用"爱看图标网"找到相关素材？

解：登录"爱看图标网"，在检索框中输入小图标的名称，点击"搜索"按钮即可看到不同形式和尺寸的图标，选取适合的图标下载保存即可（图 4-1）。

图 4-1 爱看图标网首页

2. 找字网（http：//www.zhaozi.cn/）

找字网是一个专注于搜索字体的网站，支持按字体编码、字体类型搜索等高级搜索功能，同时还支持字体在线预览平台，可大大节约寻找字体的时间。

【实例】请通过"找字网"下载几款喜欢的字体并安装到自己的电脑上。

解：登录"找字网"，如果知道喜欢字体的名称，直接在首页检索框中输入字体名称，比如输入"行书"，单击"立即搜索"按钮进行检索，检索结果为113条，每条为不同的行书字，你可以选择喜欢的字体进行下载。需要注意的是，该网站的字体很大一部分需要付费才能下载使用（图4-2）。

图4-2　找字网首页

3. 豆丁网（http：//www.docin.com/）

豆丁网提供针对文档标题、简介、内容的关键字检索功能，并且支持Word、PDF、PPT等30多种文件类型。

【实例】请使用"豆丁网"查找有关"大学生校园贷"PPT。

解：打开"豆丁网"，注册账号并登录，在首页检索框中输入"大学生校园贷"，单击"搜索"按钮进行检索，得到多种类型的关于"大学生校园贷"的信息资源，本次检索的文档格式只要求PPT格式，在搜索结果页面左边全部格式中单击"PPT格式"，最后显示检索结果都为PPT格式的信息资源（图4-3）。单击任意一条即可在线阅读，如要下载，需要付费。

图4-3　文档格式为"PPT"检索页面

4. 鸠摩搜书（https：//www.jiumodiary.com/）

鸠摩搜书是一个电子书搜索引擎，在检索框输入书名后进行检索会出现很多网盘资源，提供在线阅读和下载。

【实例】利用"鸠摩搜书"搜索图书"追风筝的人"，并下载电子书。

解：打开"鸠摩搜书"首页，在检索框中输入"追风筝的人"，单击"Search"按钮，得到的结果中，有英文版和中文版，文档格式有 PDF、TXT、DOCX，根据需要，查找到中文版，格式为 TXT，可在线阅读，也可保存到微盘或下载（图 4-4）。

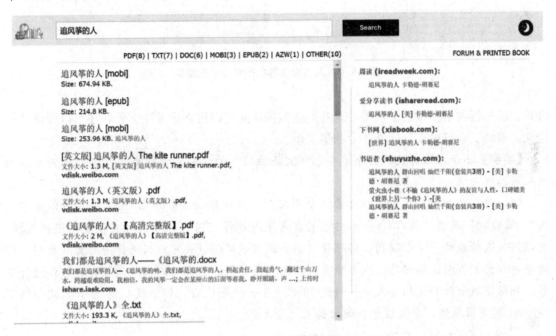

图 4-4　检索电子图书"追风筝的人"页面

5. 职友集（http：//www.jobui.com/）

职友集专注于职位搜索领域。

【实例】查找中国 500 强企业招聘。

解：在"职友集"首页的检索框输入"中国 500 强企业招聘"检索信息，得到检索结果，如图 4-5 所示，检索结果还包含有民营、服务业、制造业、连锁、互联网 500 强相关信息，还可以按地区查找当地进入 500 强的行业。

（二）学术资料垂直搜索的方法与案例

学术搜索引擎以学术论文、国际会议、权威期刊、学者为主，随着新一代搜索引擎的快速发展，学术搜索引擎具备个性化、智能化、数据挖掘分析、学术圈等特色。在众多搜索引擎中，由于垂直搜索引擎是针对某一个行业的专业搜索引擎，是搜索引擎的细分和延伸，其特点就是"专、精、深"，且具有行业色彩，比一般的搜索引擎显得更加专注、具体和深入。接下来介绍几种学术资料垂直搜索的方法。

1. 商业数据库搜索

在查找学术资源时，有很多商业数据库提供学术期刊论文的查找，如中国知网、万方、

图 4-5 输入检索信息后得到的检索结果

维普、超星读秀学术搜索平台等,这些商业数据库除可以搜索学术论文外,还可以搜索学位论文、报纸、会议论文、标准、专利等文献。

【实例】小李在做有关"共享单车怎样实施管理"的课题,他想查找这方面的论文,利用知网怎样查找?

解:登录"知网"首页,在检索框中输入"共享单车 and 管理",检索条件可以是"主题""关键词"或者"篇名",根据自己的需要进行选择。同时也可以对文献类型进行选择,可以同时选择报纸、学术期刊、博硕论文、会议文献类型,也可以只选择一种文献类型。检索条件和文献类型选择好后,点击检索即得到多条结果。论文可以在线阅读,也可以进行下载。知网下载有两种文档格式,一种是 PDF,另一种是 CAJ,如下载 CAJ 格式,就必须下载 CAJ 浏览器软件,安装后才能阅读论文(图 4-6)。

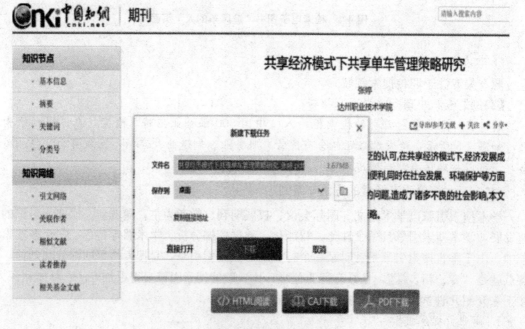

图 4-6 输入检索词后结果页面

【实例】利用读秀学术搜索查找有关工程项目管理的学位论文。

解：登录"读秀学术搜索"首页，选择"学位论文"模块，搜索字段为"标题"，在检索框中输入"工程项目 and 管理"，单击"中文搜索"按钮，显示检索结果有 5 885 条，选择最近发表的学位论文并打开。读秀学术搜索不提供在线阅读和下载，但是提供文献传递，单击右侧"邮箱接收全文"，跳转页面后填写自己的邮箱、验证码，单击"提交"按钮。几秒后文章链接就会自动发送到自己的邮箱，点击链接可阅读原文（图 4-7）。

图 4-7　检索结果及文献传递页面

2. 学科门户网站搜索

学科门户网站也叫主题门户、学科信息门户、主题网关。学科门户网站是经过组织、有序化和人工处理、专门排选、定期检查处理的学科信息导航系统，其资源都是有效的。学科门户网站的实用价值受到了广大用户，特别是专业学科人员的重视，以至于有人将其形象地比喻为"网络信息联合收割机"，学科门户网站可以帮助用户迅速找到并筛选出所需要的有用信息。学科门户网站有中国国家数字图书馆、国家科技图书文献中心（NSTL）、中国高等教育文献保障体系（CALIS）等。

【实例】利用中国国家数字图书馆查找"英语四级视频"。

解：打开"中国国家数字图书馆"首页，注册账号并登录。在读者门户首页左侧的资料栏目查看到"音视频"，发现有两个关于外语学习的数据库资源"宝成多媒体外语学习平台"和"新东方多媒体学习库"，可以任意选择一个数据库查找有关"英语四级视频"。单击"新东方多媒体学习库"，在检索框中输入"英语四级"，发现有关四级英语的很多视频，有关于"词汇、听力、写作、真题"的视频讲解，根据自己的需要选择视频即可。

【实例】利用国家科技图书文献中心查找有关"能测量婴儿体温的衣服"的专利文献。

解：登录"国家科技图书文献中心"首页，在"文献检索与全文提供"板块内单击"中外专利"进入页面,在检索框中分别输入"婴儿衣服"与"温度测量",得到检索结果,根据自己的需要可点击查看具体专利的信息。

(三)网盘搜索的方法与案例

利用网盘资源搜索工具可以迅速搜索网盘上的资源并下载。常见的网盘资源搜索工具有百度网盘、360云盘、盘搜搜、盘搜、盘多多、迅雷网盘、115网盘、华为网盘、金山网盘、网易网盘、迅载网盘、威盘网盘等。

1. 百度网盘(https://pan.baidu.com/)

百度网盘提供多元化数据存储服务,支持最大2 T容量空间,用户可自由管理网盘存储文件。产品包括网盘、个人主页、群组功能、通讯录、相册、人脸识别、文章、记事本、短信、手机找回。百度网盘支持常规格式的图片、音频、视频、文档文件的在线预览,无须将文件下载到本地即可轻松查看文件。

2. 盘搜搜(http://www.pansoso.com/)

盘搜搜是一个收录了国外优秀网盘的网盘资源搜索引擎。网站界面清爽,可以全面搜索存储在网盘的各类音乐、电影、动漫、游戏、书籍、软件等。盘搜搜网盘搜索引擎支持百度云搜索、115网盘、360云盘、华为网盘、新浪微盘等网盘搜索服务。

【实例】搜索有关"工程测量规范"的资源。

解:盘搜搜支持百度云搜索、115网盘、360云盘、华为网盘、新浪微盘等网盘搜索服务,因此可以首选它来进行搜索。在盘搜搜主页"搜搜一下"检索框中输入"工程测量规范",可以得到多条检索结果,根据自己的需要进行选择,再进行下载保存。

3. 盘搜(http://pansou.com/)

盘搜能检索国内、外音乐、应用、文档资源。

【实例】老师布置了有关市场调研的作业,张红同学不知道该怎样来完成作业,想查找有关资料进行了解,请你以网盘搜索为例介绍有关查找资料的方法。

解:在盘搜检索框中输入"市场调研报告",单击"盘搜一下"按钮,检索出2 000条结果,在第一页有一条"如何进行有效的市场调研"的信息,正好满足张红同学的要求,点击这条信息,打开一个百度网盘,里面是"如何进行有效的市场调研"的视频,可以通过视频学习后再做市场调研,也可下载保存获得资源。

4. 盘多多(http://www.panduoduo.net/)

盘多多收录百度云盘资源和新浪微盘资源等。

【实例】利用网盘查找有关"数学建模论文",格式要求为DOC。

解:盘多多网盘提供多种信息资源格式,打开其主页,在主页搜索框输入"数据建模论文",单击"找资源",得到检索结果109条,这里面的信息资源格式多样,仅需要文档格式为DOC的,于是在"类型"栏目中单击"word文档",结果显示只有18条,并且文档格式都是DOC,在从中筛选文档年限最新的,点击后进行下载保存即可。

(四)知识发现的方法与案例

知识发现(Knowledge Discovery in Database,KDD),是所谓"数据挖掘"的一种更广义的说法,即从各种媒体表示的信息中,根据不同的需求获得知识。知识发现的目的是向使用者屏蔽原始数据的烦琐细节，从原始数据中提炼出有意义的、简洁的知识，直接向使用者报告。

知识发现已经出现了许多相关技术，分类方法也有很多种，按被挖掘对象分为基于关系数据库、多媒体数据库；按挖掘的方法分为数据驱动型、查询驱动型和交互型；按知识类型分为关联分析、特征挖掘、分类分析、聚类分析、总结知识、趋势分析、偏差分析、文本采掘。知识发现技术可分为两类：基于算法的方法和基于可视化的方法。大多数基于算法的方法是在人工智能、信息检索、数据库、统计学、模糊集和粗糙集理论等领域中发展来的。

知识发现的潜在应用是十分广阔的，已经远远超出了最初的"货架子工程"。从工业到农业，从天文到地理，从预测预报到决策支持，知识发现都发挥着越来越重要的作用。其主要应用于商业、农业、医学生物、金融保险、通信、媒体、国防军事等方面，见表4-1。

表 4-1　知识发现方法、举例、应用

方法	举例	应用
关联分析	选择定投基金业务的客户中有78%是2009年后开户的，对这些刚入市的客户提供更多的基础咨询，让他们对定投基金业务更为了解	购物篮分析、医学研究
分类分析	如果一个客户月交易量超过10万元人民币，评定这个客户为优质客户，为其提供更多优化服务	医疗诊断、信用卡系统的信息用分级、图像模式识别
聚类分析	查看基金产品投资超过20万元人民币的客户主要喜欢投资哪一类产品，向其更多地介绍这方面产品	动植物分类方面的研究、辅助石油开采、市场分析
时序模式	统计每轮长假后开市第一天客户交易量的趋势，基于分析结果确定长假后客户服务量	经济预测、市场营销、客流量分析、太阳黑子数、月降水量、股票价格变动

（五）程序代码搜索的方法与案例

对于程序员来说，写程序代码是本职工作，针对某一个具体的需求，如果找到现成的代码，不仅可以提高工作效率，还能从别人编写的代码中学到很多知识。随着科技的发展，国内外提供程序代码源的网站有很多，如源码搜搜、CodeForge、最代码、源码之家、Searchcode 等，这些网站几乎都提供技术交流分享，下载源代码需要付费方可使用。下面介绍两个专搜编程代码的垂直搜索引擎。

1. 源码搜搜（http://www.codesoso.com）

源码搜搜拥有200万开源代码，其中有C/C++、Matlab、Java、C♯、Visual、Basic、Web、Delphi、硬件开发、stl 手册、kalman 滤波作业、lms beamforming、有源干扰抵消、模拟、粒子系统等。源码搜搜不保存程序代码，而是提供源码网站链接。源码搜搜虽然提供一些免费的源代码，但是信息比较陈旧，内容更新较慢。

【实例】小张正在编写一款游戏，编写程序需要有关"C/C++/MFC"源代码，但由于时间比较急，想获取现成的源代码，你能帮助小张解决这个难题吗？

解：源码搜搜拥有200万开源代码，可以选择它来进行查找。登录源码搜搜主页──邮箱注册──邮箱激活──进入首页──输入"C/C++/MFC"源代码──单击"搜索"，检索到提供网站链接的"C/C++/MFC"源代码信息，点击链接进入信息源网站下载即可

（图4-8）。

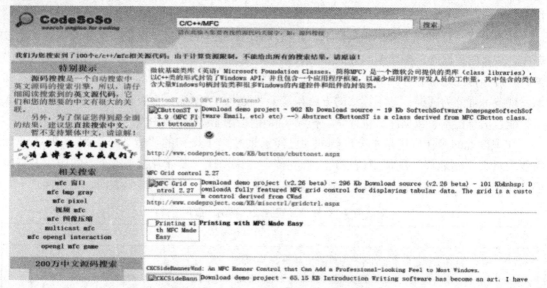

图4-8　检索"C/C++/MFC"源代码结果

2. 最代码（http：//www.zuidaima.com/）

最代码是最全面、最专业的源代码分享网站，拥有近万名用户分享超过数万份高质量的Java、Jquery、Bootstrap、HTML、CSS源代码。

【实例】小王想编写一款"贪吃蛇"游戏，内容涉及JavaScript源代码，于是他想利用有关网站查找代码源信息，怎样来获取？

解：登录"最代码"网站──→注册账号──→首页栏目选择"代码"模块──→在检索框中输入"JavaScript"──→检索结果多条──→查看有关"js开发贪吃蛇游戏"信息──→点击信息进入界面──→单击"下载"按钮出现下载内容及需要付费金额──→支付完成下载（图4-9）。

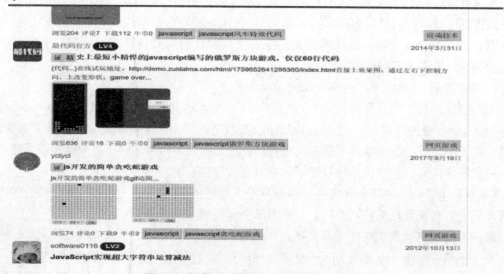

图4-9　检索到"js开发贪吃蛇游戏"结果

（六）原图搜索的方法与案例

百度、谷歌、搜狗、必应等这类搜索引擎都能检索到各种各样的图片。但有时在图片网站上找到的一些图片不知其来源，有的图片像素分辨率低，你想凭着一张现有图片找出它的原始图片，或者是凭着一张小的缩略图找出原始大图吗？下面介绍几款搜索引擎可以帮你实现以图找图、以图片搜索相似的图片。

1. 百度识图（http://image.baidu.com/? fr=shitu）

百度识图通过图像识别和检索技术，为用户提供全网海量、实时的图片信息；用户可以通过上传、粘贴图片网址等方式寻找目标图片的高清大图，相似美图；通过猜词了解和认知图片内容（如花卉、宠物、名人等）；百度识图还拥有全网检索的人脸技术，帮用户找到最相似的人脸。

【实例】张明通过网站查找到一张"日产阳光发动机控制系统电路图"，但图片分辨率太低，完全看不清楚，想通过其他方法找到更清晰的大图，你能帮他找到吗？

解：打开百度识图首页，单击"识图一下"，将分辨率低的"日产阳光发动机控制系统电路图"上传或拖拽到百度检索框指定的位置，检索到图片来源结果，单击"图片来源"第一条信息，打开来源于中国百科网的"日产阳光发动机控制系统电路图"大图，非常清晰，可以随时放大或缩小，方便查看（图4-10）。

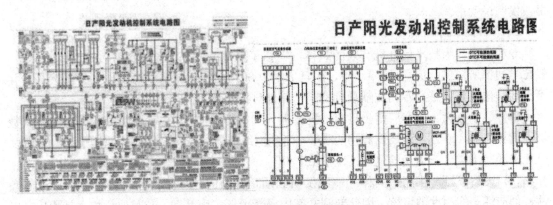

图4-10 查找分辨率低图片的清晰大图

2. Tineye 图片搜索引擎（http://tineye.com/）

Tineye 是典型的以图找图搜索引擎，上传本地硬盘上的图片或者输入图片网址，即可自动帮用户搜索相似图片，搜索准确度相对来说还比较令人满意。

【实例】小明在查找"图书馆占座有关不文明图片"，通过图片网站找到一张，他根据图片发现这应该是有关不文明宣传系列图片其中的一张，能否通过识图搜索引擎搜索其他图片及来源。

解：根据题意，采用 Tineye 图片搜索引擎的功能，能找到有关信息。在 Tineye 检索框中上传图片或输入图片的 URL 地址，搜索引擎通过检索得到结果，有4张同一系列有关不文明行为的宣传图片，并带有图片来源出处。

第三节　创新创业信息的检索利用

> ★自学指南
>
> 1. 专利文献有哪些特点？专利有哪些类型？专利申请授予条件有哪些？
> 2. 标准的作用是什么？我国有哪些标准文献的全文数据库？
> 3. 商标按构成要素的不同，可以分为哪些类型？

一、立项前怎样查找专利信息

（一）专利文献的特点与类型

1. 专利文献的概念

专利文献是专利制度的产物，是指由各国专利组织与世界专利组织审批产生的文献。专利文献有广义和狭义之分，广义的专利文献是指各国专利局及国际专利组织在审批过程中产生的官方文件及其出版物的总称，主要包括专利申请书、专利说明书、专利公报、专利检索工具以及与专利有关的一切资料；狭义的专利文献仅指各国（地区）专利局出版的专利说明书或发明说明书。

2. 专利文献的特点

专利文献作为技术信息最有效的载体，囊括了全球 90% 以上的最新技术情报，相比一般技术刊物所提供的信息早 5~6 年，而且 70%~80% 的发明创造只通过专利文献公开，并不见诸其他科技文献。专利文献具有不同于其他科技文献的特点。

（1）数量巨大、内容广博。目前，世界上大约有 30 种官方文字出版的专利文献，其数量占世界每年 400 万件科技出版物的 1/4。而且，每年仍以 100 多万件的速度递增。专利文献几乎涵盖人类生产活动的全部技术领域。

（2）内容新颖、实用、具体。一项发明必须是在国内外属于首创，符合专利申请新颖性、创造性、实用性的审核，因此专利文献内容新颖、实用可靠。与其他科技文献相比，专利文献在技术内容的表述上更为详细、具体。

（3）集技术、法律、经济信息于一体。专利文献记载技术解决方案，确定专利权保护范围，披露专利权人、注册证书、所有人权利变更等法律信息。同时，依据专利申请、授权的地域分布，可分析专利技术销售规模、潜在市场、经济效益及国际竞争范围，是一种独一无二的综合科技信息源。

（4）时效性与地域性强。专利文献的时效性与地域性是由专利的基本特性决定的。专利保护的最终目的是使其能大范围地推广和应用，成为人类的共同财富。因此，各国的专利权法均规定了一定的保护期限（时间的长短各国专利法均有不同的规定），而且专利的适用范围只限于授予专利权的国家和地区。专利在其保护期满或在非授权国使用，均不会构成对专利权人的侵权。

3. 专利文献的类型

专利文献按照其内容和加工层次的不同可分为一次专利文献、二次专利文献和三次专利文献，见表 4-2。

表 4-2　专利文献类型划分

专利文献类型	内容
一次专利文献	专利说明书
二次专利文献	专利文摘、专利题录、专利索引、专利事务信息、专利公报
三次专利文献	专利分类表、分类表索引

（二）专利申请授予条件与流程

1. 授予专利权的条件

符合国家法律规定和社会公共利益的需要，能够促进产业发展，推动科学技术进步和创新的发明创造才能成为专利保护的对象。《中华人民共和国专利法》第 22 条规定，授予专利权的发明应当具备新颖性、创造性和实用性。这是授予专利权应当具备的实质性条件。

（1）新颖性。新颖性是指在申请日以前没有同样的发明或实用新型在国内外出版物公开发表、使用或为公众所知，没有他人向专利局提出过申请、没有记录在专利申请公布的文件中。在某些特殊情况下，尽管申请专利的发明或实用新型在申请日或者优先权日之前公开，但在一定的期限内提出专利申请的，仍然具有新颖性。

（2）创造性。创造性是指同申请日以前已有的技术相比，该发明或实用新型有突出的实质性特点和显著的进步。一项发明专利是否具有创造性，前提是该项发明是否具有新颖性。

（3）实用性。实用性是指该发明或实用新型能够制造或使用，能够产生积极的效果且不造成环境污染以及能源或资源的严重浪费，不会损害人体健康。如果申请专利的发明或实用新型缺乏技术手段，技术方案违背自然规律，则不具有实用性。

我国专利法规定：外观设计获得专利权的实质条件为新颖性和美观性。新颖性是指申请专利的外观设计与申请日以前已经在国内外出版物上公开发表或使用过的外观设计不相同或不相近似；美观性是指外观设计用在产品上时能使人产生一种美感，增加产品对消费者的吸引力。

2. 《中华人民共和国专利法》规定以下各项不授予专利权

（1）科学发现；

（2）智力活动；

（3）疾病的诊断和治疗方法；

（4）动物和植物品种；

（5）用原子核变换方法获得的物质；

（6）对平面印刷品的图案、色彩或者二者的结合作出的起标识作用的设计。

3. 专利申请前的准备工作

（1）确定申请专利的类型。我国专利法规定的专利有三种：发明专利、实用新型专利和外观设计专利。

发明专利是指对产品、方法或者其改进所提出的新的技术方案。发明专利申请实行早期公开、延迟审查制度，保护期限为 20 年，自申请之日算起。

实用新型专利是指对产品的形状、构造或者其结合所提出的适于实用的新的技术方案。实用新型专利申请实行审查制度，保护期限为 10 年，自申请之日算起。

外观设计专利是指对产品的形状、图案或者其结合以及色彩与形状、图案的结合所作的、富有美感的并适用于工业应用的新的设计。外观设计专利实行初步审查制度，保护期限为 10 年，自申请之日算起。

（2）了解专利申请的流程。依据《中华人民共和国专利法》，发明专利申请的审批程序包括受理、初审、公布、实审以及授权五个阶段。实用新型或者外观设计专利申请在审批中不进行早期公布和实质审查，只有受理、初审和授权三个阶段。

发明、实用新型和外观设计专利的申请、审查流程如图 4-11 所示。

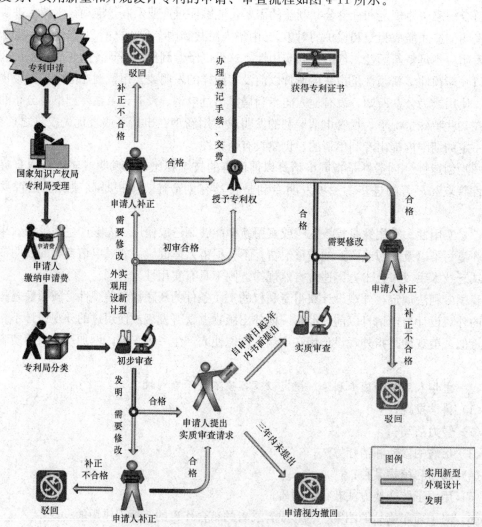

图 4-11　发明、实用新型和外观设计专利的申请、审查流程图

（3）进行专利检索。在专利申请之前，申请人需要进行专利的检索（可自行检索或委托检索），了解该领域现有的技术情况，自己申请的发明创造在现有技术情况下是否具有新颖

性或创造性,进行能否获得专利的可行性分析。对于符合申请条件的发明创造进行专利申请,对于明显没有新颖性或创造性的不提出申请,以免造成不必要的人力、物力、财力的浪费。

(三) 专利信息检索的方法和实例

进行发明创造研究前,通过相关专利文献的检索可以做到知己知彼,在最新最高的起点上确立科研课题,避免重复研究开发和有限科技资源的浪费。专利信息检索就是利用各种专利检索工具,从大量的专利文献中查找出用户所需要的特定的信息的过程。

1. 专利文献的检索步骤

专利文献检索的步骤如下。

(1) 分析检索课题,明确检索目的和意图。专利信息检索需要明确信息需求的目的和意图;分析课题要求和涉及的学科范围、主题概念;弄清课题所需信息的类型和特征;掌握检索的时间要求、费用要求和检索效果要求等。只有明确检索的目的和意图,才能更有效的检索专利文献。

(2) 确定检索范围,选择检索系统和检索工具。确定检索范围实际上是选择专利文献信息源。专利文献信息源包括印刷型文献(专利公报、专利索引、专利文摘、专利分类表等)、电子信息源(光盘、磁盘等)、网络信息源(网络数据库、专利相关网站)。

(3) 确定检索字段和途径,构建检索式。确定检索字段和途径,构建检索式,是为实现检索目标而制定检索方案。选择检索系统、确定检索词和检索途径。选择好检索系统或检索工具、检索词和检索途径之后运用布尔逻辑运算符构建检索提问即检索式,进行初次试检。

(4) 确定检索策略,并在实施过程中根据检索实际进行调整。在初次试检后可能会出现如下情况:

①检索结果信息量过多。可通过减少相关性不强的检索词、增加检索限制、使用字段限定、使用逻辑"非"进行排除、调整检索词的途径等缩小检索范围筛除无关信息。

②检索结果信息量过少。可通过增加一些相关或相近的检索词、调整组配运算符、取消或放宽一些检索限定、增加或修改检索入口等扩大检索范围。

(5) 索取原文。根据检索文献线索,可以到图书馆或出版部门借阅或复印,获取原文;也可以利用馆藏目录和联合目录,通过馆际互借获取原文;还可以利用网络和数据库联机检索系统,通过下载、文献传递等方式直接获取原文。

2. 专利文献检索实例

【实例】查找株式会社普利司通在中国申请的名称中包含"轮胎"的发明专利。

解:(1) 在国家知识产权局官方网站专利检索及分析(http://www.pss-system.gov.cn/)系统选择高级检索(图4-12)。

(2) 在菜单检索界面,选择检索类型为"中国发明申请"。

(3) 在"申请(专利权)人"文本框输入"株式会社普利司通"。

(4) 在"发明名称"文本框输入"轮胎"。

按 Enter 键,显示检索结果,检索到株式会社普利司通从1996年至今在中国申请的发明专利共2 706条数据。

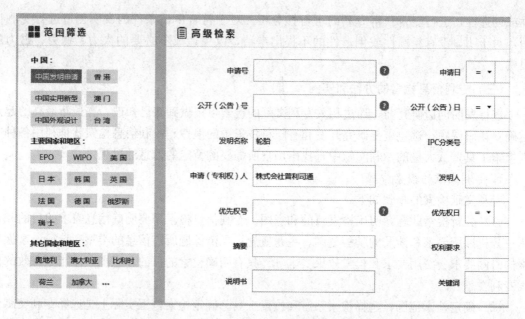

图 4-12　国家知识产权局官方网站专利检索及分析高级检索界面

【实例】查找西南交通大学申请的"机器人"方面的发明专利。

解：(1) 分析课题。可以根据课题拟定检索词为"西南交通大学""机器人"。

(2) 选择检索系统。选择中国专利数据库（知网版）进行检索（图 4-13）。

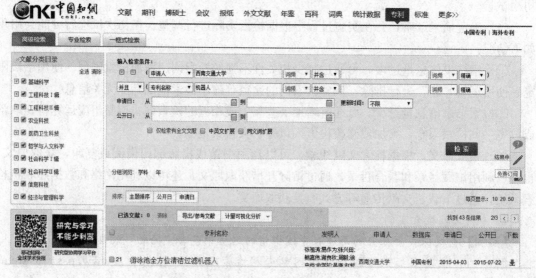

图 4-13　中国知网专利检索界面及结果

(3) 选择检索方法。选择高级检索的字段限定检索，确定检索字段为专利"申请（专利权）人"及专利"名称"。

(4) 根据课题选择检索范围。选择全部专利，包括中国的和国外的发明专利、实用新型和外观设计。

(5) 执行检索。相应字段输入后单击"检索"按钮，命中记录43条。单击其中任意一条专利名称即可查看该条专利相关信息。

二、研发新产品时怎样查找标准信息

（一）标准的定义和作用

1. 标准的定义

标准是对重复性事物和概念所做的统一规定，它以科学、技术和实践经验的综合成果为基础，经有关方面协商一致，由主管机构批准，以特定形式发布，作为共同遵守的准则和依据。

2. 标准的作用

标准的作用有如下几个方面：

（1）采用标准可以简化设计、提高功效、降低成本和提高工作效率。

（2）标准是原材料进厂验收、生产中的质量控制和检查以及产品出厂检验时的准则。

（3）在国际贸易中，标准也是商品检验和谈判退货或索赔时不可缺少的依据。

（4）通过对国外工业先进国家标准的研究和利用，可以促进科学技术的发展和提高产品的工艺、技术及生产管理水平。

3. 标准的有效期

自标准实施之日起至标准复审重新确认、修订或废止的时间，称为标准的有效期，又称标龄。由于各国情况不同，标准有效期也不同。ISO 标准每 5 年复审一次，平均标龄为 4.92 年。我国在国家标准管理办法中规定国家标准实施 5 年内要进行复审，即国家标准有效期一般为 5 年。

（二）标准的分类和主要文献资源

1. 标准的分类

（1）按照标准化对象分类。通常把标准分为技术标准、管理标准和工作标准三大类。

①技术标准，是指对标准化领域中需要协调统一的技术事项所制定的标准，包括基础标准、产品标准、工艺标准、检测试验方法标准及安全、卫生、环保标准等。

②管理标准，是指对标准化领域中需要协调统一的管理事项所制定的标准。

③工作标准，是指对工作的责任、权利、范围、质量要求、程序、效果、检查方法、考核办法所制定的标准。

（2）按是否具有法规性或标准实施的约束力分类，可将标准分为强制性标准、推荐性标准、指导性技术文件。

①强制性标准，是指国家通过法律的形式明确要求对于一些标准所规定的技术内容和要求必须执行，不允许以任何理由或方式加以违反、变更，包括强制性的国家标准、行业标准和地方标准。对违反强制性标准的，国家将依法追究当事人法律责任。

②推荐性标准，是指国家鼓励自愿采用的具有指导作用而又不宜强制执行的标准，即标准所规定的技术内容和要求具有普遍的指导作用，允许使用单位结合自己的实际情况，灵活加以选用。

③指导性技术文件，是为仍处于技术发展过程中（如变化快的技术领域）的标准化工作提供指南或信息，供科研、设计、生产、使用和管理等有关人员参考使用而制定的标准文件。

(3) 按使用范围分类，可将标准分为国际标准、区域性标准、国家标准、行业标准、地方标准、企业标准等。

2. 主要标准文献资源

(1) 印刷型标准文献检索工具。

①《国际标准目录》，它是检索国际标准的主要工具。

②我国标准文献的检索工具。如《中国标准年鉴》《中华人民共和国国家标准目录》《标准化通讯》《最新国家标准和国际标准目录》《世界标准信息》。

(2) 中国标准文献数据库及网站。

①万方数据知识服务平台（http：//www.wanfangdata.com.cn/index.html）的中外文标准数据库。万方数据知识服务平台的标准资源来源于中外标准数据库，涵盖了中国标准、国际标准以及各国标准等在内的37万多条记录，综合了由国家技术监督局、建设部情报所、建材研究院等单位提供的相关行业的各类标准题录。

②中国知网标准数据总库（http：//www.cnki.net/old/）。中国知网是国内数据量最大、收录最完整的标准数据库。其收录了所有的《国家标准》（GB）、《国家建设标准》（GBJ）、《中国行业标准》的题录信息，共计标准约13万条，标准的内容来源于中国标准化研究院标准馆，相关的文献、成果等信息来源于中国知网各大数据库。

③国家标准文献共享服务平台（http：//www.cssn.net.cn）。"国家标准文献共享服务平台"门户网站向社会开放服务，提供标准动态跟踪、文献检索、全文传递和在线咨询等功能。

④标准文献网（http：//www.bzwxw.com/）。标准文献网免费打造全国最大最全的标准查询下载网站。收录各行业标准、国家标准、国外标准等资讯、公告及标准更替信息，与搜索完美结合，及时为企业提供各种标准化检索。

（三）检索实例

【实例】查找"民用建筑隔声设计规范"的现行标准号和作废标准号。

解：(1) 根据题目要求选择检索工具：标准文献网（http：//www.bzwxw.com/）（图4-14）。

(2) 在标准文献网检索界面输入"民用建筑隔声设计规范"。

(3) 单击"标准查询"按钮，得到查询结果。

【实例】查找"铁路声屏障声学构件技术要求和测试方法"的现行标准号和替代标准号。

解：(1) 根据题目要求，选择检索工具为中国知网标准数据（图4-15）。

(2) 选择标准名称字段输入"铁路声屏障声学构件技术要求和测试方法"。

(3) 点击检索，得到如下结果：

铁路声屏障声学构件技术要求和测试方法的现行标准号为TB/T 3122—2010；铁路声屏障声学构件技术要求和测试方法的替代标准号为TB/T 3122—2005。

第四章　信息利用

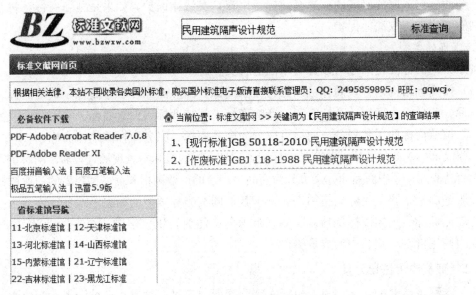

图 4-14　标准文献网检索结果界面

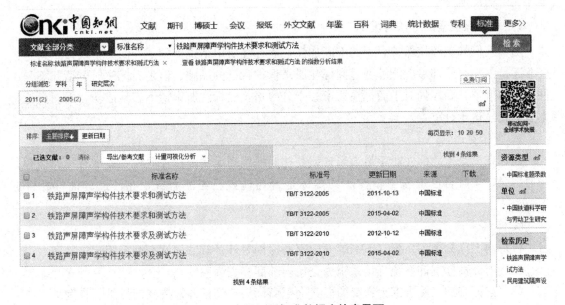

图 4-15　中国知网标准数据库检索界面

三、注册商标时如何查找商标信息

（一）商标的定义及类型

1. 商标的定义

商标是用来区别一个经营者的品牌或服务和其他经营者的品牌或服务的标记（包括文字、图形、字母、数字、声音、三维标志和颜色组合，以及上述要素的组合）。我国商标法规定，经商标局核准注册的商标享有商标专用权，受法律保护，如果是驰名商标，将会获得跨类别的商标专用权法律保护。

2. 商标的类型

按照不同的标准，商标可以分为不同的种类：

(1) 按商标结构划分，商标可以分为文字商标、图形商标、字母商标、数字商标、三维标志商标、颜色组合商标、商标组合、音响商标、气味商标、位置商标。

(2) 按照商标使用者划分，商标可以分为商品商标、服务商标和集体商标。

①商品商标。商品商标就是商品的标记，它是商标的最基本表现形式，通常所称的商标主要是指商品商标；其中商品商标又可分为商品生产者的产业商标和商品销售者的商业商标。

②服务商标。服务商标是指用来区别于其他同类服务类型的标志。

③集体商标。集体商标是指以团体、组织名义注册，供该组织成员在商业活动中使用，标志证明使用者在该组织中的成员资格。

(二) 商标申请注册元素

一个商标可由多种元素构成，包括文字、图形、字母、数字、三维标志、颜色组合和声音等，以及上述要素的组合，均可作为商标申请注册。以声音和气味构成的商标只在少数国家才能申请注册。

(三) 商标检索的方法与案例

随着人们知识产权保护意识的不断加强，商标注册申请也受到了人们的重视，不管是大企业还是中小企业都希望能够通过商标注册来保护自己的品牌。但是商标注册申请并不是一件容易的事情，商标局对于商标注册审查十分严格，商标注册申请不容易成功，因而商标检索查询就显得十分重要。

1. 商标查询

商标查询是指商标注册申请人亲自或委托商标代理人到商标注册机关查询有关商标登记注册情况，了解自己准备申请注册的商标是否与他人已经注册或正在注册的商标相同或近似。

2. 商标查询方式

(1) 网上商标查询系统（该系统为国家商标局对外开放的商标查询系统）。

(2) 内部商标查询系统（该系统为公司内部商标查询系统）。

(3) 官方查询（此查询为递交商标查询至商标局，委托商标局查询员进行查询）。

3. 商标查询实例

【实例】中国商标查询网商标查询。

解：在商标注册前需进行商标查询，中国商标网是国家向商标注册申请人免费公开提供的商标查询的官网。中国商标网商标查询具体方法如下：

(1) 登录中国商标网，进入商标查询界面即可查询（图4-16）。

(2) 近似查询：通过输入商标分类号、查询方式、内容，就可以查询相同或类似商标的信息。

(3) 综合查询：通过输入商标注册号，或商标名称，或商标申请人，就可以查询到商标的综合信息。

（4）状态查询：通过输入商标申请号或注册号，就可以查询有关商标在业务流程中的状态了。

图 4-16　中华人民共和国国家工商行政管理总局商标局网站商标查询界面

第四节　信息的综合利用

★自学指南

1. 做一个市场调研报告，需要收集哪些资料？
2. 文献综述和摘要有什么作用？怎样写作文献综述和摘要？
3. 毕业论文由哪些部分组成？毕业论文的检索要做哪些工作？

一、调研报告的写作检索

（一）调研报告概述

调研报告是以研究为目的，根据社会或工作的需要，制定切实可行的调研计划，深入社会第一线，不断了解新情况、新问题，有意识地探索和研究，写出有价值的报告。

调研报告的核心是实事求是地反映和分析客观事实。调研报告主要包括两个部分：一是调查，二是研究。调查，应该深入实际，准确地反映客观事实，不凭主观想象，按事物的本来面目了解事物,详细地钻研材料。研究,即在掌握客观事实的基础上,认真分析,透彻地揭示事物的本质。

(二) 调研报告的特点

1. 注重事实

调研报告讲求事实。它依靠调查的事实材料来说明问题、阐明观点、揭示规律,得出符合客观实际的结论。调研报告的基础是客观事实,分析研究建立在事实基础之上,确凿的事实是调研报告的价值体现。因此,尊重客观事实,用事实说话,是调研报告的最大特点。

2. 论理性

调研报告的目的是通过对大量事实材料进行综合分析,提炼得出观点。在对材料的研究过程中,采取"去粗取精,去伪存真,由此及彼,由表及里"的科学方法,从事物发展的不同阶段中,找出起支配作用的、本质的东西,把握事物内在的规律,运用最能说明问题的材料并合理安排,做到既要弄清事实,又要说明观点。

3. 科学性

调研报告离不开确凿的事实,但又不是材料的简单堆砌,而是对核实无误的事实和数据进行严密的逻辑认证,搞清楚事物发展变化的原因和规律,预测事物发展变化的趋势,提示事物本质性和规律性的东西,从而得出科学的结论。

4. 语言简洁

调研报告的语言简洁明快,叙述中加少量议论,用最朴素的语言报告客观情况。但由于调研报告也涉及可读性问题,可以适当采用大众化的生动而形象的语言。

(三) 调研报告的分类

(1) 按服务对象分,可分为市场需求者(消费者)、市场供应者(生产者)调研报告。

(2) 按市场调研范围分,可分为全国性、区域性、国际性市场调研报告。

(3) 按市场调研频率分,可分为经常性、定期性、临时性市场调研报告。

(4) 按调研对象分,可分为商品市场、房地产市场、金融市场调研报告等。

(四) 调研报告的组成

调研报告一般由标题和正文两部分组成。

1. 标题

调研报告要使用能揭示中心内容的标题。标题的具体写法有以下几种:

(1) 公文式标题。这类调研报告标题多数由事由和文种构成,平实沉稳,如《关于农村信用社业绩的调查报告》;也有一些由调研对象和"调查"二字组成,如《共享单车社会投放的调查》。

(2) 一般文章式标题。这类调研报告标题直接揭示调研报告的中心,十分简洁,如《广场舞风靡中国》。

(3) 提问式标题。这是典型调研报告常用的标题写法,特点是具有吸引力,如《"校园贷"何时了》。

(4) 正副题结合式标题。这是用得比较普遍的一种调研报告标题,是典型经验的调研报告和新事物的调研报告常用的标题写法。正题揭示调研报告的思想意义,副题表明调研报告的事项和范围，如《振兴经济要靠科学技术——成都市依靠科技人员发展工业的调查》。

2. 正文

调研报告的正文包括前言、主体和结尾三部分。

（1）前言。调研报告的前言要简要地叙述调查问题的事由，调查的时间、地点、对象、范围、经过及采用的方法，调查对象的基本情况、历史背景以及调查后的结论等。这些方面的侧重点由写作者根据调研目的来确定，不必面面俱到。调研报告开头的方法很多，没有固定形式，一般要求紧扣主旨，概述简洁，为主体部分展开做准备。

（2）主体。主体是调研报告的核心内容。这部分必须写明事实的真相、收获、经验和教训，即介绍调查的主要内容及存在的原因。主体部分涉及大量的事实材料——人物、事件、问题、具体做法、困难障碍等。在写调研报告时注意层次、逻辑结构，有步骤、有次序地表现主题。

（3）结尾。结尾是调研报告分析问题、得出结论、解决问题的必然结果。不同的调研报告，结尾写法各不相同。一般来说，调研报告的结尾有以下五种：对调研报告归纳说明、深化主题、总结观点、提高人们的认识；对事物发展做出展望，提出努力的方向，启发人们进一步去探索；提出建议，供领导参考；写出尚存在的问题或不足，说明有待今后研究解决；补充交代正文没有涉及而又值得重视的情况或问题。总之，调研报告结尾要简洁有力，有话则长，无话则短，没有必要也可以不写。

（五）调研报告的写作程序

调研报告写作要经过五个程序。

1. 确定主题

主题是调研报告的灵魂，对调研报告写作的成败具有决定性的意义。因此，确定主题要注意：

（1）报告的主题与调查主题一致；

（2）根据调研和分析的结果来确定主题；

（3）主题宜小且集中；

（4）与标题协调一致，避免文不对题。

2. 取舍材料

对经过统计分析与理论分析所得到的系统完整的"调研资料"，在组织调研报告时仍需精心选择，要注意取舍。选择材料时注意以下三点：

（1）选取与主题有关的材料，无关、关系不大、次要的、非本质的材料统统去掉，确保主题集中、鲜明、突出；

（2）注意材料点与面的结合，材料不仅要支持报告中某个观点，而且要相互支持，融会贯通；

（3）在现有有价值的材料中，要比较、鉴别、精选材料，选择最好的材料来支持作者的意见，使每一份材料都能以一当十。

3. 布局和拟定提纲

布局和拟定提纲是构思调研报告中的一个关键环节。布局是指调研报告的表现形式，它反映在提纲上就是文章的"骨架"。拟定提纲的过程实际上就是把调查材料重新构架的过程。构架的原则是:"围绕主题,层层进逼,环环相扣"。调研报告的提纲有两种:一种是观点式提纲,即将调查者在调研中形成的观点按逻辑关系一一罗列出来;另一种是条目式提纲,即按层次意义表达上的章、节、目,逐条写成提纲。也可以将这两种提纲结合起来制作提纲。

4. 起草报告

起草报告是调研报告行文写作的阶段。要根据已经确定的主题、选好的材料和写作提纲,有条不紊地写作。写作过程中,要从实际需要出发选择语言,灵活地划分段落。在写作时要注意:结构合理;报告文字规范,具有审美性与可读性;通俗易懂。注意对数字、图表、专业名词术语的使用。

5. 修改报告

报告草拟好以后,要认真修改。主要是对报告的主题、材料、结构、语言文字和标点符号进行检查,适当增加、删减、修改和调整。在完成这些工作之后,才能定稿报送或发表。

(六) 调研报告写作检索实例

【实例】

关于大学生网络购物的调查报告

随着互联网和通信技术的高速发展,电子商务迅速普及。现在越来越多的人为了方便和节约时间而选择网上购物。网上购物在降低运营成本、方便快捷等方面的优势,大大降低了企业和个人的行业进入门槛,一时间网商如雨后春笋般纷纷涌现。网上购物的兴起,正悄然改变着社会的商业结构和生活方式。由于大学生接触网络比较多,所以我们对大学生网上购物进行调查。

一、调查目的

对大学生网上购物进行调查,主要是为了了解大学生在网上购物的情况与需要。网上购物近几年在大学里日趋流行,受到越来越多的大学生的青睐。

二、调查内容

(1) 有多少大学生热衷于或者正在进行网上购物行为?在未来,网上购物在大学生中的潜力怎么样?

(2) 大学生选择网上购物的原因是什么?网上购物是否已经成为他们购物的首选方式?

(3) 大学生网上购物,经常会买些什么产品,他们对产品的质量感觉怎么样?

(4) 大学生在进行网上购物的时候,是否遇到过被欺骗以及其他一些不愉快的事情,他们又是如何面对和解决的?

(5) 那些经常在网上购物的学生,每个月会花多少钱在网上购物上?

(6) 大学生经常会在哪些网站上购物?

(7) 大学生觉得网上购物的优缺点有哪些?

三、调查对象和方法

1. 调查对象

为了能全面反映在校大学生的网上购物状况,使调查更加接近大学生群体网上购物现象的真实情况,本次调查以校内的全体学生为总体,在食堂、宿舍大门等学生密集处发放调查问卷。

2. 资料收集方法

采用问卷调查方法调查。随机发放"大学生网上购物问卷调查",主要了解大学生关于网上购物的基本情况。

本次调查实际发放问卷20份,回收问卷19份,有效率95%。

四、调查结果

1. 调查显示

绝大多数同学对网上购物都不陌生,甚至十分熟悉。多数大学生都有过网上购物的经历,并且有过网上购物经历的大学生接触网上购物的时间一般在1年左右。他们有一半以上的人是从网络上了解到网上购物的,还有一部分是通过亲朋好友介绍了解到的。绝大多数的大学生因为网上购物方便、快捷以及实惠才选择网上购物的。一年内网上购物的总消费在200～500元的学生居多。多数人在网上主要购买服饰等生活用品,其次购买书籍的也不少。大学生选择的网上购物支付方式主要以网银和支付宝为主。他们通常根据店铺的诚信度和买家评论来选择卖家,也有一部分是根据热卖度和价格选择卖家。绝大多数大学生没有网上购物的受骗经历,只有一小部分大学生有过受骗经历。对于网上购物中,如果收到的商品与网上照片出入很大,大部分大学生会选择坚决退货,假如不退货,会给差评,并且以后不再光顾此店。基本上网店打折和免邮时会吸引大多数大学生光顾,总体而言大学生对网上购物持满意态度。

2. 网上购物的优缺点

优点:①网上购物多了,自己有了经验,许多买家也学会了如何在网上做生意,对培养人的经济头脑很有帮助,同时也能学到许多在日常生活中学不到的知识。②网上购物也是一种时尚潮流,当网上购物与全球接轨时,热衷于把握时尚,勇于尝试的时尚型买家,能第一时间赶上潮流、掌握时尚。③网上购物最能够吸引消费者之处在于便宜,它满足了多数人追求物美价廉的消费心理。网店无须交纳房租、水、电等费用,可以使卖家有效地减少成本。网络也给很多卖家提供了展示自己优势的平台,网店一般都有特殊的进货渠道,掌握着一手货源,甚至是厂家直销,剔除了批发零售过程中间商环节的成本,即使加上运费,商品价格依然很低。另外,还有团购、竞拍等网上购物方式,可以用非常低廉的价格得到心仪的物品。不需讨价还价,自己觉得价格合理就购买,心里也平衡。

缺点:买家只能靠图片和介绍来了解商家的商品,不能看到实物,往往买来的商品和自己的感觉不太一样。要避免这一缺点,有些买家如果不放心产品,最好是先记住产品的详细信息,到多个网站上多搜索。另外,一定要和商家通过聊天工具多沟通,了解商品,保留好聊天记录,万一有纠纷可以作为证据。

五、调查总结

通过对进行过网上购物的同学以及未进行过网上购物的同学的分析,可得出如下结论:

1. 网上购物调查结果分析

(1) 进行过网上购物的大学生占绝大多数,说明大学生较容易接受网上购物这种新颖快捷的购物方式;

(2) 网上购物过的学生普遍认为网上购物具有节约时间、节约费用等优点,这会吸引更多的大学生进行网上购物;

(3) 虽然大学生网上购物能力有限，然而这一具有新思想的消费群体购物比例高。

2. 在校大学生网上购物存在的问题及对策

(1) 目前，不少网站的网上购物流程较烦琐，这影响了一部分网民的购物积极性。如果得到改善，网上购物比例会更高。

(2) 网络安全成为网上购物的重要障碍，相关网站应尽力改善，加强网站宣传设施的建设和宣传力度，让消费者了解电子商务网站采用的主要安全机制和作用，打消人们对安全问题的担忧。同时建议大学生在选购自己所需的物品之前，先查看售货公司和个人的信用度。

(3) 信用问题是网上购物中人们担忧的另一重要问题。加强信用机制建设，规范身份证和身份识别技术的应用，通过宣传教育让人们了解到网上信用机制，学会信用评估和鉴别方法，对于促进网上购物的发展具有现实的意义。网上购物过程中最突出的困难是商品描述问题，网上商家应完善商品信息，使进行网上购物的网民能买到称心的商品。

【实例】2016年中国旅游市场调查报告。

报告指出，2016年全年接待国内外旅游人数超过44.4亿人次，旅游总收入达到4.69亿元，同比去年分别增长11%和13.6%。

数据显示，2016年入境旅游人数1.38亿人次，比上年同期增长3.8%，入境旅游实现外汇收入1 200亿美元，同比增长5.6%；韩国是目前入境游的最大客源国，泰国和蒙古旅华游客数量增长速度较快。2016年出境旅游规模1.22亿人次，同比增长4.3%，出境旅游花费1 098亿美元，同比增长5.1%。

报告指出，2016年我国旅游产业景气指数为129.2，处于"较为景气"水平。一些旅游企业的能力明显增强，产生了一批充满生机和活力的新型市场主体，如携程、马蜂窝等。同时，海航旅游、春秋航空等中远程交通服务商，航班管家、高铁管家等服务商，铂涛、如家等旅游住宿供应商，长隆野生动物世界等主题公园运营商，美团网、神州租车等"互联网＋"平台企业与传统旅游集团一道，形成了我国新时期的市场主体战略。

报告认为，2017年旅游经济偏向于积极乐观。我国旅游已至大众化旅游中高级阶段，居民休闲需求规模化觉醒。报告同时指出，随着互联网的发展，小众专项旅游迅速崛起，以马蜂窝、穷游网为代表的反向定制，以辛巴达、六人游等为代表的中高端定制，以途牛为代表的大众定制都渐成市场宠儿，以途家、小猪短租、易到、滴滴、优步等为代表的分享经济搭建了一个供需直面交易的高效市场，全国旅游市场供需结构性失衡将得以显著消除。

报告预计2017年国内旅游人数48.8亿人次，同比增长10%；国内旅游收入达4.39万亿元，同比增长12.5%。入境旅游人数1.43亿人次，同比增长3.5%；国际旅游收入1 260亿美元，同比增长5.0%。出境旅游人数1.27亿人次，同比增长4.0%。旅游直接投资达到万亿规模，同比增长15%。旅游就业新增140万人。

二、文献综述与摘要的写作检索

(一) 文献综述的定义及意义和目的

1. 文献综述的定义

文献综述是指对某一特定学科或专题在某一时期内的相关文献进行大量收集、整理、分析、研究形成的具有高度浓缩性、简明性和研究性的信息产品。综述之"综"有综合之意，是对文献资料进行综合分析、归纳整理，使材料更精练明确，更有逻辑层次；"述"有评价、评述之意，要求对综合整理后的文献进行比较专门的、全面的、深入的、系统的、客观的评述。

2. 文献综述的意义和目的

文献综述总结和综合某一方向前人已经做了的工作，了解当前的研究水平，分析存在的问题，指出可能的研究问题和发展方向等，并且列出该方向众多的参考文献，这对后人是一笔相当大的财富，可以指导开题报告和论文的写作。

文献综述的目的因研究的性质不同而不同。研究目的是展现有关某个研究课题的现有知识，这类属于基本文献综述；研究目的是揭示一个研究问题，这类属于高级文献综述。

基本文献综述是对有关研究课题的现有知识进行总结和评价。基本文献综述从选择和确立研究兴趣或研究话题开始——这就是研究问题。随着写作的不断进行，研究问题将不断缩小和澄清，成为一个研究主题，研究主题为文献综述提供了具体指向和框架。

高级文献综述比基本文献综述更进一步。它也要选择研究主题；再对相关文献进行回顾，提出进一步的研究，从而建立一个研究项目，这个研究项目将提出新的发现和结论。高级文献综述是确立原创性研究问题的基础，也是对一个研究问题进行探索的基础。

（二）文献综述的类型

根据搜集的原始文献资料数量、提炼加工程度、组织写作形式以及学术水平的高低，文献综述可分为归纳性综述、普通性综述和评论性综述三类。

（1）归纳性综述：归纳性综述是作者将搜集到的文献资料进行整理归纳，并按一定顺序进行分类排列，使它们互相关联，前后连贯，而撰写的具有条理性、系统性和逻辑性的学术论文。它能在一定程度上反映出某一专题、某一领域的当前研究进展，但很少有作者自己的见解和观点。

（2）普通性综述：普通性综述是具有一定学术水平的作者，在搜集较多资料的基础上撰写的系统性和逻辑性都较强的学术论文，文中能表达出作者的观点或倾向性。因而论文对从事该专题、该领域工作的读者有一定的指导意义和参考价值。

（3）评论性综述：评论性综述是有较高学术水平、在该领域有较高造诣的作者，在搜集大量资料的基础上，对原始素材进行归纳整理、综合分析，从而撰写的反映当前该领域研究进展和发展前景的评论性学术论文。因论文的逻辑性强，有较多作者的见解和评论，故对读者有普遍的指导意义，并对读者的研究工作具有导向意义。

（三）文献综述的格式

文献综述的格式与一般研究性论文的格式有所不同。这是因为研究性论文注重研究的方法和结果，而文献综述要求向读者介绍与主题相关的详细资料、动态、进展、展望以及对以上方面的评述。因此，文献综述的格式相对多样，但总的来说，一般都包含以下部分：综述题目、作者单位、摘要、关键词、前言、主题、总结、参考文献。下面着重介绍前言部分、主题部分、总结部分及参考文献，撰写文献综述时可按这四个部分拟写提纲，再根据提纲进行撰写。

1. 前言部分

前言部分主要是说明写作目的，介绍有关的概念及定义以及综述的范围，扼要说明有关主题的现状或争论焦点，使读者能够对全文要叙述的问题有一个初步的了解。

2. 主题部分

主题部分是综述的主体，其写法多样，没有固定的格式。主题可按年代顺序综述，也可按不同的问题进行综述，还可按不同的观点进行比较综述。不管用哪一种格式综述，都要将所搜集的文献资料进行归纳、整理及分析比较，阐明有关主题的历史背景、现状和发展方向，以及对这些问题的评述。主题部分应特别注意对一些代表性强、具有科学性和创造性的文献进行引用和评述。

3. 总结部分

总结部分与研究性论文的小结有些类似，将全文主题进行扼要的总结，对所综述的主题有研究的作者，最好能提出自己的见解。

4. 参考文献

参考文献虽然放在文末，但是是文献综述的重要组成部分。因为它不仅表示对被引用文献作者的尊重及引用文献的依据，还为读者深入探讨有关问题提供了文献查找的线索，因此，应该认真对待。参考文献的编制应做到条目清楚、查找方便、内容准确无误。

（四）摘要的定义及内容

1. 摘要的定义

摘要又称概要、内容提要。摘要是以提供文献内容梗概为目的，不加评论和补充解释，简明、确切地记述文献重要内容的短文。其基本要素包括研究目的、方法、结果和结论。具体地讲，就是研究工作的主要对象和范围、采用的手段和方法、得出的结果和重要的结论，有时也包括具有情报价值的其他重要的信息。

摘要应具有独立性和自明性，并且拥有与文献同等量的主要信息，即不阅读全文，就能获得必要的信息。

2. 摘要的内容

（1）从事这一研究的目的和重要性；

（2）研究的主要内容，指明完成了哪些工作；

（3）获得的基本结论和研究成果，突出论文的新见解；

（4）结论或结果的意义。

论文摘要虽然要反映以上内容，但文字必须十分简练，内容亦需充分概括，并且其字数一般不超过论文字数的 5%（例如，对于一篇 6 000 字的论文，其摘要一般不超出 300 字）。

（五）文献综述的撰写

1. 文献综述的撰写过程

文献综述是在综合分析全部或大部分相关文献内容的基础上编写而成的，其撰写过程也是一个信息分析与研究的过程，一般包括确定选题与研究重点，搜集、选择、跟踪、积累文献资料，归纳、整理、分析研究文献信息，拟写提纲以及撰写综述等几个阶段。

2. 文献综述的撰写方法

在文献综述的撰写过程中，要运用多种方法组织材料，常用的方法有以下几种：

（1）时间顺序法，又称纵线写法，是指按照事物发生时间先后次序来撰写综述。在时间跨度比较长的情况下采用这种方法可以分时期或阶段来总结。

(2) 逻辑顺序法，是指根据事物的内在联系和逻辑发展分层次叙述的一种方法，这种方法要围绕主题，先远后近、先外围后核心、先一般后具体地进行叙述。

(3) 文献归纳法，是指将某一专题的若干文献，按问题归类整理，每一个问题给一个小标题，共同组成一篇文献综述。

3. 文献综述撰写的注意事项

文献综述的写作既不同于"读书笔记""读书报告"，也不同于一般的科研论文。在撰写文献综述时应注意以下问题：

(1) 要深刻理解参考文献的内涵，做到论必有据，忠于原著，让事实说话，同时要有自己的见解。

(2) 搜集文献应尽量全。掌握全面、大量的文献资料是写好文献综述的前提，否则，随便搜集一点资料就动手撰写是不可能写好文献综述的，甚至写出的文章根本不成为文献综述。

(3) 注意引用文献的代表性、可靠性和科学性。在搜集到的文献中可能会出现观点雷同，有的文献在可靠性及科学性方面存在着差异等现象，因此，在引用文献时应该注意选用代表性、可靠性和科学性较好的文献。

(4) 引用文献要忠于文献内容。由于文献综述中有作者自己的评述，因此，在撰写时应分清作者的观点和文献的内容，不能篡改文献的内容。

(5) 参考文献不能省略。有的科研论文可以将参考文献省略，但文献综述绝对不能省略，参考文献应是文中引用过的、能反映主题全貌并且作者直接阅读过的文献资料。

总之，全面完整的资料搜集是写好一篇文献综述的基础，对搜集资料的分析研究是写好一篇文献综述的保证。

4. 文献综述与摘要写作的检索实例

【实例】

汉语思维在中学英语写作中的负迁移

摘要：汉语思维方式在中学英语学习中有着一定的负面影响。本文主要分析英汉思维方式的差异和汉语思维在中学英语写作过程中产生的负迁移影响，主要体现在词汇、句法、语篇等方面。在汉语思维的负迁移影响下，中学生在英语写作中常常把名词的单复数混淆，忽视动词的时态变化、动词的单数第三人称和其他复数人称的变化。此外，冠词或介词使用不当或遗漏、词汇搭配不当、词义等同和词性误用也是中学生容易犯的错误；在句法方面，中学生容易犯的错误则多是句子与句子之间的衔接性缺失、句子的重心后置以及句子的主语缺失问题；在语篇方面，中学生的语篇开展方式往往是先分说后概括。

关键词：汉语思维；中学英语写作；负迁移

说明：

摘要写作必须反映论文题目中的关键词，拿本文来说，关键词是汉语思维、中学英语写作、负迁移，其中最重要的是负迁移。本文的摘要就是围绕负迁移展开的，简要叙述了本文中所论述的各种负迁移现象，主要体现在词汇、句法、语篇等方面，并分而述之。

【实例】

"问题──→探索──→交流"小学数学教学模式的研究

我们在网上浏览了数百种教学模式，下载了二百余篇有关教学模式的文章，研读了五十

余篇。概括起来,我国的课堂教学模式可分为三类:

(1) 传统教学模式——"教师中心论"。这类教学模式的主要理论依据是行为主义学习理论,是我国长期以来学校教学的主流模式。它的优点是……,它的缺陷是……

(2) 现代教学模式——"学生中心论"。这类教学模式的主要理论依据是建构主义学习理论,主张从教学思想、教学设计、教学方法以及教学管理等方面均以学生为中心,20 世纪 90 年代以来,随着信息技术在教学中的应用,现代教学模式得到迅速发展。它的优点是……,它的缺陷是……

(3) 优势互补教学模式——"主导—主体论"。这类教学模式是以教师为主导,以学生为主体,兼取行为主义和建构主义学习理论之长并弃其短,是对"教师中心论"和"学生中心论"的扬弃。"主导—主体论"教学模式体现了辩证唯物主义认识论,但在教学实践中还没有行之有效的可以操作的教学方法和模式。

以教师为中心的传统小学数学教学模式可表述为"复习导入—传授新知—总结归纳—巩固练习—布置作业"。这种教学模式无疑束缚了学生学习主体作用的发挥。当今较为先进的小学数学教学模式可表述为"创设情境,提出问题—讨论问题,提出方案—交流方案,解决问题—模拟练习,运用问题—归纳总结,完善认识"。这种教学模式力求重视教师的主导作用和学生的主体作用,为广大教师所接受,并在教学实践中加以运用。但这种教学模式将学生的学习局限于课堂,学习方式是为数学而数学,没有把数学和生活结合起来,没有把学生学习数学置于广阔的生活时空中去,学生多角度多途径运用数学知识解决问题的能力受到限制,尤其是学生运用数学知识创造性地解决生活中的数学问题的能力发展受到限制,不利于培养学生的创新精神和实践能力。为此,我们提出"'问题—探索—交流'小学数学教学模式的研究"课题。

以上文献综述中,研究者对有关研究领域的情况有全面、系统的认识和了解,对相关文献作了批判性的分析与评论。对于正在从事某一项课题的研究者来说,查阅文献资料有助于他们从整体上把握自己研究领域的发展历史与现状、已取得的主要研究成果、存在争议的地方、研究的最新方向和趋势、被研究者忽视的领域、对进一步研究工作的建议等。

三、毕业论文的写作检索

(一) 毕业论文的定义及类型

1. 毕业论文的定义

毕业论文,泛指专科毕业论文、本科毕业论文(学士学位论文)、硕士研究生毕业论文(硕士学位论文)、博士研究生毕业论文(博士学位论文)等。毕业论文是高等院校毕业生提交的一份有一定学术价值的文章。它是大学生完成学业的标志性作业,是对学习成果的综合性总结和检阅,是大学生从事科学研究的最初尝试,是在教师指导下所取得的科研成果的文字记录,也是检验学生知识掌握程度、分析问题和解决问题基本能力强弱的综合答卷。

2. 毕业论文的类型

毕业论文是学术论文的一种,为了进一步探讨和掌握毕业论文的写作规律和特点,需要对毕业论文进行分类。由于毕业论文本身的内容和性质不同,研究领域、对象、方法、表现方式不同,毕业论文有不同的分类方式。

(1) 按内容性质和研究方法划分，毕业论文可分为理论性论文、实验性论文、描述性论文和设计性论文。文科生一般写理论性论文。理论性论文具体可分为两种：一种以纯粹的抽象理论为研究对象，研究方法是严密的理论推导和数学运算，有的也涉及实验与观测，用以验证论点的正确性；另一种以对客观事物和现象的调查、考察所得观测资料以及有关文献资料数据为研究对象，研究方法是对有关资料进行分析、综合、概括、抽象，通过归纳、演绎、对比，提出某种新的理论和新的见解。

(2) 按议论的性质不同划分，毕业论文可分为立论文和驳论文。立论文是指从正面阐述论证自己的观点和主张。立论文要求论点鲜明、论据充分、论证严密，以理论和事实服人。驳论文是指通过反驳别人的论点来树立自己的论点和主张。驳论文除要遵守立论文对论点、论据、论证的要求以外，还要求针锋相对，据理力争。

(3) 按研究问题的大小不同划分，毕业论文可分为宏观论文和微观论文。凡关于国家全局性、带有普遍性并对局部工作有一定指导意义的论文，称为宏观论文。它研究的面比较宽广，具有较大范围的影响。反之，研究局部性、具体问题的论文，称为微观论文。它对具体工作有指导意义，影响的面窄一些。

（二）毕业论文的格式及写作步骤

1. 毕业论文的格式

毕业论文的写作无论在内容结构还是在形式规范上都有一定的要求，这也是考核论文成绩、评价论文质量的基本依据之一，因此，在写毕业论文之前，要对毕业论文的结构和撰写规范有一个全面系统的了解。

毕业论文的格式结构是以论文正文为主体，由论文格式的规范要素共同组成的结构体系，具体包括标题、摘要（中、英文）、关键词（中、英文）、中图分类号、目录、引言、正文、结论、致谢、参考文献、附录等。

(1) 标题。标题是论文的眉目，是作者以最恰当、最简明的词语反映论文中最重要的特定内容的逻辑组合，体现作者的写作意图、文章的主旨。标题字数要适当，一般不超过20个汉字，英文标题不超过10个实词。标题一般分为总标题、副标题、分标题。

(2) 摘要。摘要是全文内容的缩影，作者以极精练的文字概括出全文的整体面目，体现主要论点、揭示论文的研究成果、简要叙述全文的框架结构。摘要应尽量简洁、概括、完整。中文摘要在200~300字，英文摘要应与中文摘要基本对应。

(3) 关键词。关键词是标示文献主题内容，但未经规范处理的主题词。它是为了文献标引工作，从论文中选取出来，用以表示全文主要内容信息款目的单词或术语。一篇论文可选取3~8个词作为关键词。关键词的下方要附上中图分类号。

(4) 中图分类号。中图分类号是按照《中国图书馆分类法》（第5版）对每篇论文标引分类号。涉及多主题论文，一篇可给出几个分类号，主分类号排在第一位，多个分类号之间以分号分隔。

(5) 目录。目录是按章、节、条三级标题编写，要求标题层次清晰。目录中的标题要与正文中标题一致。目录中应包括引言、正文、结论、致谢、参考文献、附录等。

(6) 引言。引言又称前言、绪言、绪论、概论、概述，引言常作为论文的开头，阐述作者的研究思路和想法，介绍研究领域的一些相关现状和发展，旨在向读者交代本课题研究的来龙去脉，起到引出正文的作用。

（7）正文。正文是毕业论文的核心部分，通常占论文篇幅的大部分，正文的内容包括研究的主要观点、理论推衍、研究方法、结果与讨论等，实验性科学论文正文还包括实验的原理、材料、方法、结果、讨论等论述内容。

（8）结论。结论是整篇文章的最后总结，主要回答"研究出什么"的问题。论文的结论是最终的、总体的结论，不是正文中各段小结的简单重复。结论应该准确、完整、明确、精练。如果不可能导出应有的结论，也可以没有结论而进行必要的讨论。可以在结论或讨论中提出建议、研究设想、尚待解决的问题。

（9）致谢。致谢是对研究工作和论文写作给予指导、帮助或提出过建议等的相关人员或机构表示谢意，通常包括对资助的基金项目、协助的组织或个人、给予建议和帮助的人、给予转载和引用权的原资料所有者等致谢，对于获得各纵向或横向资助的课题，也应标明或致谢。致谢一般单独成段，放在文章的最后面，但它不是论文的必要组成部分。

（10）参考文献。参考文献列出与本研究直接有关的前人发表的文献（包括参考前人的成果、方法、材料等），是学术论文的重要组成部分，是为了反映文稿的科学依据和尊重他人研究成果而向读者提供文中引用有关资料的出处。参考文献应按国家标准局颁布的《信息与文献参考文献著录规则》（GB/T 7714—2015）格式著录。

（11）附录。附录是论文的附件，不是必要组成部分。它在不增加文献正文部分的篇幅和不影响正文主体内容叙述连贯性的前提下，向读者提供作为对论文有关内容的补充和扩展。如论文中有关推导、演算、证明、仪器、装备或解释、说明以及提供有关数据、曲线、照片或其他辅助资料如计算机的配图和程序软件等。附录与正文一样，编入连续页码。附录一般编排于全文末尾，也可以另编成册。

2. 毕业论文的写作步骤

毕业论文的写作时间长、内容多、环节多、工作量大，要按时保质保量地完成各项工作，必须遵循一定的规律，按照论文写作的基本流程进行写作。毕业论文的一般写作步骤如下：

（1）确定选题。学生在撰写论文之前首先要选择确定自己要研究的方向和论证的问题，这是一篇论文成败的关键，也是毕业论文撰写的第一步。毕业论文的选题应该注意理论与实践相结合，坚持选择有科学价值和现实应用价值并且切实可行的选题。选择一个好的选题，毕业论文就成功了一半。

（2）资料搜集。做科学研究是需要大量的相关资料做支撑的，因此，选好选题之后就要广泛搜集跟选题相关的资料，查阅相关的中外文文献，包括选题的第一手资料。当然，在搜集资料前还要熟悉文献查找的方法、技巧和所用的工具，尽量把资料搜集全。

（3）原文获取。搜集资料的过程当中就会涉及原文获取。原文获取的方式可根据文献类型确定：线索型文献可通过馆藏借阅、复印、馆际互借等方式获取原文；电子资源可通过本单位购买数据库直接下载或通过文献传递的方式获取原文。总之，要想免费获取所需要的文献资料，就要熟悉文献类型、检索系统、检索方法以及图书馆资源分布情况，只有这样才能在毕业论文资料搜集的时候得心应手，节省查找资料的时间，少走弯路。资料获取完成之后要管理好这些资料，以便查找利用。

（4）材料的研究整理。毕业论文的材料搜集完成之后，接下来要做的就是将材料进行广泛的整理、分析、阅读，完成文献综述（也就是毕业任务书里的开题报告）。然后再进一步对搜集到的文献进行综合分析、归纳整理，并根据选题研究进行材料的取舍和后续材料的补充，将题目需要的材料进行分门别类的整理，方便写作时备用。

（5）拟写论文提纲。论文提纲就是论文的写作思路，只有拟定了论文提纲，确定了毕业论文的主要内容、写作思路和篇章结构，撰写时才会思路清晰，才知道如何安排材料。拟定提纲时还要对每一部分、每一段是否为全局所需要，是否都为主题服务进行考察。提纲拟定之后，就要按照提纲开始撰写论文初稿，也就是起草论文。

（6）论文起草、修改、定稿。根据拟定的写作提纲和搜集整理的材料，将论点与论据进行有机结合，把自己的设计构思草拟成文，以形成论文初稿。在完成论文初稿的基础上，进一步对论点、材料、结构、文字和标点符号中存在的错误、不足进行改正，以形成论文正稿，并作最后定稿。

（7）论文查重。论文重合度是学术论文在内容上的相似或重合程度，通常用来检测论文是否抄袭，一般高校将重合度在30%以上的文章定为抄袭的文章，即论文审核不通过。论文查重系统的准确程度与对比资源库（数据库）的收录数据量息息相关，资源库收录的是否全面直接关系到论文查重检测的结果质量。

近年来，随着高等教育改革，教育部门针对高等院校毕业设计（论文）写作的要求越来越严格。对高等院校毕业生论文写作造假进行严格惩罚，严厉打击学术不端行为。为做好毕业设计（论文）工作，国内高等院校都使用论文检测系统对本科毕业论文进行查重，其主要目的是防范学术不端行为中的"抄袭行为"。

国内高等院校常用的论文查重软件有PaperRight、知网和万方论文检测系统。

（8）论文答辩及评审。论文答辩是毕业论文写作考核的最后一个环节。毕业论文答辩是一种有组织、有准备、有计划、有鉴定的比较正规的审查论文的重要形式。答辩委员会老师当面向学生提出论文中存在的问题，学生及时作答。通过老师的质疑和学生的辨析，可以考查学生对专业知识掌握的深度和广度、考查学生对论题的认识程度和当场论证论题的能力，以此来判别是否是本人独立完成。论文的真实性是评定毕业论文成绩的重要依据。

总之，毕业论文的写作和答辩是一种复杂的思维活动，有一定的难度，但只要遵循毕业论文写作的规律，掌握文献检索的方法和技巧，严格按照毕业论文写作的步骤实施，虚心接受指导老师的意见和建议，都能顺利完成毕业论文写作和答辩。

（三）毕业论文写作的检索实例

【实例】选题：人工智能发展的预测与展望。

（1）分析课题。

首先，要了解什么是人工智能。可以通过搜索引擎查询网络百科（百度百科或维基百科）对人工智能的解释。"人工智能是计算机学科的一个分支，20世纪70年代以来被称为世界三大尖端技术（空间技术、能源技术、人工智能）之一，也被认为是21世纪三大尖端技术（基因工程、纳米科学、人工智能）之一。这是因为近30年来它获得了迅速的发展，在很多学科领域都获得了广泛应用，并取得了丰硕的成果，人工智能已逐步成为一个独立的分支，无论在理论和实践上都已自成一个系统。"

其次，通过查找人工智能相关的图书、期刊、报纸等了解与人工智能相关的内容。

（2）确定检索词。

从题目可以提取出关键词：人工智能；找出其近义词：智能模拟；找出与它共同出现的一些词：机器人、计算机、应用机器学习、模式识别、互联网等。

（3）选择检索系统。

常用的检索系统有如下类型：

①图书的检索：可选择的系统有本校图书馆馆藏目录、超星电子图书数据库、高等教育文献保障体系（CILIS）等。

②常用的期刊检索工具：万方数据库、维普期刊数据库、中国知网全文数据库等常用的期刊检索工具。

③网络搜索引擎提供的学术搜索平台：百度学术、谷歌学术、超星读秀学术搜索、搜狗学术、bing学术、万方学术搜索网等。

可根据自己的情况选择合适的检索工具进行资料搜集。

（4）构建检索式。

从题目中提出关键词，选择检索途径，运用逻辑运算符将关键词组合起来构成检索式。

检索式1：关键词=人工智能 OR 智能模拟 AND 关键词=发展 OR 预测，选择中国知网文献高级检索，共检索到相关文献91条。

检索式2：主题=人工智能 OR 智能模拟 AND 主题=发展 OR 预测，选择中国知网文献高级检索，共检索到相关文献15 688条。

检索式3：主题=人工智能 OR 智能模拟 AND 关键词=发展 OR 预测，选择中国知网文献高级检索，共检索到相关文献244条。

检索式4：关键词=人工智能 OR 智能模拟 AND 主题=发展 OR 预测，选择中国知网文献高级检索，共检索到相关文献5 937条。

可根据论文要表达的内容调整关键词出现的位置，构建检索式。

实践训练

1. 你今后想从事的行业或岗位是什么？设想在该工作中可能会遇到哪些问题，你应该怎样通过检索解决这些问题？

2. 孔德明. 新时期加大农村土地流转力度的思考［J］. 中国农业资源与区划，2017，38（7）：73—77. 请你以这篇论文的内容为例，采用垂直搜索的方法，查出2012年至2017年的论文，通过分析，找出它们相同的结论。

3. 分组实训，设想一个发明创造并申请专利，以此做一份PPT，分享你的专利创意、图表演示以及未来的市场前景，然后通过检索专利库查找是否有过类似的专利。

4. 生活中遇到过哪些专利或商标侵权的案例？试举一例说明你该怎样处置。

5. 拟一个与本专业相关的论文选题，通过检索完成一份文献调研报告或文献综述。

6. 查找与你所学专业相关的学位论文，选择合适的研究方向，根据所学的知识，拟一篇毕业论文的详细写作提纲。

第五章

信息管理

★ 本章提示

重点：掌握个人信息管理软件的使用、单位办公 OA 系统的使用，了解档案管理的基本特征和注意的问题。

难点：信息管理软件的使用、单位信息管理软件的使用。

第一节 个人信息管理

★ 自学指南

1. 个人信息管理的原则是什么？大学生为什么要进行个人信息管理？怎样建立个人资料库？
2. 个人信息管理软件有哪些？哪些是你经常用到的？
3. 如何战胜拖延症？

一、个人信息管理的定义

个人信息管理是一个有着古老根源的新的研究领域，与目前信息技术和网络技术的不断发展具有紧密的关系，它的理想状态是人们能在恰当的时间、地点拥有正确的信息以满足当前的需求，从而解决信息分散带来的困扰。目前学术界关于个人信息管理的权威定义为：人们获取、组织、维护、检索、使用各类信息或电子邮件，以完成生活和工作中一个人所扮演的各种不同角色（如家长、老师、员工）的职能要求。其内容基本由网络信息资源管理、文件档案管理、人际交往信息管理和个人时间管理 4 部分组成。

二、个人信息管理的基本技能

在一定意义上,个人信息管理被看作是既有逻辑概念层面又有实际操作层面的一套解决问题的技能。因此,个人信息管理能否得以顺利实施,一些实用的基本技能是必不可少的,主要包括信息获取、信息评估、信息组织、信息分析、信息交流与共享、信息保护、信息协同。

1. 信息获取技能

信息获取就是查找自己需要的信息,它包括三个方面:一是需要什么信息,包括更新信息需求分析,如何根据个人自身的特点、工作和生活的需要与现状,准确定位,明确获取的优先次序;二是信息在哪里,包括个人的知识体系和经验;三是怎样高效地取得信息,包括人际交流的能力、使用检索工具的能力。由此可见,信息获取的技能需要充分利用搜索引擎、数据库、RSS等工具检索信息,还需要充分掌握检索信息的技能,如检索的概念、布尔逻辑、检索的实践等。

2. 信息评估技能

影响信息价值的因素有很多,如信息源的权威程度、信息本身的系统性与逻辑性、信息与问题之间的相关度等。信息评估技能不仅指个人可以判断信息的质量,还指个人能判断信息与自己遇到的问题之间的关系。在信息超载的社会中,信息评估技能对个人越来越重要。

3. 信息组织技能

信息组织技能涉及利用不同的工具把各种信息组织起来,既要有效地存储信息,建立信息之间的联系,方便查找和使用,又要通过评估信息,确立信息过滤原则,剔除无用和相关度不大的信息。个人可以借助电子文件夹、数据库和网页等形式来组织信息,使用专门的信息管理软件来管理信息。有效地组织信息以方便利用,是信息组织的基本原则。

4. 信息分析技能

信息分析意味着如何对信息进行分析,并从中得到有益的结论。常用的信息分析方法是建立应用模型,通过对大量的数据进行分析,从中得出信息之间的关系。电子表格和各种统计软件为信息分析提供了方法和工具。信息分析实际上是将自己的隐性知识与外界信息相结合生产出新知识的过程,在这一过程中,与他人的信息交流与共享是必不可少的环节。

5. 信息交流与共享技能

分析后得到的新信息与知识只有通过交流才能传递和共享,可以使用PowerPoint、Authorware、Flash、FrontPage等软件表达出来。在某种程度上,表达的过程也是个人隐性知识向显性知识转化的过程。

6. 信息保护技能

在个人信息管理过程中,保证信息存储的安全相当重要。个人可以通过实践来实施一套信息安全的方法,如密码保护、重要文档备份、打印存档、文件加密、病毒防御、存取访问控制权限等。

7. 信息协同技能

信息技术的发展为组织和部门的协同工作提供了强有力的支持。有效地利用这种技术,不仅要求会使用这种工具,还要求充分地理解协同工作的各种原则及其内在内容,例如,E-mail 的礼节就是个人信息管理中信息协同的一个潜在重要知识。

三、个人信息管理软件

个人信息管理软件需要具备支持多种数据格式、操作方便、界面友好、检索方便、便于信息交流与共享等特点，在目前技术条件下，个人可以选择的信息技术工具种类很多。经常使用的有以下几种：

（1）个人主页：个人主页是随着互联网的产生而逐渐发展起来的一个展示个人风采的网络空间。目前很多网站提供了个人主页模板，同时也为个人提供了很多技术上的支持，但是当用户需要个性化自己的网络空间时，对网页制作技术需要有一定的了解。由于网络用户个人习惯的不同，对个人主页内容组织的方式也有差别，这就造成了内容维护时的不便。现在国内比较有名的个人网页空间有 Lycos 和网易等，它们都为个人主页建设提供很多帮助。

（2）博客：博客是一种由个人管理、不定期张贴新的文章的网站。博客上的文章通常根据张贴时间，以倒序方式由新到旧排列。一个典型的博客结合了文字、图像、其他博客或网站的链接及其他与主题相关的媒体，能够让读者以互动的方式留下意见是许多博客的重要因素。大部分博客的内容以文字为主，也有一些博客专注艺术、摄影、视频、音乐、播客等各种主题。

（3）微博：微博是微博客（Micro-blogging）的简称，是一个基于用户关系的信息分享、传播以及获取平台。在这个平台上，用户可以通过 WEB、WAP 以及各种客户端组建个人社区，以数量不超过 140 字的文字更新信息，并可以实现即时分享。

（4）NoteFirst：它是一个用于信息获取、文献管理以及知识共享的知识管理软件，也是第一款把科技文献管理和科技资源共享相结合的服务系统。它具有文件管理、文献收集、自动生成论文中参考文献、自动校对参考文献等多种功能。

（5）Wiz：它是一款基于互联网的个人信息管理软件。它提供了多种多样的实用工具，如网页抓取、屏幕抓图等。Wiz 不仅能帮助用户快速记录数据和文字，还能帮助用户很好地管理资料。它在网络环境中可以多终端、跨平台使用，具有快速、便捷、易于扩展等特点。

（6）网盘：网盘又称网络 U 盘或网络硬盘，是一款方便实用在线存储的信息管理软件。它同时向用户提供文件的存储、访问、备份、共享等多种管理功能，使用起来方便快捷。用户不管是在家中、单位或外出到其他任何地方，只要有互联网，就可以管理和编辑网盘里的文件。网盘不需要随身携带，更不怕丢失，使用起来十分便利。

四、大学生个人信息管理

信息时代，人们的生活越来越离不开信息。信息是资源，是价值，是财富，信息已经成了个人生存和发展的必要条件。大学生生活在信息的海洋中，他们作为社会发展的主体，有着很多个人信息需要管理。但目前大学生进行个人信息管理的现状堪忧，主要表现在：

1. 对个人信息管理的概念缺乏认识

大学生对于"个人信息管理"这个概念不是十分了解。65%以上的大学生对于"个人信息管理"这个概念陌生，了解这个概念的只限于相关专业的学生（如信息管理专业）或者对其有过专门研究的学生。很多大学生不知道计算机和手机这两个常用的工具便是信息化时代的产物，解决了大部分大学生遇到的信息管理问题，在使用它们的过程中，便是在进行个人信息管理。

2. 对个人的日常信息缺乏系统管理

大学生在日常生活中普遍都出现过遗忘密码而找不到所需求的信息的情况，甚至还经常遇到找不到或不能及时找到有关资料、存储的文件等诸如此类的情况。这说明，在大学生群体中，普遍存在着个人信息管理不善的情况，也就是说，会因为个人信息存放杂乱以及不善于分类而找不到所需求的信息。

3. 对个人信息缺乏分类意识

大学生的头脑中已经有对信息分类管理的概念，但做得不够好。他们普遍会对学习资料通过手工按科目进行分类、会使用手机进行个人通信录的管理、会对自己的工作和学习分别进行计划安排等，会对自己的博客、个人网页进行管理，但很少有学生对财务信息进行分类，因为大学生大部分还扮演着"消费者"的角色，经济来源主要是家长，他们会有节约意识，却没有多少对收支情况进行记录和管理的意识。

五、个人信息管理常用方法

（一）笔记软件＋思维导图：碎片化学习的最佳搭档

1. 碎片化学习

碎片化学习是指通过对学习内容或者学习时间进行分割，使学员对学习内容进行碎片化的学习。碎片化学习的特点包括：

（1）灵活度更高：在分割学习内容后，每个碎片的学习时间变得更有规律，提高了学员掌握学习时间的灵活度；

（2）针对性更高：在分割学习内容后，学员可重点学习对自己更有帮助或启发的那部分内容；

（3）吸收率更高：在分割学习内容后，由于单个碎片内容的学习时间较短，保障了学习兴趣，在学习成效上，对于知识的吸收率会有所提升。

2. 笔记软件

笔记软件是简单快速的个人记事备忘工具，是一款生活实用类软件，系统支持安卓 2.1 以上。现在大多数笔记软件都具备云同步功能，并且能够实现 PC、移动设备和云端之间的信息同步。

（1）有道云笔记。

有道云笔记（原有道笔记），解决个人资料和信息跨平台跨地点的管理问题。有道云笔记采用了增量式同步技术，即每次只同步修改内容而不是整个笔记。"三备份存储"技术将用户的数据在三台服务器上进行备份存储，这样，即使有 1～2 台机器发生故障也能有效保障用户数据的安全性和稳定性，该技术还便于未来系统存储规模的扩大和数据处理能力的提高。其软件特点包括：

①纷繁笔记轻松管理。分类整理笔记，高效管理个人知识，快速搜索，分类查找，安全备份云端笔记，存储永不丢失的珍贵资料。

②文件同步自动完成。自动同步，无须复制下载。支持图片及文档类附件，无限增长的

大存储空间，轻松实现多地点办公。

③路上创意随手记录。随时随地记录一切趣事和想法。轻松与电脑双向同步，免去文件传输烦恼，对会议白板进行拍照，有道云笔记将对照片进行智能优化，轻松保存会议结果。

④精彩网页一键保存。一键保存网页中精彩图文，再也不会遗漏，并能云端存储，永久珍藏有价值的信息。

⑤增量式同步技术。只同步每次修改的那部分内容，同步变得更快、更省流量。

⑥手机端富文本编辑。在手机上也可以直接编辑含有丰富格式的笔记，提供一体化的跨终端编辑体验。

⑦白板拍照智能优化。运用智能算法自动矫正歪斜的白板照片并去除冗余背景，一拍存档，是工作学习上的高效助手。

⑧手写输入。用手指直接在屏幕上输入，保留手写原笔迹。

⑨涂鸦。轻松、有趣的随手涂鸦，绘制你所想。

(2) 轻笔记。

轻笔记（原行客记事），分为个人记事本和群组记事本两大功能。轻笔记独有的群组笔记功能，可轻松实现多人信息交互，协同完成计划任务，且轻笔记可以给多人协作设置不同的权限，保证任务有序有效地进行。其特点包括：

①海量存储功能。基于"云"存储，在存储空间上基本不受限制，使用百度账号登录即享额外 15 GB 空间和超快的访问速度，附件自动存储到网盘功能。

②轻松协作。更广泛的信息交流平台，新增"公开笔记"墙，这样不仅可以随心分享个人笔记，还能随时读取他人的精彩文章，一键收藏到个人笔记。

③轻松编辑。灵活多样的编辑操作，利用轻笔记进行编辑操作时，可以选择文本输入，也可以通过视频、语音以及分享等方式来实现更加丰富的编辑操作功能。

④轻松搜索。只需给笔记添加一个书签，即可实现快速查看及分享操作。

(3) 百度云记事本。

百度云记事本是一款轻量级记事工具，能够方便快捷地记录想法，随想随记。百度云整合了众多云产品，包括网盘、相册、通讯录等诸多产品，为广大用户提供了便捷的记事体验和快捷的信息查阅。其特点包括：

①随身笔记本。文字、语音、拍照三种方式的记事，随时记录重要信息，防止遗忘。

②备份存储笔记资料。安全稳定有保障，永远不会丢失泄露。

③移动办公。办公资料同步手机客户端，点开直接修改，省去数据线。

④照片中转站。手机照片自动中转至电脑，超大网盘空间。

⑤朋友间的分享。支持短信、邮件、微博三种方式快捷分享。

(4) 为知笔记。

为知笔记不仅是一款帮助用户记录生活、工作点滴的云服务笔记软件，也是一款可以共享资料、基于资料进行沟通的协作工具。使用该软件可以随时随地记录和查看有价值的信息。所有数据在电脑、手机、平板、网页可通过同步保持一致。除了常用的笔记功能保存的网页、灵感笔记、重要文档、照片、便签等，为知笔记重点关注工作笔记和团队协作这两个方面，解决团队记录和团队协作沟通的需求。其功能包括知识生成与获取、微观的知识管理、知识分享三个方面。具体包括创建笔记、创建个人群组、目录维护、笔记分享、笔记搜索、导入附件、接收邮件和回复邮件。

（5）印象笔记。

印象笔记英文名字为 Evernote，于 2008 年正式发布。其功能包括：

①保持同步。支持所有的主流平台系统，一处编辑，全平台之间可以同步。同时，印象笔记支持 web 版和移动网页版，只要能上网的设备均可以在浏览器中打开进行操作。

②剪辑网页。用网页剪辑插件保存完整的网页到印象笔记账户里；文字、图片和链接全都可以保存下来。

③图片搜索。图片搜索是印象笔记最具特色的功能，也是区别于国产云笔记软件的核心。图片搜索是指可以搜索到图片内的印刷体中文和英文以及手写英文，此搜索对文字版的 PDF 文件也同样有效。

④存储重要资料。支持任意格式文件作为附件插入笔记，并实现跨平台同步，方便不同平台之间的文件资料管理。

⑤团队协作。印象笔记在 2012 年 10 月推出了共享笔记本功能，允许不同用户之间共同编辑一个笔记本，实现团队协作办公。

（6）OneNote。

OneNote 是一种数字笔记本，为用户提供了一个收集笔记和信息的位置，并提供了强大的搜索功能和易用的共享笔记本。与基于书面的系统、文字处理程序、电子邮件系统或其他生产程序不同，OneNote 可提供一种灵活的方式，将文本、图片、数字、手写墨迹、录音和录像等信息全部收集并组织到计算机上的一个数字笔记本中。可将所需的信息保留在手边，减少在电子邮件、书面笔记本、文件夹和打印结果中搜索信息的时间，从而有助于提高工作效率。

①Microsoft OneNote。Microsoft OneNote 是一种能够捕获、组织和使用便携式计算机、台式计算机或 Tablet PC 上的便笺的软件。它能提供一个将笔记存储和共享在一个易于访问位置的最终场所。使用 OneNote 捕获文本、照片和视频或音频文件，可以使你的想法、创意和重要信息随时可得。通过共享笔记本，可以与网络上的其他人迅速交换笔记，使每个人保持同步和最新状态。

②OneNote 课堂笔记。这是为 OneNote 桌面版（2013 或 2016）设计的全新免费外接程序，旨在帮助教师节约时间及更有效地利用其课堂笔记本。此外接程序包括页面和分区分发、快速批改学生作业的功能，并与众多 LMS/SIS 合作伙伴集成实现作业布置和评分。其功能包括整理用户的课程内容、创建并提供交互式课程和协作，并提供反馈。

【实例】百度云记事本使用介绍。

解：手机上下载百度云笔记本 APP，注册登录，在"新建记事"中输入文本内容，单击"保存"按钮，然后在"全部记事"中可以查到记事内容，单击右下侧"语音"，录入语音记事内容，在"全部记事"中可以查看语音记事内容，如图 5-1 所示。

（二）二维码：数字名片

二维码是近几年来移动设备上流行的一种编码方式，是用按一定规律分布在平面上的黑白相间的图形记录数据信息的。

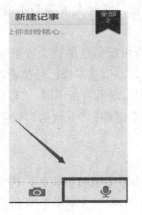

图 5-1　语音录入、查看全部记事

目前，二维码主要应用于以下四个方面：
(1) 传递信息：如个人名片、产品介绍、质量跟踪等；
(2) 电商平台入口：顾客线下扫描商品广告的二维码，然后在线购物；
(3) 移动支付：顾客扫描二维码进入支付平台，使用手机进行支付；
(4) 凭证：比如团购的消费凭证，会议的入场凭证等。

1. 手机二维码

手机扫描二维码技术是通过手机拍照功能对二维码进行扫描，快速获取到二维码中存储的信息，进行上网、发送短信、拨号、资料交换、自动文字输入等，手机二维码已经被各大手机厂商使用开发。

2. 微信二维码

微信二维码是腾讯开发的配合微信使用的添加好友和实现微信支付功能的一种新方式，是含有特定内容格式，只能被微信软件正确解读的二维码。只需打开微信界面，选择右下角"我"，然后点击自己的头像，点击"我的二维码"，自己的微信二维码就自动生成了。这个二维码就像我们的账号一样，是唯一的。

3. QQ 二维码

QQ 二维码是一个专门为自己设置的二维码图标，他人通过扫描你的二维码可以查看你的资料，并通过你的资料添加你为好友。打开手机 QQ 点击左上角的图案，出现"我的二维码"（可以收钱、付款、扫一扫），如果对该二维码不满意，可点击二维码图片，进行样式更换。

4. 微信身份证

微信身份证简称"网证"，是由公安部第一研究所在国家重大项目支撑下推出，是实体身份证芯片唯一对应的电子映射文件，通过国家"互联网＋可信身份认证平台"签发，目的是解决"网上身份难确认、易伪造"等难题。其优势如下：

(1) AI 系统的识别比对误判率仅为百万分之一，而人眼识别比对的误判率可达百分之十五。

(2) 持有"网证"的办事群众无需再携带实体身份证即可办理相关试点业务，也无需留存身份证复印件,不仅有效保护了公民个人隐私,同时大大提升了政务服务的效率与准确性。

(3)"网证"化以后减少了第三方接触居民身份证信息的机会,第三方不需要采集居民的身份证信息,只需与公安部数据库的信息核对,而信息本身已经加密,外界无法破解。

(4)目前有两种版本的身份证"网证",且应用场景有所不同。"轻量版"适用一些仅需简单证明"我就是我"的场景,比如网吧实名制登记等;"升级版"则适用一些需要严格规范认证的场景,比如工商注册登记等。

5. 二维码登机

通过手机从航空公司的官方 WAP 手机网站办理手机值机业务,选坐的航空公司会发送一个二维码到乘客的手机中(有些航空公司为了方便手机不能上网和使用非智能手机的乘客,如果乘客购买好了机票,可以直接打电话或者发短信给航空公司,他们会直接发送二维码到乘客的手机中)。有了二维码登机,乘客不必再去排队换取登机牌,只要打开手机中的二维码,在安检口处的设备上轻轻一扫即可。要托运行李的乘客也只需凭借二维码到值机柜台去托运即可。

【实例】利用"机场通"去白云机场登机。

解:关注白云机场公众号,进入"机场通",单击"在线值机",进入用户验证界面,填写旅客信息,对需托运和不需托运的旅客有明确提示,如图 5-2 所示。进入成功值机界面,按要求一步一步填写信息,即可成功值机并得到二维码。

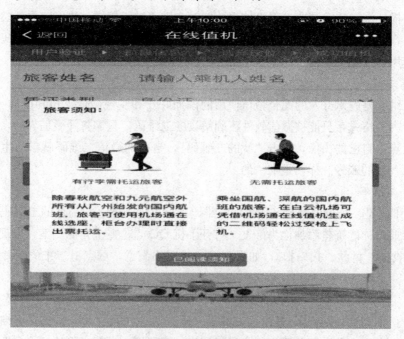

图 5-2 在线值机

(三)云盘

云盘是一种专业的互联网存储工具,是互联网云技术的产物,通过互联网为企业和个人提供信息的存储、读取、下载等服务，具有安全稳定、海量存储的特点。

常见的云盘有以下几种。

1. 360 安全云盘

360 安全云盘是一款为广大实名个人及企业用户提供云存储及文件共享服务的产品。可以安全存储个人数据、实现多端同步、自动备份，并为中小企业、公司团队及家人朋友之间提供文件共享、成员管理等便捷的协同服务。其优点包括：

（1）在 PC 客户端支持拖拽文件夹上传、自动备份指定文件夹到云端；

（2）多台电脑、手机上更新的内容可以实时同步上传至云端服务器，并同步下载到每台电脑；

（3）可批量下载且文件名保持原名；

（4）文件或文件夹可生成链接，发送给好友共享、下载；

（5）图片上传可设置不压缩，保持图片原像素和清晰度，文件大小不变；

（6）可以在线预览大部分格式的文件。

2. 百度网盘

百度网盘（原百度云）是百度推出的一项云存储服务，用户可以轻松将自己的文件上传到网盘上，跨终端随时随地查看和分享。其功能包括：

（1）超大空间。百度网盘提供 2 TB 永久免费容量，可供用户存储海量数据，2 GB 以内压缩包轻松在线解压。

（2）文件预览。百度网盘支持常规格式的图片、音频、视频、文档文件在线预览，无须下载文件到本地即可轻松查看。

（3）视频播放。百度网盘支持主流格式的视频在线播放。用户可根据自己的需求和网络情况选择"流畅"和"原画"两种模式。百度网盘 Android 版、iOS 版同样支持视频播放功能，让用户能随时随地观看视频。并且，百度网盘 Web 版支持离线下载功能。

（4）在线解压。百度网盘 Web 版支持在线解压 500 MB 以内的压缩包，查看压缩包内文件。同时，可支持 50 MB 以内的单文件保存至网盘或直接下载。

（5）快速上传。百度网盘 Web 版支持最大 4 GB 单文件上传，充值超级会员后，使用百度网盘 PC 版可上传最大 20 GB 单文件，上传不限速；可进行批量操作，轻松便利。上传文件时，自动将要上传的文件与云端文件库进行匹配，如果匹配成功，则可以快速上传，最大限度节省上传时间。

（6）闪电互传。是百度网盘 Android 6.2/iPhone 5.4 版本推出的数据传输功能，真正实现零流量，且传输速度超过蓝牙。通过闪电互传功能，用户可以在没有联网的情况下，将手机内的视频、游戏、图片等文件高速分享给好友。

（7）网盘会员。轻松备份手机中的视频；百度网盘 PC 版自动备份本地文件夹；回收站有效期提升为 15 天；Android 版可备份手机文件夹；百度网盘 PC 版单文件上传提升至 10 GB；单次转存文件提升至 3 000 个；可以搜索文档里的全部文字（年费用户专享）；通过图像识别技术搜索百度网盘内的全部图片；百度网盘 PC 版自动备份的文档历史版本上升至 100 个。

超级会员——免任务获得 2 TB 永久空间，额外再加 3 TB 空间；文件下载可极速传输；

4 GB 以内压缩包轻松在线解压；回收站有效期提升为 30 天；百度网盘 PC 版单文件上传提升至 20 GB；批量上传数无限制。

3. 微云网盘

微云网盘是腾讯公司推出的网盘服务，通过微云方便地在手机和电脑之间，同步文件、推送照片和传输数据，可向朋友们分享，功能和苹果的 iCloud 较为类似。文件自动同步到云端，省时省心。其功能介绍如下：

（1）容量介绍。微云网盘空间目前最高容量为 23 GB，微云网盘空间容量＝初始空间容量＋手机端用户容量＋QQ 会员（升级后用户）特权容量＋Q 盘搬迁容量（搬迁用户）＋QQ 网盘搬迁容量。

（2）文件上传。下载安装上传控件，即可上传 2 GB 以上的单文件。

（3）增加容量。手机端用户是 7 GB 的容量，但当用户只是在使用 Web 端的时候是 2 GB 的容量，会提示下载手机端会增加 5 GB 的容量，而不是在 7 GB 的容量上再加 5 GB 的容量。

（4）点亮图标。登录微云 PC、Android、iPhone 中的任意一个客户端，并上传过一个文件即可点亮微云图标。

4. 云 U 盘

云 U 盘是一个构建在高速分布式存储网络上的数据中心，它将网络中大量不同类型的存储设备通过应用软件集合起来协同工作，形成一个安全的数据存储和访问系统，满足各大中小型企业与个人用户的数据资料存储、备份、归档等一系列需求。

其特点包括：数据零丢失，自动云备份；三重加密，数据更安全；永久免费云空间；快捷分享数据沟通；上传下载功能强大。

【实例】在百度网盘备份照片和通讯录，分享一张照片给好友。

解：在手机上下载百度网盘 APP，点击右下角"更多"，点击"照片备份"和"通讯录备份"，然后点击下面"分享"，点击"给朋友分享文件"，选择图片、手机联系人，点击"分享文件"，完成分享，如图 5-3 所示。

（四）协同办公平台

协同办公平台是解决方案的核心部分，主要面向有分支机构的大中型企事业和政府机关单位，其作用是把总部和全国的分支机构连接起来进行统一管理，以系统手段规范全体员工的工作。领导可以在任意一点掌控全局，监控企业运行，从而达到提升管理、防范风险的目的。同时利用协同办公平台作为信息化平台，各种信息数据能共享使用，减少信息孤岛，充分发挥信息化带来的实际作用。

1. 协同办公平台的功能

（1）建立信息发布的平台。在内部建立一个有效的信息发布和交流的场所，例如公告、论坛、规章制度、新闻，促使技术交流、公告事项等能够在企业或机关内部员工之间得到广泛传播，使员工能够了解单位的发展动态。

（2）实现工作流程的自动化。这牵涉到流转过程的实时监控、跟踪，解决多岗位、多部门之间的协同工作问题，实现高效率的协作。各个单位都存在着大量流程化的工作，例如，公文的处理、收发、各种审批、请示、汇报等，都是一些流程化的工作，通过实现工作流程的自动化，可以规范各项工作，提高单位协同工作的效率。

图 5-3 百度网盘功能

(3) 实现知识管理的自动化。传统的手工办公模式下,文档的保存、共享、使用和再利用是十分困难的。办公自动化使各种文档实现电子化,通过电子文件柜的形式实现文档的保管,按权限进行使用和共享。例如,某个单位来了一个新员工,只要管理员给他注册一个身份文件,给他一个口令,他自己上网就可以看到符合他身份权限范围内的企业内部积累下来的各种知识,这样就减少了很多培训环节。

(4) 辅助办公。像会议管理、车辆管理等与日常事务性的办公相结合的各种辅助办公,实现了辅助办公的自动化。

(5) 实现协同办公。就是要支持多分支机构、跨地域的办公模式以及移动办公。现在单位业务的地域分布越来越广,移动办公和协同办公成为很迫切的一种需求,相关的人员能够有效地获得整体的信息,提高整体的反应速度和决策能力。

2. 协同办公平台软件

(1) 云竹协作。

云竹协作以项目为基础,可轻松组建跨部门协作小组;个人和团队的文档直接在线存储与共享,兼容 WPS 在线编辑团队审批、申报、通知,全程跟进机制,实现高效便捷式办公。

其功能包括:

①团队成员的管理。云竹协作拥有实时数据分析,随时查看成员们的工作状态(繁忙或空闲),可以更好地进行行政管理以及人员的合理分配。

②项目任务创建分配。云竹协作可一键创建项目,组建团队,分配任务到个人,做到任务分配透明化。

③项目进度管理。有实时数据可查看所有任务的进度情况,还可查看成员的个人任务情况,随时做好分配及调整。

④文件管理。拥有海量云盘,随时上传下载文件,实现团队成员共享;在线交流沟通,可发送图片、文件以及语音,随时随地交流无障碍。

(2) 石墨文档。

石墨文档是中国第一款支持云端实时协作的企业办公服务软件,可以实现多人同时在同一文档及表格上进行编辑和实时讨论,同步响应速度达到毫秒级,是团队协作的最佳选择。其功能包括个人版与企业版。

①个人版。

a. 实时保存。文档/表格实时保存在云端,即写即存。在编辑过程中,文档页面上方会实时提示文档的状态,包括正在保存、保存成功和最后更新时间。

b. 轻松分享。添加协作者,邀请小伙伴来一起协作,可以自行控制文档/表格的协作权限,只读/可写/私有,或协作或私密。

c. 实时协作。实时协作可以多人多平台同时编辑在线文档和表格。

d. 还原历史。所有的编辑历史都将自动保存,随时追溯查看,还可一键还原到任一历史版本。

②企业版。

a. 文档共享与成员管理。支持设置多个管理员,轻松管理企业文档共享成员,入职快速,离职安全。

b. 内外协作自由切换。内部协作:支持一键分享,并能随时随地邀请同事加入文档进行协作;外部协作:企业成员可以对外分享文件,邀请企业外部成员参与文档协作。

c. 文件所有权归属企业。企业文件的所有权归属企业,保证企业商业机密的安全性。

【实例】利用石墨文档中 Word 文档工具编辑"基础教育现状"。

解:注册登录个人版石墨文档,单击右上角新建"Word 文档"按钮,或导入. DOCX/. DOC 文档,打开导入的"基础教育现状",页面的上部 Word 文档工具中可以调节字体大小,插入链接,如图 5-4 所示。另外,其具备"评论"功能,比如方案中对某一点有疑问,或者不同的看法,可直接在线写好,公司里的其他人也能同时看到写的内容,非常方便。

(五)在线课程表

1. 超级课程表-表表

超级课程表-表表是一款以课程表为基础展开的校园实用工具,面向高校大学生。软件内置有许多实用功能,如查看课表、记录课堂笔记、成绩查询等;配置了不少服务型功能,如社团活动、二手交易、失物招领等;能根据以往每堂课老师的点名频率进行点名预测;课表交友新方式,可以向同班同学发送私信,帮助同学认识到同一节课任意教室范围内的同学,方便同学间即时、便捷的联系交流,扩展交际圈,一手掌握校园新鲜事。

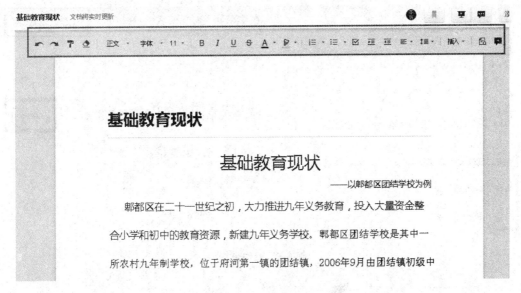

图 5-4　WORD 文档工具介绍

2. 大学课程表

大学课程表是让大学生对本学期上课的时间、地点进行概括了解的图表，并且会根据实际情况做相应的调整。纷繁复杂的课程和地点让大学生们很头痛，而大学课程表小工具可以帮助大学生记录课表信息，支持编辑、修改、删除等操作。

3. 智能课程表

智能课程表，增加了云功能，可以在网站上编辑课程表，直接同步到手机；可以修改背景透明度，设置对齐方式。其特点如下：

①云同步。支持电脑添加课程表，再也不用在手机上一个一个打字了。还可以直接搜索，如果别人已经创建过此课程表，你只需要一个索引号即可添加。

②能快速得到当周当天的课程表。软件会根据当前时间与设置好的周数动态得出今天的课程表，而且还可以查看以前与以后的课程表。

③快速添加或编辑课程。在课程管理界面中，能列出当前所有课程。当添加课程时，上次填写的记录不会丢失，只要稍微改动就可以添加新的课程，简单方便。

④添加闹钟。可以为课程添加闹钟——有一些容易忘掉的课程会及时提醒，而且闹钟设置中可以将所有设置好的闹钟关闭，这样临时需要关闭闹钟时会非常方便。

【实例】在超级课程表中，建立四川工商学院 2017 级艺术学院本科课程表。

解：手机上下载"超级课程表"APP，选择所在学校、院系、入学年份、学历，然后输入手机号和密码注册，单击"新建课程表"，右上角添加课程，有两种方法导入课程表——教务系统直接导入和手动添加课程，选择你需要的方式获取课程表，然后点击确定。如手动添加课程，在搜索框中输入添加的课程，单击"加入"，返回课程表主页面，继续添加，把全部课程填写完整，但标题栏显示的是当前第一周，与目前的上课周期不符合，因此点击对应课程，重新编辑上课时间、授课老师、教室、周数、节数（图 5-5）。

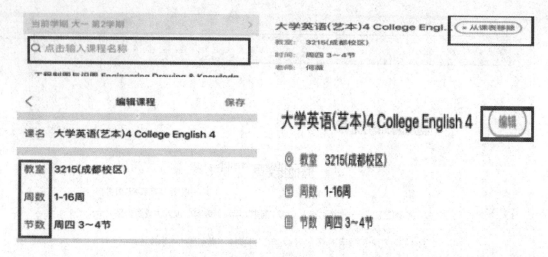

图 5-5　操作步骤

（六）文件管理

文件管理是操作系统的五大职能之一，主要涉及文件的逻辑组织和物理组织，目录的结构和管理。所谓文件管理，就是操作系统中实现文件统一管理的一组软件、被管理的文件以及为实施文件管理所需要的一些数据结构的总称（是操作系统中负责存取和管理文件信息的机构）。从系统角度来看，文件系统是对文件存储器的存储空间进行组织、分配和回收，负责文件的存储、检索、共享和保护。从用户角度来看，文件系统主要是实现"按名取存"，文件系统的用户只要知道所需文件的文件名，就可以存取文件中的信息，而无需知道这些文件究竟存放在什么地方。

1. 文件管理的功能

（1）集中存储。统一文档共享。

（2）权限管理。可针对用户、部门及岗位进行细密度的权限控制，控制用户的管理、浏览、阅读、编辑、下载、删除、打印、订阅等操作。

（3）全文索引。可以索引 Office、PDF 等文件内容，快速从海量资料中精准查找所需文件。

（4）文档审计。描述了文档生命周期全过程中的每一个动作，包括操作人、动作、日期时间等信息，通过审计跟踪，可以从全局掌握系统内部所有文件的操作情况。

（5）版本管理。文档关联多版本，避免错误版本的使用，同时支持历史版本的查看、回退与下载。

（6）自动编号。可自由组合设计编号规则。

（7）锁定保护。文档作者和管理权用户可将文档锁定，确保文档不被随意修改。当文档需要修改或删除时，可以解锁，保证文档的正常操作。

（8）规则应用。系统支持为目录设定规则，指定动作、条件和操作，当动作触发符合设定的条件，系统则自动执行规则的操作。

（9）存储加密。文件采用加密存储，防止文件扩散，全面保证企业级数据的安全性和可靠性。

（10）数据备份。支持数据库备份和完整数据备份双重保护，全面保障系统内部数据的安全性。用户可自行设定备份时间及位置，到达指定时间，系统自动执行备份操作。

（11）文档借阅。借出过程中可控制用户访问权限；被借阅用户会收到系统发送的即时消息通知；系统支持根据时间对借出的文档自动进行收回处理。

（12）审批流程。可自定义审批流程，实现流程固化，解决企业内部流程审批混乱的问题。

（13）统计报表。自动统计人员、部门文档使用情况和文档存储情况。

2. 文件搜索类小工具

（1）Total Commander。

Total Commander（原名 Windows Commander）是一款强大的 Windows 资源管理器。支持自定义的菜单、工具栏、快捷键。一般的文件操作，如搜索、复制、移动、改名、删除等功能应有尽有，更有文件内容比较、同步文件夹、批量重命名文件、分割合并文件、创建/检查文件校验（MD5/SFV）等实用功能。内置 ZIP、TAR、GZ、TGZ 格式的压缩/解压功能，ZIP 格式还支持创建加密及自解包功能。此外，其不仅可以直接打开（解开）ARJ、CAB、RAR、LZH、ACE、UC2 等压缩包，配合插件或相应的压缩程序，更可创建这些格式的压缩包。而搜索功能，无论是文件还是内容，同样支持在这些压缩包中进行。

除了支持详细资料、列表、缩略图等显示方式外，还可以利用内容插件自定义列视图，显示不同文件的内部信息，满足用户查看不同文件的需求。多标签界面，可以使本来的两个窗口扩展到几十个，操作空间更显自由。而贴心的历史和常用文件夹按钮，可以导出/导入的标签和文件列表，使文件查找变得更加快捷高效。

（2）Unreal Commander。

Unreal Commander 是一款免费的文件管理系统。它由 Max Diesel 开发，形态与 Total Commander 极其相似。其功能有：双面板接口；支持 UNICODE；扩展的文件搜索；多重命名工具；目录同步；支持 ZIP、RAR、ACE、CAB、JAR、TAR、LHA、GZ、TGZ、ARJ 档案；内置 FTP 客户端；缩略图模式；文件夹选项卡；WLX/WCX/WDX 插件的支持；内置的查看器和快速查看；网络支持；拖动和拖放支持；历史和 Hotlist 函数；复制、移动或删除文件背景模式支持；用 WIPE 删除文件；背景图片支持；视觉样式；文件颜色类别；用于所有界面元素的字体等。

（3）ES 文件浏览器。

ES 文件浏览器是一款多功能的手机文件、程序、进程管理器，可以在手机、电脑、远程和蓝牙间浏览管理文件，是一个功能强大的免费的本地和网络文件管理器和应用程序管理器。其功能包括：

①文件管理：多种视图列表和排序方式，查看并打开各类文件，在本地 SD 卡、局域网、互联网的计算机之间任意传输文件。有多选、复制、粘贴、剪贴板、查看属性、解压、重命名等文件功能。

②程序管理：安装、卸载、备份程序、创建快捷方式等。

③进程管理：查看、关闭系统中运行的进程，有自动记忆等功能。

④多媒体：内置文本编辑器，可查看文本；可使用系统内置的播放器查看音频、视频；软件内置远程媒体播放器用来远程播放计算机上的媒体和其他视频、音频文件，软件内置远程图片浏览器用来远程浏览图片。

⑤FTP：可以通过3G、Wi-Fi、GPRS等方式来访问远程的FTP服务器，远程查看图片、视频等多媒体文件。

⑥局域网文件访问：可以通过Wi-Fi来访问局域网内的所有计算机，远程查看图片、视频等多媒体文件。

⑦安全管理：加密、备份、短信远程控制等。

（七）文件格式互转

文件格式（或文件类型）是指计算机为了存储信息而使用的对信息的特殊编码方式，用于识别内部存储的资料。每一类信息，都可以一种或多种文件格式保存在计算机存储中，每一种文件格式通常会有一种或多种扩展名可以用来识别，但也可能没有扩展名，扩展名可以帮助应用程序识别文件的格式。

1. 文件格式的作用

有些文件格式被设计用于存储特殊的数据，例如，图像文件中，JPEG格式仅用于存储静态的图像，而GIF格式既可以存储静态图像，也可以存储简单动画。文本文件中TXT格式一般仅存储简单没有格式的ASCII或Unicode的文本；HTML/HTM格式则可以存储带有格式的文本；PDF格式则可以存储内容丰富、图文并茂的文本。

2. 常见文件格式转化

（1）PDF文件转换器。

PDF文件转换器为用户提供灵活的PDF转换服务，可实现PDF转换Word、PDF转换图片、Word转换PDF、PPT转换PDF、Excel转换PDF、图片转换PDF等功能。PDF文件转换器提供很多云端服务，用户可在任何时间、任何地方进行在线转换服务。为了能够确保用户的隐私，PDF文件转换器在转换文件一个小时之后，系统将自动从服务器中删除文件。

①Adobe Reader转换Word。要想将PDF文件转换为可以进行重新编排格式的Word文件，只要使用"ScanSoft PDF Converter for Microsoft Word"这款Office插件即可。该插件安装后，可以在Word软件中直接通过"文件→打开"选项来打开PDF文件。文件转换时，插件首先捕获PDF文件中的信息，分离文字、图片、表格和卷，再将其统一为Word格式，完全保留原来的格式和版面设计。也可以通过右键来将PDF文件转换为Word文件，还可以用Microsoft Outlook直接打开E-mail附件里的PDF文件，以及把网上的PDF文件直接用Word打开。

②迅捷PDF转换Word。打开迅捷PDF转换器，在左侧的功能分类中找到"PDF转换成其他文件"→"文件转Word"，单击"添加文件"或者"添加文件夹"将想要转换成Word文件的PDF文件全部添加进来，添加完毕后在界面右上方"输出目录"中设置输出文件的保存位置，单击"开始转换"，还可以根据自己的需求调整"转换格式"以及"转换模式"。

③福昕PDF转换Word。福昕PDF转换器风格简约大气，操作非常简单。只需要点击添加文件，选择好需要转换的PDF文件，然后单击"开始转换"即可，如图5-6所示。

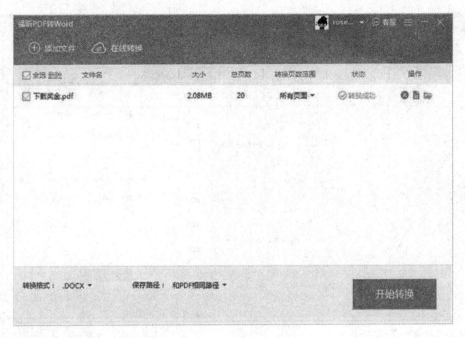

图 5-6　PDF 转 Word

（2）视频格式转换器。

视频格式转换器支持转换所有多媒体文件格式。如迅捷视频转换器、格式工厂、狸窝全能视频转换器、qsv 视频格式转换器等。

①迅捷视频转换器。迅捷视频转换器是一款多功能的视频格式转换器软件，支持各种格式的视频音频文件转换，转换速度极快，支持设置视频清晰度等参数，以有效适应不同的播放设备。

②格式工厂。格式工厂是一款免费多功能的多媒体文件转换工具，支持多种语言，安装界面显示英文，启动后显示中文。支持各种视频、音频、图片格式之间相互转换；支持各种手机视频格式转换；并且格式工厂是免费的，任何人可任意下载使用、传播。

【实例】在迅捷视频转换器中把视频转化成其他各种形式。

解：打开迅捷视频转换器，通过"添加文件""添加文件夹""批量文件拖到这里"添加需要转换的视频文件，选择输出格式，设置所要转换的视频大小和画面质量等参数，选择保存地址，将最终转换出来的视频文件存放到选定的位置，然后单击"开始转换"进入视频转换的处理过程，如图 5-7 所示。

（八）网络收藏夹

网络收藏夹又称网络书签，是基于浏览器收藏夹操作保存的不稳定性以及使用的不方便而诞生的网络收藏平台系统。它不仅可以收藏网站地址，也可以同时收藏网络热图、网络小说等，因此网络收藏夹拥有强大的功能。

1. 网络收藏夹的特点

（1）网址或其他图片资源存放在网络上，可以通过设置共享与其他人分享；

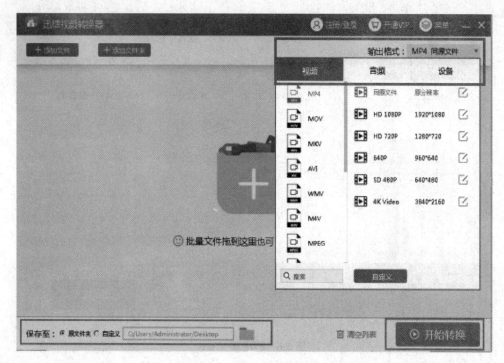

图 5-7　迅捷视频转换器

(2) 添加网址或图片更加方便,不用一个个手工输入;

(3) 会员认证管理方式,保证资料安全;

(4) 方便的导入、导出功能;

(5) 数据存放于网络,可以随时随地提取。

2. QQ 书签

QQ 书签是腾讯公司推出的免费网址收藏夹,可以帮助用户收藏自己喜欢的网页,让用户能够随时随地管理和使用,并和朋友分享,方便用户收集和分享网络资源。其功能包括:

(1) 收藏网页。在 QQ 书签网页上添加新网址、直接收藏其他人收藏的网址或安装并使用收藏工具收藏网址。

(2) 收藏管理。可以通过"我的收藏"来管理自己收藏的网址,当用户登录后,进入"我的收藏"页面,整个页面分 3 个部分:我的工具箱、我的分类和网址列表。

(3) 个人设置。用户可以在个人设置页面进行邮件地址、头像、链接打开方式、隐私选项、语言等设置。

3. 微信收藏

微信收藏是微信平台提供的各种收藏,帮助用户收藏自己最喜欢的信息,让用户随时随地管理和使用,并和朋友分享。收藏的内容包括文字、语音、图片、视频、地理位置、网页、音乐、图书、商品、街景、QQ 表情、符号表情(动画表情不可收藏)和单图文消息(多图文消息没有收藏入口)。

【实例】利用微信收藏，收藏图文日记"大家好，花儿好美啊"

解：登录微信，单击底部"我"，单击"收藏"栏，单击右上角"+"，在新增日记界面中填写图文日记，单击"确定"，在收藏夹中就可以看到新增的图文日记了，如图5-8所示。

图 5-8　查看新增图文日记

（九）在线表单

在线表单是用户通过浏览器向服务器端提交信息的功能，如常用的用户注册、在线联系、在线调查表等都是在线表单的具体应用形式。常用的在线表单软件有：

1. 麦客 CRM

麦客 CRM 是一款免费用来对用户信息进行收集管理以及拓展新用户的轻态表单工具。其特色功能是具有丰富的表单发布方式，包括网页式表单、嵌入式表单和通过生成二维码的方式以方便在移动设备上进行显示输入的表单。用麦客 CRM 收集到的数据会自动生成数据报表。与其他在线表单制作工具相比，麦客 CRM 能够将表单收集到的信息与客户的"联系人信息"进行匹配，非常有利于沉淀有效数据。

2. 问卷星

问卷星是一个专业的在线问卷调查、测评、投票平台，专注于为用户提供功能强大、人性化的在线设计问卷、采集数据、自定义报表、调查结果分析系列服务。与传统调查方式和其他调查网站或调查系统相比，问卷星具有快捷、易用、低成本的明显优势，已经被大量企业和个人广泛使用。其应用范围包括：

（1）企业。客户满意度调查、市场调查、员工满意度调查、企业内训、需求登记、人才测评。

（2）高校。学术调研、社会调查、在线报名、在线投票、信息采集、在线考试。

（3）个人。讨论投票、公益调查、博客调查、趣味测试。

3. 腾讯问卷

腾讯问卷是腾讯公司推出的完全免费专业的在线问卷调查平台。其提供多种方式创建问卷，具有简单高效的编辑方式、强大的逻辑设置功能、专业的数据统计和样本甄别技术，是撰写调研报告、撰写论文、市场调查、用户调查等的重要工具。其软件优势包括：

（1）完全免费使用，无任何限制。腾讯问卷是一个完全免费的在线调研平台，无论是数十人的小型问卷调查，还是上万、十万人的企业问卷调查，都可以通过该平台完成。

（2）界面简洁轻量，容易上手。腾讯问卷最大的特色是界面设计简洁轻量，简单好用，无需复杂的操作，只要利用拖拉、点选等方式即可轻松创建、编辑一份完整的线上问卷。

（3）模板丰富专业，创建方式灵活。腾讯问卷根据用户使用习惯，提供选择模板、文本导入、创建空白问卷三种问卷创建方式，腾讯问卷提供的模板均为行业专业问卷模板，文本导入只需使用规范的题目格式即可批量导入问卷，并实现可视化效果。

（4）多终端自适应，问卷投放灵活。腾讯问卷除在 PC 端使用，还可以在移动端（手机、平板等）自适应，只需将问卷链接或者二维码投放到目标地址，用户就可以随时随地填写问卷。

（5）数据实时在线统计，专业快速。腾讯问卷可以实时统计问卷回收数据，并以图表形式展示结果，并将结果导出 Excel 进行个性化分析，同时，能够直接在线上进行交叉和筛选分析，只需选择相应的交叉或者筛选条件即可在线查看分析结果，功能强大。

4. 金数据

金数据是一款免费的表单设计和数据收集工具，可用来设计表单、制作在线问卷调查、组织聚会、询问意见、整理团队数据资料、获得产品反馈等，帮助用户收集和管理日常工作中的数据，提升工作效率。任何行业和岗位的人员，无须特殊技能，都可以方便地创建出符合业务需求的表单。其功能包括：

（1）在线设计表单。金数据提供十余种专业的表单字段和样式，可以设置跳转规则，同时，模板中心还提供数百种专业模板供用户选择。

（2）发布表单。表单设计好后，会生成唯一的表单链接和表单二维码，可以把表单嵌入自己的网站，也可以直接发布到 QQ 群、邮件、微信、微博等。

（3）查看数据和报表。表单收集到的数据，会自动进入金数据后台，生成数据报表，包括柱状图和饼状图，数据页面可以查看数据详情，数据来源的终端、操作系统和 IP 地址，并支持交叉筛选和数据导出 Excel。

5. 番茄表单

番茄表单是一款功能强大的表单设计工具。番茄表单能帮助用户快速地生成各种在线表单，如行政财务、预约订购、在线报名、满意度调查、信息登记、产品反馈等，并拥有超强的数据收集与分析功能，能有效地提升工作效率。其特色功能包括：

（1）获取用户，倾听想法。表单提供多种行业模板，调查问卷、报名表、测试、订单等都可以轻松完成，帮助企业快速获取用户信息，了解用户需求。

（2）数据分析，查看随心。表单自动生成数据报告，多维度数据图表，多设备查看方式，让用户随时随地了解动向。

（3）多种途径，轻松分发。微信、QQ、微博等多个渠道一键发布，让表单更具传播力。

【实例】利用问卷星制作一份"大学生网络游戏调查问卷"。

解： 登录问卷星官网，注册登录进入问卷制作页面，创建问卷，选择"问卷调查"，点击进入，输入调查名称，选择"选择模板""导入文本"或"录入服务"，然后单击"选择模板"，选择需要的模板，编辑修改调查问卷，可以逐条进行修改，完成编辑进入下一环节"提交发布"，发布以后，会产生一个链接，将链接发送到 QQ 群或微信群就可以进行答卷，如图 5-9 所示。

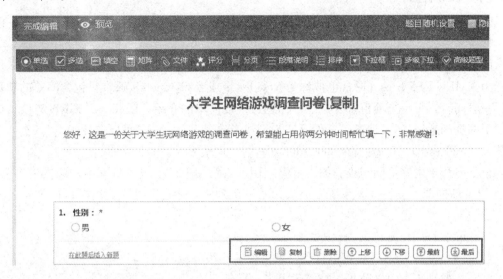

图 5-9　编辑修改调查问卷

【实例】在番茄表单上制作表单的操作步骤。

解：打开番茄表单官网，注册登录进入主页，选择一个模板，创建表单，进入表单编辑，可以逐条编辑，右上角有很多使用工具，如图 5-10 所示。

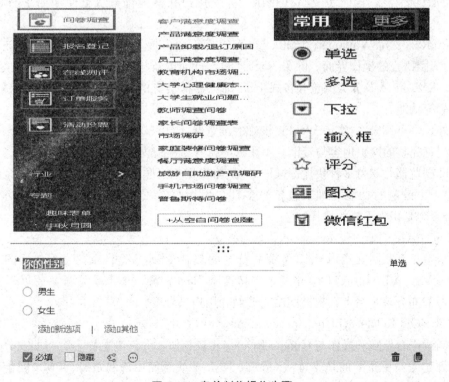

图 5-10　表单制作操作步骤

（十） RSS 订阅

RSS（Really Simple Syndication，简易信息聚合）是站点用来和其他站点之间共享内容的一种简易方式。

RSS 是基于文本的格式，它是 XML（可扩展标识语言）的一种形式。通常 RSS 文件都是标为 XML，RSS files（通常也被称为 RSS feeds 或者 channels）通常只包含简单的项目列表。一般而言，每一个项目都含有一个标题、一段简单的介绍，还有一个 URL 链接（比如是一个网页的地址）。其他的信息如日期、创建者的名字等，都是可以选择的。

1. BlueReader（http：//bluereader.org/）

一个专注于内容订阅与推荐的工具类应用，可订阅 RSS，也可订阅某网站的内容列表，或其 RSS 新闻源；支持 iOS 系统和 Android 手机系统，能让人发现值得阅读的文章。其功能特点包括：

（1）RSS 订阅，支持国内、外源。
（2）网站没有 RSS 一样可以订阅，但需要一小段分析时间。
（3）抓取进行了语义分析，精简了内容，易于阅读，也节省流量。
（4）支持手机网页浏览，中英两种语言，随系统自动切换。
（5）针对一些优质内容源做了优化，并将内容和图片备份到了服务器上。

2. QuiteRss（http：//quiterss.org/en）

一个基于 Quite 的新闻阅读器，支持便携式模式，可以帮助用户监控和跟踪最感兴趣的 RSS 源的最新消息，同时也支持便携版，方便用户在其他计算机上使用而不必担心数据丢失。

QuiteRSS 支持 Windows、Linux 与 OS/2 等平台，提供包含简体中文、英文等多语言在内的 27 国语言的操作界面。除了 RSS 订阅，自动更新与标签设定，文章与关键字筛选，OPML、XML 汇入及分类浏览等各式 RSS 浏览器都会有的功能之外，也支持新文章提醒、音效提醒等功能。

此外，QuiteRSS 内建了 Webkit 核心的浏览器，可以让用户直接在 QuiteRSS 视窗中的新分页浏览完整的网页内容与资讯，不用再等待开启新视窗、多视窗间频繁切换（可自选内部或外部浏览器并支持多种快捷键操作），整体操作相当顺畅、操作界面也还算简洁（要自己调整），可设定的功能与细节也相当多且自由，如果一直找不到一个适用的线上服务，QuiteRSS 会是相当不错的选择。

3. FeedaGe（http：//www.feedage.com/）

一个基于互联网文章 RSS 订阅资源分享的免费 RSS 分类目录，目前包括的有 XML、RSS、OPML、RDF 和 ATOM 格式，支持搜索 RSS 资源。如果是站长，还可以把自己的 RSS 资源发布到该平台上，提高网站的流量和用户黏合度。

4. The Old Reader（http：//theoldreader.com/）

此阅读平台外观和操作与 Google Reader 比较相似，允许浏览内容、与朋友分享、添加注释和评论等，更重要的是支持从 Google Reader 或者使用该网站的 OPML 同步导出，不用担心丢失原来的保存信息。

喜欢 Google Reader 的人会觉得十分熟悉，而且具备 OPML 汇入功能，可以一次将

Google Reader 中的 RSS 转入 The Old Reader。更好的是，它也支持 Google Reader 的键盘快捷键。

5. Feed43（http：//www.feed43.com/）

一个可以给没有 Feed Rss 订阅源的网站生成 RSS 源以供阅读器订阅的网站 RSS 订阅源生成工具，帮助用户订阅那些没有 RSS 新闻源的数据资料。

第二节　单位信息管理

★ 自学指南

1. 单位信息管理软件有哪些？
2. OA 系统、钉钉、哒咔、云之家都运用在哪些方面？

一、OA 系统

办公自动化（OA）是面向组织的日常运作和管理，员工及管理者使用频率最高的应用系统。自 1985 年国内召开第一次办公自动化规划会议以来，OA 应用内容的深度与广度、IT 技术运用等方面都有了新的变化和发展，并成为组织不可缺的核心应用系统。其主要推行一种无纸化办公模式。

（一）OA 系统的优势

1. 自动化

在手工办公的情况下文档的检索存在非常大的难度。OA 系统使各种文档实现电子化，通过电子文件柜的形式实现文档的保管，按权限进行使用和共享。

2. 协同办公

OA 系统是支持多分支机构、跨地域的办公模式以及移动办公的。如今来讲，地域分布越来越广，移动办公和协同办公成为很迫切的一种需求，如果用户将文件保存在网盘或同步盘中，就能随时随地查看文件，使相关的人员能够有效地获得整体的信息，提高整体的反应速度和决策能力。

（二）OA 办公系统

1. 泛微 OA 办公系统

泛微是"国家规划布局内重点软件企业"，是协同管理软件领域唯一一家国家重点软件企业。作为协同管理软件行业的领军企业，泛微有业界优秀的协同管理软件产品。在企业级移动互联大潮下，泛微发布了全新的以"移动化、社交化、平台化、云端化"四化为核心的全新一代产品系列，包括面向大中型企业的平台型产品 e-cology、面向中小型企业的应用型产品 e-office、面向小微型企业的云办公产品 eteams，以及帮助企业对接移动互联的移动办公平台 e-mobile 和帮助快速对接微信、钉钉等平台的移动集成平台等。其功能包括协同管理系统应用组件、常用快捷、快捷搜索入口、个人收藏夹、工作导航区域、信息门户、个人门户、流程管理和知识管理。

2. 致远 OA 办公系统

致远 OA 办公系统是一套可以帮助中小型规模的各类企事业单位、政府机关和社会团体解决战略落地、文化建设、管理规范等问题的可以快速部署的协同办公管理软件。其功能包括：

(1) 门户空间。多首页展现，用户可定制化。用户可定制自身首页空间，个性灵活，多维度呈现个人、部门、团队所需要的空间界面。

(2) 协同工作。二元化工作流，实现刚性的制度与柔性的流程相结合，实现快速审批。并且支持加签、减签、会签、知会、修改、回退、撤销、终止、移交、转发、督办、关联、收藏、流程自动分支、多条件分支策略，满足企业各种复杂流程处理需求。

(3) 流程仿真技术。实现完整流程仿真，模拟组织运营情况，流程表单自动流转，一键监测节点和分支异常，人员离职、部门调整时快速实现流程准确调整。

(4) 目标管理。明确组织目标，实现项目及任务准确分配，明确个人工作目标，及时更新过程指标，监督检查及优化，提升组织执行力，提升团队工作效率。

(5) 协同驾驶舱。绩效分析，智慧洞察，反馈个人及组织行为图像，提升个体效率，驱动组织进步。

(6) 知识社区。以社区机制为依托，鼓励员工交流分享，沉淀组织的智慧与文化。实现知识沉淀、知识分享、知识互动学习，并通过评分管理推动企业文化建设、员工能力提升。

(7) 公文管理。完全模拟手工公文处理流程，全面实现公文数字化处理，覆盖发文、交换、收文、签报、归档等全周期的工作管理。支持电子签名、签章，同时支持手写签批，对修改人、修改时间及修改意见完全记录。

(8) 业务生成器。智能管理，随需而变。业务分析、配置构建、验证优化、正式上线四步法快速封装人力资源管理、资产管理、财务管理、生产管理、销售管理等业务模块，满足企业对复杂业务流程的处理需求。

(9) 综合办公。完成办公的辅助管理，包括车辆、办公用品、设备、图书资料和会议室登记、申请、审批、借出归还以及统计等。以提升会议效率为目标，加强会议过程管控，降低开会成本。

(10) 移动应用。移动互联，定制未来。可以在任何时间、任何地点、任何环境都能让用户"轻松、便捷、高效"完成工作。

(11) 系统集成。随需融合，开放延伸。采用平台＋工具化的方式，消除企事业单位信息孤岛，消减集成风险，降低开发难度，缩短集成周期，维护管理。

二、钉钉办公软件

钉钉是免费的沟通协同多端平台，专为中国企业和团队打造。目前已有上百万家企业、组织在使用钉钉，覆盖了各行各业。其功能包括：

(1) 单聊/群聊。聊天消息已读未读尽在掌控，可发送多种常用办公文件。

（2）免费商务电话。可以免费单方/多方通话，安全稳定的三大运营商专线网络，随时随地开启电话会议。

（3）DING 信息必达。重要的事可以发送语音/文字 DING，通过电话或短信 100% 送达。

（4）企业通讯录。企业/团队组织架构一目了然，随时随地快速找人。

（5）澡堂模式。私聊会打码，30s 后信息自动删除，聊天更私密。

（6）工作应用。解决企业日常办公需求，如公告、请假、报销、出差等，让工作更简单。

（7）钉盘（企业云盘）。个人、企业群、企业公共场景一个钉盘都可以满足，随时随地查看，并能通过聊天发送。

（8）钉邮（企业邮箱）。与聊天完美融合，实现已读未读，未读邮件可转 DING 发送。

（9）PC 版。与手机端配合使用，打造无缝信息沟通，并能互传文件。

三、哒咔办公

哒咔办公，简称哒咔（原名"哒咔考勤"），是一款专业的 SaaS（软件即服务）移动办公平台，以低成本、易部署的模式为企业提供考勤管理、项目管理、客户管理、沟通协作、行政办公等丰富的移动办公场景应用，有效帮助企业提升工作协同效率，让决策者更加专注于创造企业的客户价值。其功能包括：

（1）考勤管理。从坐班到外勤，难以置信的考勤管理新方式，完善的考勤规则、精准的定位技术、人性化的"主管考勤"模式。

（2）移动办公。随时随地移动办公，工作推进无堵点。哒咔办公提供的每一个移动办公功能都是为了让员工在开放、透明、共享的机制中更好地完成自己的工作。

（3）企业沟通。企业通讯录，跨部门沟通零障碍，让工作沟通更专注、更高效、更安全。PC＋手机，双端信息同步，工作沟通方便、高效。

（4）流程审批。自定义流程审批，更好地适应企业业务流程。手机申请及时推送，领导不再成堵点。

四、云之家移动办公平台

云之家以组织、消息、社交为核心，提供移动办公 SaaS 应用，通过开放平台连接企业现有业务（ERP），接入众多第三方企业级服务，帮助企业/团队打破部门与地域限制，提高沟通与协作效率，帮助中国企业快速实现移动化转型。其功能包括：

（1）工作台。根据角色智能生成专属首页，支持个性化定制，老板可随时随地掌握企业关键数据。

（2）工作安排。支持把消息转为任务、截止时间提醒，可指定工作协作人。

（3）智能审批。可自定义流程审批，可添加互联控件，大数据帮助审批决策。

（4）会议直播。会议直播，共享 PPT，支持屏幕共享、内容同步，可连麦互动。

（5）同事圈。更扁平化的经验交流，信息共享，打破层级，组建跨越部门的兴趣小组。

（6）报表秀秀。快速链接 ERP 系统，业务报表动态及时推送，基于报表随时发起沟通。

五、档案管理系统

档案管理系统是通过建立统一的标准，规范整个文件管理，包括规范各业务系统的文件管理；构建完整的档案资源信息共享服务平台，支持档案管理全过程的信息化处理，包括采集、移交接收、归档、存储管理、借阅利用和编研发布等，逐步将业务管理模式转换为服务化管理模式，以服务模型为业务管理基础，业务流和数据流建立在以服务为模型的系统平台之上，为企事业单位的档案现代化管理提供完整的解决方案。常用的档案管理系统软件有：

1. 数字档案综合管理平台

数字档案综合管理平台是参照开放档案信息系统（OAIS）模型设计、基于 J2EE 平台开发的全 B/S 结构的数字档案馆系统。系统通过强大的自定义表单及工作流引擎、即时消息服务，实现档案收集、利用的在线审批业务流程，对档案的收集、整理、移交、归档、统计和利用等进行全过程信息化管理。

2. 易度档案管理系统

易度档案管理系统是一款企业文档档案系统管理软件，可以为用户提供更加安全的文档管理，支持多渠道文档快速播放，以电子化数据形式保存文档文件，具备高效、高质、简单、实用的特点。

3. 好用电子档案管理系统

好用电子档案管理系统用于机关、单位、公司的各种电子化档案管理，比如电子文件、电子图片，可以管理组卷档案，也可以管理单个档案，档案类别支持四级分类。

实践训练

1. 给自己制定一个考研或留学的时间规划表。
2. 谈谈自己使用为知笔记的体会以及怎样建立为知笔记。
3. 通过微信制作一个数字名片。
4. 通过 CNKIE-Study 软件，导入相关毕业论文选题所查的文献，完成有关个人文献管理操作。
5. 在线表单里面的软件你最喜欢使用哪一个？为什么？请把你使用的结果分享给同学们。
6. 用个人信息管理作为标签，在微博上分享自己使用的心得体会。

第六章

信息评价

★ 本章提示

重点：掌握信息评价的方法和标准，能够进行一般学术评价；能够鉴别求职信息的真伪，能够识别网络谣言和诈骗。

难点：识别网络谣言和诈骗、学术信息的评价。

第一节　信息评价

★ 自学指南

1. 为什么要对信息进行选择与评价？
2. 信息评价的方法和标准有哪些？

当代大学生，生活在知识的海洋，信息资源纷繁复杂，但是并非所有的信息都是有用的。只有经过恰当的分析与评价，并且与自身的需求相结合，信息才能真正转化为有用的资源。

一、信息评价的定义

信息评价就是评估信息价值的活动。经过信息获取之后，大量的信息呈现在用户面前，如何从这些海量的信息中挑选出对用户来说真正有用的信息，即是信息评价所需实现的目标。

二、信息评价的主体

1. 用户

用户是信息的具体使用者，其对信息的评价，主要是从用户使用感受的角度出发。随着社会化工具的广泛使用，用户参与评价的形式和程度也不断增加，如发布书评。

2. 图书情报领域的机构或个人

图书情报领域的机构或个人也是信息评价的重要主体。图书馆员一向致力于信息资源的选择与评价,并拥有丰富的信息知识和信息检索经验,其对信息的评价具有很好的指导性。有的图书馆结合自身服务评出最佳参考源,如纽约公共图书馆自 2002 年起每年评选出"最佳参考源",包括图书、网站、电子资源。

3. 学科专家

学科专家通常是从专业的角度对信息展开评价。由于学科专家对相应领域的知识和技术都有较深入的了解,其对信息的评价也更具有权威性和参考价值。

4. 第三方

第三方主要是相对于信息资源的发布者以及信息用户之外的主体。

三、信息评价的必要性

信息技术的发展打破了信息传播在时间上和空间上的限制,大大提高了信息传播的效率。信息技术在为人们生活带来进步与方便的同时,也给信息获取带来诸多问题,因此必须要加强信息的选择和评价。

一方面,网络信息分散无序、缺乏质量控制,导致信息检索难度增大,即使借助搜索引擎等检索工具,搜索到的往往只是一大堆网址或者一些不太相关的混合资料,未能对信息质量进行鉴别。这种状况给用户快捷、有效地获取所需信息带来困难。另一方面,网络信息的爆炸性增长,信息过载也使用户从网络中获取有用信息的难度越来越大。人们在享受海量信息带来的便利的同时,也面临着选择、利用有效信息难度增大的困扰。

四、信息评价的原则

1. 信息的可靠性

信息的可靠性可通过信息的来源作为参考的依据。比如我国的《人民日报》《光明日报》、美国的《华尔街日报》等报纸一般报道的准确度都比较高。

2. 信息的权威性

信息的权威性可通过信息提供者、信息提供机构、信息源的权威性作为参考依据。如 SCI、EI 等收录的期刊发表的文献提供的信息都具有一定的权威性。

3. 信息的时效性

信息的时效性是指信息的效能依赖时间,它既表明了信息的时间价值,又表明了信息的经济价值和社会效益,时过境迁的消息毫无价值。不同领域的信息的时效性也不相同,如天气预报、招聘信息时效短。

4. 信息的准确性

评价信息是否准确,可以考察信息内容、信息结论是否科学合理。信息的准确性需要通过实地考察、调查、访问的方式来确定。

【实例】最近,杨先生收到一条中奖短信:××电器公司举行全国手机号码"幸运星"活动,恭喜你已中现金 3.6 万元,收到信息请速与 133××××××××联系。

利用搜索技巧对公司和手机号码归属地进行查询。查询结果显示根本没有短信提到的×

×电器公司,手机号码虽为真,但是号码归属地也与公司地址不符。

5. 信息的完整性

评价获取的信息是否完整,一是要全面仔细分析获取的信息,切不可断章取义;二是要考察所查信息源的收录范围、信息获取途径是否合理。例如,"Internet上有8亿多网站"这个信息必须加上统计日期才有使用价值,否则就是不完整的信息。

五、信息评价的方法和标准

(一)信息评价的方法

为了获取有用的信息,可结合定性评价和定量评价的方法对信息质量进行辨别。对于学术信息资源一般参考定量评价研究成果,而对于网络信息资源,大多采用定性评价指标。

(1) 定性评价法。定性评价法是指按照一定的评价标准从主观角度对信息所做的优选和评估。定性评价法的优点是可以对评价对象进行全面、细致和深入的分析,可以从多种思路、多种视角、多种观点来考察信息资源的质量。它的局限性也很明显,那就是主观性较大,有时可操作性较差,合理性和可信性可能会引起争议;规范性、准确性和科学性有待进一步研究提高。

(2) 定量评价法。定量评价法是先制定信息评价指标体系,在对信息进行评价时,根据指标体系对被评价信息进行打分,根据总分来判断信息的有用性和重要程度。定量评价在一定程度上克服了定性评价的主观性、价值偏向性。

(3) 综合评价法。综合评价法是定性评价和定量评价相结合的一种方法。

(二)信息评价的标准

信息评价的目的是区分信息的有用性和重要程度,这种评价取决于信息的内容。但信息的内容一般都是非结构化的数据,如文本、图像、声音等。因此,对信息进行评价的基础是识别信息的真实含义及其与组织或者个人利益之间的关系。所以,对信息进行评价应该参照的标准包括信息的真实性、信息与组织或个人利益之间的关系、信息发布的时间三个方面。

1. 真实性

衡量信息真实性的标准主要是看信息是否为客观事实的反映,因此评价主体应该尽可能地进行真实性的求证。在无法直接证实其客观事实的情况下,一般采用信息的可靠性作为间接的标准。信息的可靠性标准主要包括信息内容的科学性、准确性,信息来源的权威性等标准。信息内容的科学性标准主要考查信息的内容是否明显违背某些客观事实、违背公理或道理、违背政策法规,是否有大量的实验数据或证据,实验方法是否正确等。信息内容的准确性标准主要考查信息的内容是否有明确的指向,是否标明了明确的信息来源,所使用的文字符号是否清晰正确等。信息来源的权威性标准主要考查信息是否由权威部门或公信力很高的部门直接发布或证实。

2. 利益相关性

利益相关性是指被评价信息与评价主体的经营、决策等活动之间的关系。这种关系主要有正面关系和反面关系两种,即信息的有害、无害、有用、无用等关系,关系的确定主要依据评价主体的价值观和对信息的需求。此外,利益相关性还包括被评价信息对评价主体的经营、决策等活动的影响程度，影响程度的大小与评价主体的现实状况有很大关系。

信息自诞生之日起，就带有强烈的个性色彩。因此，信息的有用性和重要性是相对的，不同的组织或个人对相同信息的评价结果不完全相同，对一些人或组织有用的信息可能会对另一些组织或个人产生危害；同样，对一些人或组织很重要的信息对另一些人或组织却没有什么用处。组织或个人的信息素养水平对相同信息的评价结果也有很大影响，有的人能够从一条很一般的信息中获取巨大的商机，而有的人则视而不见。

3. 时间性

不同的评价主体对信息发表的时间要求不同，时间对信息的评价结果的影响取决于评价信息的主体的目的或出发点。有时，发表时间最近的信息的价值要大于发表时间较早的信息的价值。但有时人们往往会更看重发表时间最早的信息，特别是在回顾历史的时候。

【实例】李明平时喜欢上网，一天他无意进入了一个国外网站。该网站介绍说，如果接收它发过来的带有广告内容的电子邮件，上网就可以免费。他在网站登记时留下了自己的姓名、地址、电子邮件等个人资料。没过几天，他收到一封来自国外的航空信件，信件上说他中了23万现金大奖，只要他立即电汇150元手续费，两天内就可以将现金送到他手上。

李明将信将疑，到银行咨询，银行职员告诉他，最近到银行办理这种汇款的人特别多，怀疑这有可能是国际诈骗，目的就是骗取这一定数量的手续费。于是，李明报了警，公安局通过跟踪调查，发现所有把钱汇出去的网民，均没有获得相应的大奖。问：

(1) 李明从哪里获得的中奖信息？信息的来源是否可靠？为什么？
(2) 李明向银行咨询，银行提供的信息（可能是国际诈骗）是否真实和有参考价值？
(3) 李明在网上留下自己的真实姓名、地址等资料，你会这么做吗？为什么？
(4) 列举你或身边的人曾经遇到过的类似案例，并进行比较和分析。

第二节　信息的辨别

★自学指南

1. 识别网络谣言的方法有哪些？
2. 你遇到过诈骗吗？如果有，你是如何防范的？

一、识别网络谣言

（一）网络谣言

近几年来，随着手机短信、微博等新媒体的崛起，网络谣言呈激增之势。网络谣言侵犯他人权益，扰乱社会生活甚至危害国家安全，必须引起全社会的高度警惕。

1. 网络谣言的定义

谣言是指没有相应事实基础却被捏造出来并通过一定手段推动传播的言论。随着互联网技术的快速发展，谣言的传播不再局限于口口相传，而是形成了通过网络传播这种受众更广泛的方式。网络谣言是指通过网络介质（如聊天软件、社交网站、网络论坛等）传播的没有事实依据的信息。

2. 网络谣言的特点

（1）主体确定困难。网络为人们的交流提供了平台，但在这个虚拟平台，确定造谣者的身份有很大困难。即便是在实行网络实名制之后，一些网络群体或者其他不需要实名制的自媒体，通过利用网络或者其他渠道搜集来的身份信息对实名制进行规避。

（2）内容多为社会焦点，且具有互动性。网络谣言传播者一般会将其发布的谣言和当下某些公众关注的焦点问题相结合，以便获得更大的关注。

（3）传播速度快。自媒体的产生方便了信息的传播，同时也为谣言的传播提供了渠道。

（4）负面影响巨大。在网络谣言传播过程中，不当评价可能会加剧谣言的负面影响，如果对群体性事件辟谣不及时，容易引起社会恐慌，造成恶劣的社会影响。

【实例】2010年山西地震谣言令山西数百万人街头"避难"。2011年响水县"爆炸谣言"引发大逃亡，4人遇难。"神木县财政亏空、免费医疗免费教育废止"的谣言在网络传播后，引发了群体性事件，虽然当地政府部门屡次辟谣，但是仍不能禁止谣言。

（5）辟谣成本高。不少谣言虽然已经在一个网络平台上（比如论坛）被辟谣，但当它们重新出现在其他平台上时，又获得大量转发；有些谣言属于不讲究时效性的"老段子"，往往会每隔一段时间又在不同的网络平台上出现，使之前的辟谣工作前功尽弃。

【实例】

电表被电力公司故意调快，几万民众拒交电费

一条"更换新电表后电费几乎翻番，××市几万民众拒交电费"的传言在网上流传。传言称："中国75%的电表都被蓄意加速，偏差最大的要快58%，大多数快30.5%左右，也就是说，居民要无端地多付30%~58%的电费。"为了证明这个观点，传言列举了一系列所谓的"证据"，引起网友大量转发。

据不完全统计，这条谣言曾出现了广西玉林、江西九江、湖北洪湖、河北遵化等近10个地方版本，从"六千民众""八千民众"到"数万民众"，甚至还出现了"五十万民众"，一个比一个夸张。

中央电视台《焦点访谈》栏目曾经做了一整期节目《真相调查：电表有准儿吗？》，节目组采访了电表的生产厂家、质量监督部门、第三方检测机构、权威科研机构等单位，全方位地对传言的几个所谓的"证据"进行了一一驳斥。

（二）网络谣言的危害

（1）危害国家安全。国外反华势力和国内反动分子针对党和国家制造和散播谣言，以煽动性的言词误导国内公众。一些误信谣言的群众可能成为敌对势力破坏国家和社会稳定的工具。

（2）破坏国家机关的公信力。某些人在网络上恶意制造国家机关的谣言，形成很坏的影响，有的时候甚至会引发群体性事件，导致国家机关被怀疑和误解。

（3）造成社会恐慌和混乱。有些谣言提供的信息与公众日常生活密切相关，它的出现会给公众的日常生活带来很大的不便或者困扰，特别是传播到信息网络后，会迅速引起公众的关注，造成恶劣的影响。如因食用碘盐可以防核辐射引发了国内抢盐风波；滴血食物传播艾

滋病毒等事件造成了社会的失稳和恐慌。

(4) 侵犯自然人、企业及社会团体的合法权益。网络谣言有时会成为人身攻击、毁损商誉及团体名誉的手段,对自然人、企业和社会团体造成不好的社会影响,导致其人格利益或财产利益受到损失。

【实例】

"蛆橘事件"让全国柑橘严重滞销。

"告诉家人、同学、朋友暂时别吃橘子!今年广元的橘子在剥了皮后的白须上发现小蛆状的病虫。四川埋了一大批,还撒了石灰……"2008年的这条短信当时被大量转发。此间,又有媒体报道了"某地发现生虫橘子"的新闻,虽然语焉不详,但被网络转载后再度加剧了人们的恐慌。

自2008年10月下旬起,它导致了一场危机:仅次于苹果的中国第二大水果柑橘——严重滞销。在湖北省,大约七成柑橘无人问津,损失或达15亿元。在北京最大的新发地批发市场,商贩们开始贱卖橘子,21日还卖每斤0.8~1元,次日价格只剩一半。山东济南,有商贩为了证明自己的橘子无虫,一天要吃6至7斤"示众"。

10月21日,当传言已经严重影响全国部分地区的橘子销售时,四川省农业厅对此事件首次召开新闻通气会,并表示,此次柑橘大实蝇疫情仅限旺苍县,全省尚未发现新的疫情点,并且该县蛆果已全部摘除,落果全部深埋处理,疫情已得到很好控制。

(三) 如何辨别谣言

(1) 注意信息的出处和可靠性。看到"骇人听闻"的信息后,先在网上搜索一下,看一看信息的出处,如果只是网络帖子,可信度就很低;再搜索一下信息中的关键词,了解一下当前报道情况,避免偏听偏信。

(2) 关注官方信息。谣言信息一般会涉及很多行业或部门,可以关注相关行业或部门发布的信息,有些行业或部门发现有谣言,会及时澄清。我们可以通过关注官方信息来辨别谣言。如果壳网的谣言粉碎机、微信公众号谣言过滤器、新浪微博的全国辟谣平台、北京地区网站联合辟谣平台、上海辟谣等。

(3) 向警方求助。对于很多人都无法辨别的、社会影响极大的消息,可以寻求警方帮助,识别信息的真假。

【实例】"紫菜是塑料袋做的",这个是真的吗?

对于塑料紫菜的谣言,在中国食品辟谣联盟这个平台上是通过专家解读进行辟谣的,如图6-1所示,在果壳网的谣言粉碎机这个平台上则是从紫菜的生长特性等角度剖析了这则谣言的不真实性。

二、识别各种诈骗

据统计,2017年全国各地的网络诈骗举报10 882起,涉及金额高达12 668.5万元,人均损失11 641.7元。诈骗是指以非法占有为目的,用虚构事实或者隐瞒真相的方法,骗取金额较大的公私财物的行为。

(一) 电信诈骗

随着我国信息化程度的不断发展,电信已经成为人们生活中不可或缺的一部分。但近年

图 6-1　中国食品辟谣联盟网页首页

来,利用固定电话、手机、网络等通信工具进行诈骗的行为在我国迅速蔓延。电信诈骗是指犯罪分子通过电话、网络和短信方式,编造虚假信息,设置骗局,对受害人实施远程、非接触式诈骗,诱使受害人给犯罪分子打款或转账的犯罪行为。

1. 电信诈骗的特点

(1) 犯罪手段科技化。"互联网+"时代为诈骗活动提供了契机,诈骗者利用新型先进作案设备(智能手机、短信群发器、电脑、网络服务器等)以及网络手段和社交软件,通过盗取账号来获取被害人的个人信息,从而实施诈骗。

(2) 诈骗方式多样化。随着互联网技术的发展,现代电信诈骗方式已经变得五花八门,犯罪形式上也呈现出多样化的特点,如冒充公检法机关诈骗、发送虚假中奖信息诈骗所谓的"手续费"、网购诈骗等。

(3) 作案手段隐蔽化。电信诈骗犯罪与传统犯罪不同,它是通过虚拟网络来实施的,犯罪分子不与被害人直接接触,所以被害人不知道犯罪分子的特点,而且被害人所掌握的犯罪分子的电话号码或 IP 地址都是经过技术处理的虚假信息,这增加了破案的难度。

(4) 犯罪群体职业化。电信诈骗犯罪由最开始的零散作案,到目前已经演变成组织化、团伙化、集团化作案。电信诈骗犯罪大多是团伙作案,一般分为技术、信息、通话、转账、取款等几个不同"部门"。

(5) 社会影响深度化。电信诈骗涉案金额动辄成千上万,甚至几十万、几百万、数千万,由于电信诈骗这种犯罪类型的特殊性,其社会影响越来越大。

2. 电信诈骗的主要类型

(1) 冒充公检法机关诈骗。电信诈骗中,犯罪分子常用的手法就是冒充公检法机关,通过一些手段先将被害人震慑住,再通过成员间的分工、角色扮演,将被害人的电话层层转给一个"办案人员",而"办案人员"会提供一个所谓的"安全账号",让被害人把钱存进去以证清白。

【实例】

清华大学老师被骗 1 760 万元

2016年8月30日,网传一则"警情通报"称,清华大学一位老师被电信诈骗人民币1 760万元。多方信息显示,这位清华大学老师之所以手里有这么多现金,是因为他刚刚卖了一套房子,然后回到家立即就接到了诈骗电话,称他漏缴各种税款等,各种恐吓威逼,结果1 760万元全部被骗走。

分析:这位老师遭遇的是典型的"冒充公检法机关"电信诈骗。在"冒充公检法机关"电信诈骗中,通常会伴随着个人信息的泄露。不少案例显示,诈骗分子通过各种渠道获取受害人姓名、年龄等个人信息后,开始实施"话术"诈骗。此外,有些骗子会自制一些假冒的公检法网站,要求受害人登录。由于个人信息早已泄露,受害人登录假网站后会看到自己的电子通缉令。事实上,公检法机关不会以电话、短信、网络等形式对涉嫌洗钱等问题进行处理,办理案件时也绝不会提供所谓的"安全账号"。公检法机关也不会通过打电话的方式清查当事人的资产情况,更不会通过网络传输的方式出具"通缉令"。

(2)搜出来的陷阱。有一些犯罪分子在知名搜索网站登记电话,冒充一些知名公司,等待网民"上钩"。例如,2014年初,刘先生想买火车票回家过年,在火车站和火车票代售点都未买到票,着急的他用百度搜索到一个95开头的订票电话,没想到落入诈骗陷阱,骗子骗他输入购票验证码3199888,结果他就这样被骗走了31 998.88元。

(3)冒充熟人、好友诈骗。诈骗分子通过技术手段盗取他人QQ、MSN、微信等个人账号,然后冒充账号的主人与受害人聊天,并以有急事用钱等为借口,向好友借钱。

(4)代购诈骗。诈骗分子通过虚假网站,以价格非常优惠为诱饵,低价"海外代购",在受害人付了代购款之后,以"商品被海关扣下"等理由要求加付"关税",或是假冒购物网站客服,以店铺缺货要求退款为由,骗取受害人银行卡号及动态密码等信息。例如,云南曲靖市的蓝女士网购了一些生活用品,之后接到自称是电商客服人员的电话称,因货物不能发送需退款,要求蓝女士提供个人银行账户、身份证等信息。蓝女士也没多想,便按对方要求办理"退款",甚至连银行发来的手机短信验证码都告诉了对方。最终,蓝女士发现自己银行卡被转走10万余元存款。

(5)虚构中奖网络诈骗。诈骗分子借助网络、短信、电话、刮刮卡、信件等媒介,随机发送虚假中奖信息,一旦用户拨打"兑奖热线",诈骗分子即以需先交"个人所得税""公证费""转账手续费"等种种借口让用户汇款来骗取钱财。

(6)提供低息贷款诈骗。诈骗分子以贷款公司名义向受害人手机上发送低息、无须担保贷款短信,利用一些企业和个人急需周转资金的心理,以低息贷款诱人上钩,然后以预付利息为借口骗钱。

(二)微信诈骗

1. 微信诈骗的定义

微信是腾讯公司于2011年1月21日推出的一个为智能终端提供即时通信服务的免费应用程序。

微信诈骗是指基于微信平台，依托微信的各种功能进行的一种以非法占有为目的，用虚构事实或隐瞒真相的方法，骗取数额较大公私财物的行为。

2. 微信诈骗的类型

（1）利用代购诈骗。此种诈骗方式通常以"海外代购"的方式进行，海外代购可以解决消费者在国内买不到某些产品的需求，或者消费者可以低价购买所需产品。一些不法分子正是利用消费者的这种心态，在朋友圈发布可以代购产品的信息，在受害人付款后，诈骗分子就会以"商品被海关扣下，需要加付税款"等理由要求受害人继续付款，在受害人继续付款后，不仅收不到货物而且还联系不到诈骗分子。

（2）利用二维码诈骗。这种诈骗模式是诈骗分子通过给消费者折扣或者低价处理消费者所需产品的方式进行。诈骗分子会给予消费者一个商品的二维码让其扫描，实际上这个二维码带有木马病毒，在消费者扫描二维码之后，诈骗分子即可在后台获得受害人的个人信息，其中包括受害人的网银、支付宝的账号和密码等信息。

（3）盗号诈骗。这种诈骗模式类似于QQ盗号诈骗，犯罪分子利用盗号木马盗取微信账号、密码及相关资料，然后向该账号里的好友发送求助信息，称"自己"有困难需要金钱上的帮助，在这种情况下，朋友一般都会施以援手，将钱汇入骗子指定的账户中。这种诈骗手段虽然不太高明，但是诈骗分子却总能得手。例如，小琳收到好友的微信消息，称手机刷机后联系人号码没了，要重新添加联系方式，得到小琳的手机号码后，对方又发来微信消息，称登录微信需要好友验证，要小琳把收到的验证码发给他，小琳将验证码发过去后却登录不上自己的微信，在修改密码重新登录后，微信里的零钱已经没有了。

（4）身份伪装诈骗。这种诈骗模式是指诈骗分子通常会对自己的身份进行伪装，在骗取防范意识薄弱的受害人情感上的信任之后，会以自己金钱紧张、家里遇到困难等理由借钱，随后诈骗受害人的钱财。

（5）虚构公众号诈骗。在微信公众号平台上，一些不法公众号进行虚假宣传，诸如某化妆品、瘦身器材等有奇效，使得关注公众号的人受骗。也有一些类似于"交通违章查询"这种名称的公众号，让他人误以为这是官方的微信公众号，从而实施诈骗。

【实例】

扫二维码被扣近三千元

广州的赵某是手机游戏"太×熊猫"的热心玩家。最近，他在微信上搜索"太×熊猫"时，看到一个名为"太×熊猫限量礼包"的公众号，于是就关注了这个微信公众号。之后他看到该公众号有充值兑换的优惠活动信息，就在活动界面购买了968元的套餐产品。付款后，从收款的消息界面上可以看到，共有8个人参与了这个活动，总共付款7 744元。

刚完成付款后不久，一个自称是客服的名为kefu568的微信号联系了赵某，称其购买的商品出现了问题，资金已被冻结，需要给赵某退款。kefu568给其发送了一个二维码，称其扫描这个二维码即可完成退款，但当赵某扫描这个二维码后，账户中又被转走了968元。

赵某立即向kefu568询问是怎么回事，对方表示可能还是交易异常，请他再扫描一次二维码，结果扫描二维码后，又被扣款968元，而且kefu568劝说赵某，要解除异常，就必须继续充值或扫描二维码退款。

赵某此时才感觉不妙，拒绝继续操作。kefu568称，72小时后钱会自动退款到赵某网银账户。

次日,赵某再次询问 kefu568 自己的钱什么时候能退,对方则继续劝其等待。又过了半天,kefu568 已经联系不上了,而"太×熊猫限量礼包"这个公众号也找不到了。

(6) 抢红包诈骗。近日,某手机杀毒软件截获一个手机木马,叫作"红包大盗"。这种木马会伪装成微信红包和支付宝红包,并且能够窃取手机用户的银行卡账号和密码这些信息,甚至这种木马还能截获手机收到付款验证码的短信。

(三) 学术诈骗

学术诈骗,又称学术欺诈、学术欺骗、学术腐败等,可泛指任何形式的与学术相关的诈骗行为。学术诈骗的种类有:

1. 假冒学术专家

不知何时开始,学术界许多学者、专家深陷"造假门",学术界论文造假事件层出不穷。例如,2009 年 3 月,××大学副教授贺××被爆剽窃论文。××大学共核查贺××及其所在研究室相关人员涉嫌学术道德问题的论文 20 篇,其中贺××涉及论文 9 篇。事发后,贺××被撤销副教授职务和任职资格,××大学将其开除出教师队伍。

2. 假保健品或者药品专家

随着信息传播渠道日趋多元,人们在生活中遇到虚假健康信息的情况逐渐增多,其中既有夸大其词的虚假医疗、保健食品广告,也有各种冠以专家说法之名的伪科学。

公开资料显示,顶着各种不同头衔的所谓专家"刘洪斌"从 2014 年开始出现在各大卫视上。有报道统计,她先后出现在 6 家卫视,推销苗仙咳喘方、唐通 5.0、天山雪莲、药王风痛方、苗祖定喘方、苗家活骨方、老院长祛斑方、蒙药心脑方等多种药品、保健品。人们可以通过以下途径查找药品和医疗广告是不是合法的:

(1) 国家食品药品监督管理总局。通过国家食品药品监督管理总局网站可以查询人们平时用的药品以及医疗广告是否合法。而除了药品、医疗广告,国家食品药品监督管理总局还提供化妆品、医疗器械、互联网服务、网上药店等相关资质信息的查询,如图 6-2 所示。

图 6-2 国家食品药品监督管理总局网站首页

(2) 药智数据。药智数据网站也可以查询药品、中药材、医疗器械、食品、化妆品、企业、疾病等信息,如图 6-3 所示。

通过国家食品药品监督管理总局网站可以查询,"刘洪斌"推销的药王风痛方这个药品和医疗广告都查询不到任何相关信息,说明"刘洪斌"推销的药品和医疗广告都是不被国家食品药品监督管理总局所认可的,如图 6-4 所示。

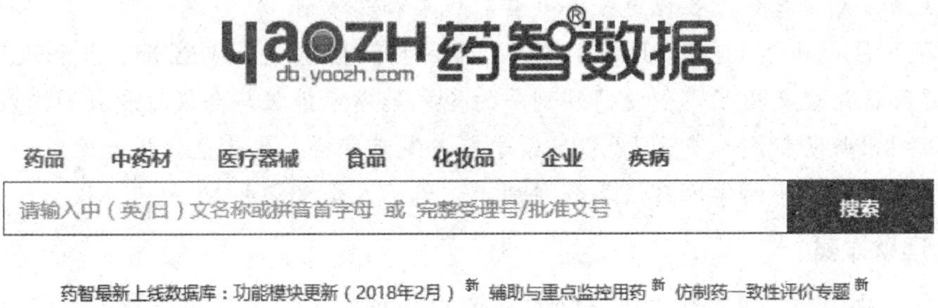

第六章 信息评价

图6-3 药智数据网站首页

图6-4 通过国家食品药品监督管理总局网站查询结果

3. 假期刊

随着学术期刊影响力的提高，假冒学术期刊网站层出不穷，严重影响了学术风气，损害了作者与出版单位的权益，破坏了出版秩序。假冒学术期刊的诈骗方式主要表现在通过盗用正规学术期刊官方网站信息，建立虚假钓鱼网站，并通过购买搜索引擎排名、发布征稿广告等方式诱骗、迷惑投稿人，骗取审稿或版面费。例如，何×等5人自2011年2月至2014年7月期间，通过建立虚假的医学杂志网站，以在《护士进修杂志》《中国医师杂志》《护理研究》《中国预防医学杂志》等期刊上刊登论文为由，先后骗取全国3 000多人往其提供的涉案银行账户中汇入共计1 844 601元。

4. 假学术会议

学术会议对促进产业发展有着不可替代的作用，但很多学术会议有着"敛财"的嫌疑。近年来假冒伪劣学术会议数不胜数。

【实例】

812名博士生集体被骗——揭开DCDIS杂志的圈钱阴谋

2005年春节前后，ICSCA 2006国际会议正在紧锣密鼓地进行宣传、筹稿，该会议主办方信誓旦旦地承诺：该会议录用的所有文章将被DCDIS-B杂志增刊出版，并被SCI（Science Citation Index，科学引文索引）检索。尽管该会议费用高达2 800元人民币（若需要会议论文集，还需每卷另交800元，共八卷），但该会议还是在短短三个月时间内录用了812

篇文章。显然，无论社会效益还是经济效益，成果都非常好。

2006年5月8日至11日，ICSCA 2006 国际会议在重庆隆重召开，当会议落下帷幕，众学子翘首期盼论文集出版，但没想到到手的论文集内容排版与会议时发放的光盘版别无二致，没有正规出版物标志，更无 DCDIS 杂志标志或者字样，更不能提供检索。

在校生应对社会中的学术会议学会甄别，避免落入学术陷井。

（四）理财诈骗

据《2017年第三季度网络诈骗趋势研究报告》显示，2017年第三季度，收到全国用户有效申请的网络诈骗举报6 172例，其中金融理财诈骗是举报数量最多的网络诈骗，共举报1 111例，占比18.0%。而从涉案总金额和人均损失方面来看，金融理财诈骗同样高居榜首。

【实例】

2016年，对非法集资案件，公安机关立案1万余起，涉及金额近1 400亿元，而这个数字中，仅P2P骗局就占了很大的部分。P2P骗局中，最声名狼藉的当属"e租宝"事件。自2014年7月"e租宝"上线到2015年12月被查封，实际吸收资金500余亿元，涉及投资人约90万名，受害投资人遍布全国。

理财诈骗出现这样的高发趋势与投资者个人投机心理、风险意识弱以及互联网金融平台监管缺位都有密切关系。那么选择金融平台时，可以将哪些作为参考的依据呢？

（1）中国证券监督管理委员会网站。中国证券监督管理委员会是国务院直属正部级事业单位，其依照法律、法规和国务院授权，统一监督管理全国证券期货市场，维护证券期货市场秩序，保障其合法运行（图6-5）。

图6-5　中国证券监督管理委员会网站首页

中国证券监督管理委员会网站中有基金、股票等机构名单。如果准备购买的基金或者股票的销售机构不在这些合法的机构名单当中，就一定要当心了。

（2）ICP备案信息。ICP证是网站经营的许可证，根据国家《互联网信息服务管理办法》规定，经营性网站必须办理ICP证，否则就属于非法经营。网民可在中华人民共和国工业和信息化部的ICP系统中输入网址域名查询网址备案信息，对那些无备案信息，或是备案信息显示为个人，或是与金融证券类无关的网站，请一定要提高警惕。

（3）中国理财网。中国理财网是经中国银行业监督管理委员会批准建立的全国银行业理财产品信息披露门户网站。中国理财网对每一款理财产品都进行了备案登记。

【实例】最近，王先生看上了中国工商银行的工银财富系列理财产品，试用自己所学知识帮他鉴定是否可以投资？

登录中国理财网官方网站，进入理财产品查询界面（图6-6），在"产品名称"文本框输入"工银财富"，查询结果如图6-7所示，通过查询结果可以看到，工银财富有多种系列产品且每一种都有备案信息，是可以投资的。

图6-6　中国理财网理财产品查询界面

图6-7　中国理财网理财产品工银财富查询结果

第三节 常用信息的评价

★自学指南

1. 学术评价的工具和方法有哪些？识别大学有什么好的方法？
2. 怎样鉴别求职信息的真伪？
3. 医院靠不靠谱，有哪些识别的方法？

一、生活信息的评价

（一）电影、电视评价的方法

2017年12月31日晚，国家新闻出版广电总局发布数据显示，2017年全国电影总票房为559.11亿元，同比增长13.45%。近几年，中国电影市场在票房、观影人次、影院质量、银幕数量等各项指标均实现了不同程度的增长。其中，尤其以放映场次和银幕数量增长最为迅猛，跃居全球第一。

电影评价是指观众对某一部电影的观后满意度评价。影响观众对电影评价的因素主要体现在内容、表演和制作方面。

（1）来自媒体的评价。媒体对影片的公开评价往往引人注目，随意性较强，个人观点亦很鲜明。

（2）来自票房的评价。票房不足以全面反映对影片公正的、最终的评价，但能反映一部影片是否受到观众的欢迎。票房及上座率可视作观众通过消费方式对影片的选择性评价。

（3）电影评奖。电影评奖是具有权威性、荣誉性、商机性的评价方式。

（4）网站评分系统。进入互联网时代之后，豆瓣、猫眼等一些网站密切对接观众，为观众提供最新上映信息、观影指导和购票服务，在推动中国电影市场的发展中发挥了一定作用。

①格瓦拉电影网。格瓦拉电影网的评分机制带有较为明显的快消文化痕迹，具备其在线购票平台的市场导向作用。格瓦拉电影网的首要目的是依托网络平台开展售票，建立评分机制，进一步强化对观众购票选择的行为引导。格瓦拉电影网的评分计算方法为，以所有用户的评分总值为分子，参与评分的总人数为分母，两者相除取得的算术平均值即为影片的最终评分。

②时光网。时光网除了十分制的综合印象打分，还增设了分项评价，用户可针对音乐、画面、导演、故事、表演、印象等六个细项计分，按照各分项的不同权重比例换算，得出最终分数。

③豆瓣电影。豆瓣电影的评分机制带有更为强烈的情绪化风格。豆瓣电影沿袭了豆瓣网创建以来形成的书评、乐评机制，采用"简单粗暴"的五星评分，用户根据观影感受对影片标星，分别对应"很差""较差""还行""推荐"和"力荐"等态度。

④APP应用软件（购票软件）。当下移动终端购票软件主要包括猫眼电影、微信电影票和淘宝电影等电影购票软件，以及大众点评、百度糯米和美团等具备电影购票功能的综合性团购软件。它们都是在主推电影售票的同时兼具了简要的电影评分功能，不具备或简要具备评分和参考描述板块，其评分功能与形态在一定意义上更像是"迷你版"的电影网站评分。

⑤其他评分渠道。如以迅雷看看为代表的影视网站和以66影视为代表的电影下载平台，虽然这两种评分渠道的用户参与度较低、评分机制的透明性差，但其仍可作为具备电影推荐功能的评分渠道。

（二）电商评价的方法和案例

随着互联网应用的广泛化，网上购物这一新兴的购物方式逐渐渗入人们的生活。与传统购物相比，网上购物具有节省时间、商品价格便宜、时间不受限制、品种齐全、选择面广、款式新颖等优势。但是在电商网站购物时，也容易出现信息不对称的问题，也就是说，买卖双方所获得的信息不同，通常是卖方掌握的信息比较充分，这样就使得买方容易上当受骗。那么消费者该如何鉴别一个店铺的质量？

（1）店铺的资质。通过店铺网站及其介绍可以查看店铺的工商执照、资质证书、卖家信用、卖家好评率、描述服务、物流信息以及商家对实物的描述、商品的销量等。由于在电商网站中商品信息只能通过图片和文字等信息进行表达，因此容易造成输出信息与实物相分离。

（2）第三方评价。第三方评价是指有经验的消费者对购物过程的评价。第三方评价要比商家的信息更为客观。第三方评价可以有效地帮助消费者分辨产品，使消费者对产品属性有更深入的了解。

（3）退货退款保证。现在很多店铺都保证正品和七天无理由退换货。购买商品之前请仔细阅读并了解该商品的退货退款的相关信息。

进行网上购物时，需要慎选店铺和商品，不要使用平台指定聊天工具以外的其他即时聊天工具，支付的时候，务必核实域名和支付详情，防止误入钓鱼网站。

【实例】

淘宝"木鸡牌插座插排"事件

2018年3月14日，一篇以《315关注：淘宝驳回消费者举报，马云支持3C认证被撤销的"自燃插排"继续销售？》为题的文章在腾讯自媒体平台上刊发，文章指出淘宝网无视消费者对已经撤销3C认证证书的在售插座插排的举报，包庇偏袒淘宝卖家，明文回复称"商家所售商品未违反国家标准"，该文发出后引起众网友热议。15日晚上8点左右，淘宝网联系到作者并致歉，声称下架文内所述的"木鸡"牌插座插排。

3月16日下午4点左右，作者以"木鸡牌插座插排"为关键词在淘宝网上搜索宝贝，共搜到25个商品，但笔者初步查看核实后发现，至少还有7个淘宝卖家在售的10件"木鸡"牌插座插排仍然在使用失效的3C认证证书，而这10件宝贝的3C认证证书编号分别是2013010201665361和2011010201454197。

其中，掌柜号为tb9594533_00的淘宝卖家（店铺名为"壹绿通电线电缆网销店"）所使用的3C认证证书编号为2013010201665361，淘宝卖家与淘宝网的二级页面"淘宝百科"均向消费者显示：该3C认证证书"有效"，但从《国家认证认可监督管理委员会信息中心》处获悉，编号为2013010201665361的3C认证证书早在2017年12月11日就已变成"暂停状态",到 2018 年 3 月 15 日该证书已由"暂停状态"变为"撤销状态"(图 6-8)。3C 认证证书失效后,目前该店铺约有 4 件"木鸡"牌插座插排电线仍在淘宝网平台处于在售状态。

如此看来,淘宝网上最少还有 10 件"木鸡"牌 3C 认证证书失效的插座插排处于在售状态。可见淘宝官方并没有彻底清查,仅是针对早前文章中提到的一个淘宝卖家的三个商品进行下架处理,而为了保证利益链不受重创并未采取全网行动。

图 6-8 通过认证认可业务信息统一查询平台查询结果

(三) 医院评价

例如,"魏则西事件"闹得沸沸扬扬,起因是被查出患"滑膜肉瘤"这种罕见病的大学生魏则西,通过百度搜索找到武警北京总队第二医院,在花光东凑西借的 20 多万元后仍不幸去世。在这次事件中百度再次陷入舆论漩涡,很多人接触到一个新名词:莆田系。那么,如何才能识别出"莆田系"医院,避免受骗呢?可以从哪些方面去获取相关的信息从而对医院进行一个综合评价?怎样辨别一家医院是否靠谱?

(1) 搜索引擎。通过搜索引擎查找医院的时候,如果遇到后面带有广告字样的搜索结果就要慎重一些,公立医院是很少做广告的。

(2) 医院主页。可以通过访问医院的官方主页来获取更多信息。一般公立医院的官方主页内容层次多、范围广,而有些医院的官方主页很多都是联系方式、在线咨询,有很明显的广告痕迹。

(3) 医院、医生的资质查询。对于医院,我们更关心的是医院的资质,医院的资质可以通过中华人民共和国国家卫生和计划生育委员会网站来查询,在这个网站的数据查询界面有医院的执业资格信息、医院的资质等级信息、医生和护士的资质信息,如图 6-9 所示。

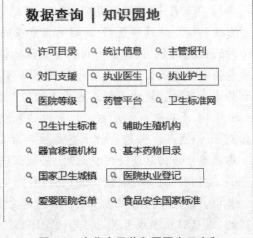

图 6-9 中华人民共和国国家卫生和计划生育委员会数据查询界面

【实例】 查询四川大学华西医院李为民医生的执业信息。

解：登录中华人民共和国国家卫生和计划生育委员会网站，通过数据查询里的“执业医生”来进行查询，输入“李为民”，结果显示如图 6-10 所示。同样，护士的资质也可以通过这样的方法来进行查询。

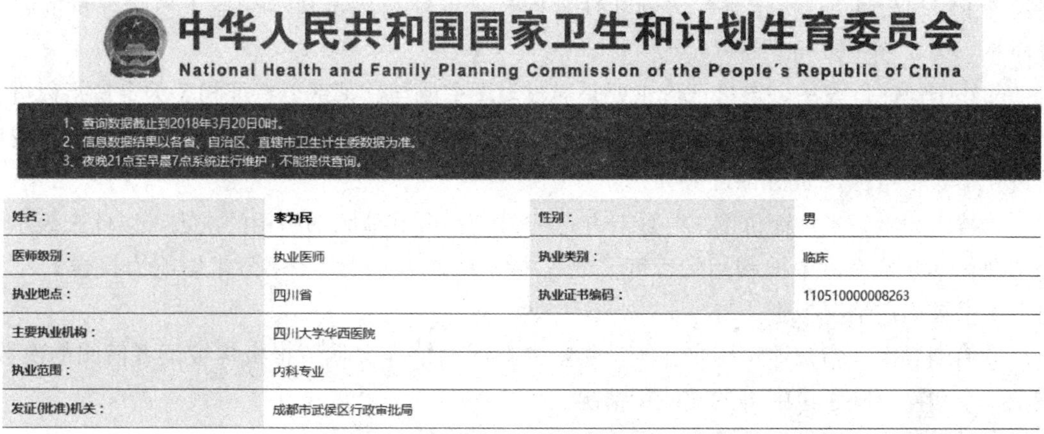

中华人民共和国国家卫生和计划生育委员会

National Health and Family Planning Commission of the People′s Republic of China

1、查询数据截止到2018年3月20日0时。
2、信息数据结果以各省、自治区、直辖市卫生计生委数据为准。
3、夜晚21点至早晨7点系统进行维护，不能提供查询。

姓名：	李为民	性别：	男
医师级别：	执业医师	执业类别：	临床
执业地点：	四川省	执业证书编码：	110510000008263
主要执业机构：	四川大学华西医院		
执业范围：	内科专业		
发证(批准)机关：	成都市武侯区行政审批局		

图 6-10　李为民医生的执业信息查询结果

（4）医院排名。2017 年 11 月 11 日下午，复旦大学医院管理研究所正式发布了《2016 年度中国医院排行榜》和《2016 年度中国医院专科声誉排行榜》。在入榜的 100 家医院中，有 37 个是专科医院，北京协和医院、四川大学华西医院、中国人民解放军总医院继续名列前三甲。

（四）酒店评价的方法

1. 酒店的等级

酒店的等级是对酒店价格、服务设施、服务品质的集中反映，成为顾客快速认知酒店的依据，因而，酒店的等级已逐渐成为顾客选择酒店的重要参考因素。用星的数量和设色表示酒店的等级。星级分为五个等级，即一星级、二星级、三星级、四星级、五星级，星级越高，表示酒店的档次越高。

2. 网友的评论

已经住过酒店的网友会对酒店作出一个评论，由于其评论具有真实性，成为消费者决策的重要依据。

二、学术信息的评价

图书馆的迅速发展要求图书馆能为读者使用图书资料提供更全面到位的服务。读者在图书馆查阅图书时，通常会希望图书馆信息系统能根据查阅请求推荐一些相关图书，以便选定适合自己阅读需要的图书。图书评价无疑在某种程度上满足了读者的这一需求。

（一）图书评价

图书评价是根据一定的标准，采用一定的方法，对图书的内在质量、使用规律、发展特点等各方面进行分析、评价。

1. 图书的评价指标

（1）定性评价方法。定性评价是指根据人们的经验和主观认识来直接判断和确定图书价值，与定量方法相比，它更强调对评价对象的主观观察、归纳、判断、分析，侧重于对图书难以量化的内在价值部分的把握。"中文图书综合评价指标体系"在评价图书内容质量方面共设置了"思想性""科学性""创新性"等 8 个定性指标，基本涵盖了质量评价的各个方面。

（2）定量评价方法。定量评价主要是通过对图书或与其某部分特征相关的定量指标进行文献计量统计和数据分析，来评价图书的使用价值和社会功用。在定量评价指标方面，我们共设立了 8 个指标，如图 6-11 所示。

①被引频次。指被评价图书在统计年限中被期刊或其他图书引用的次数，以此来表示该图书在科学学术交流中被利用的程度。如《中国人文社会科学图书学术影响力报告》、"读秀"图书被引用情况报告。

②借阅频次。指被评价图书在统计年限中在图书馆等文献情报机构被读者借阅的次数，它从一个角度反映了该图书的被使用情况。

③被摘频次。指被重要检索工具摘要或书评的次数。

④网络下载频次。网络信息技术的发展为图书的使用和阅读提供了一个极具发展潜力的平台。为了适应这一新的趋势，在计量评价时，也设立了相应的网络下载频次指标，通过统计图书在互联网上被下载阅读的频次，反映图书在互联网上的传播情况。

⑤获奖频次。指在图书评奖活动中的获奖次数。它能从一定程度上反映图书本身的质量和社会对其的评价，可以借鉴吸收其他项目的图书评价成果，进一步提高对图书质量的评价作用。

⑥出版次数。指图书再版的次数，是反映图书被利用的持续程度的重要指标。

⑦发行数量。指图书销售发行的册数，它通过读者的消费体现图书的价值和影响，直接从市场角度反映了读者对图书的认可情况。

⑧核心作者著作。核心作者的研究成果有着较好的质量和较大的影响力。因此，是否为该领域的核心作者著作，也作为评价指标之一。

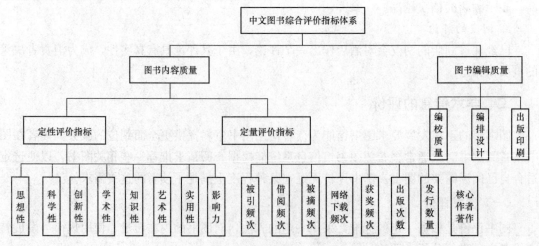

图 6-11　中文图书综合评价指标体系框架图

(3) 图书评论。图书评论是对图书的内容（与形式）进行评论并就图书对读者的意义进行研究的一种社会评论活动，简称书评。书评反映了读者对一本书的质量的主观性见解和价值判断，对于图书宣传促销、引导读者阅读，提高图书质量都有积极的作用，是我国当前图书评价的一种重要形式。

著名的网上书店当当网和亚马逊都设有在线书评系统，每天都有大量的读者在网上留言，写下自己对所购图书的见解和评价。此外，三大门户网站新浪、搜狐和网易也都设有读书频道，用户可以自由地发表图书评论。与传统书评相比，网络书评更贴近大众读者，交流方便，互动性更强。

【实例】

图书打榜：另类营销还是欺诈

不知道是不是受音乐界打榜的影响，图书排行榜也逐渐风行。如今，除了各大书店的图书销售月榜、周榜、日榜，各种专业类书榜，每年还有名目繁多的"十大书榜"乃至"烂书榜"，各种榜单不下千余种。

据有关人士透露，当下业界比较通行的一种做法是回购——由出版方出资，大量回购自家的某本图书，制造该图书旺销上榜的假象，从而对读者购书产生一定的导向作用。打榜，是营销手段还是另一种欺诈？

2. 如何识别盗版图书

在日常生活中，盗版图书铺天盖地，可以通过以下几种方法来进行辨别：

(1) 中国版本图书馆。中国版本图书馆是我国唯一的专门负责征集、收藏、管理中华人民共和国成立以来全国出版物样本的图书馆，也是我国最完整、最具权威的一个出版物资源信息库（图6-12）。

图6-12　中国版本图书馆首页

打开中国版本图书馆的主页,右边有个检索窗口,即"馆藏资源查询",可以通过"书名""作者""出版者""出版年""ISBN"等字段去检索。在版本图书馆网站上能查到的,肯定是正规出版的,没查到的可以通过其他的方法继续检索。

(2)《全国总书目》。《全国总书目》是图书年鉴性质的综合性、系列性图书目录,自中华人民共和国成立以来,逐年编纂。它依据全国各正式出版单位每年向中国版本图书馆缴送的样书信息编纂而成。《全国总书目》每年出版一套数据检索光盘,该光盘可为用户查找已出版图书。

(3) OPAC查询。通过联机公共目录查询(Online Public Access Catalogue,OPAC),图书的特性不同,读者在网上书目的查找也有着不同的方式。其中最普及的查找方式有:书名检索、作者检索、ISBN检索、年份检索、出版社检索;还有一些不常用,但十分重要的检索方法,如分类法检索、导出词检索、丛书检索、套书检索等。以上这些检索途径都可以在OPAC数据库里进行检索。

(4)通过出版社查询。现在不少出版社把新出版的书在网站上进行推荐,出版社也提供书目查询系统且数据很完整,查准率和查全率都比较高。

(5)查看ISBN号。国际标准书号(International Standard Book Number,ISBN)是国际通用的图书或者独立的出版物代码。通过查看ISBN号可以了解ISBN中的国家代码、出版社代码、书序号等是否正确。

(6) CIP核字号验证。CIP即为图书在版编目。通过对图书在版编目(CIP)的核字号查询,可以实现对CIP数据的真伪及反映的内容进行核实。

(二)期刊评价

学术期刊登载大量的科学论文及其参考文献,而且时限短、内容新,可以全面反映科学发展与文献交流的现状与趋势,在科学技术活动中起着非常重要的作用,是科学交流的主要工具。

1. 学术期刊评价指标

评价期刊的标准主要是看期刊的质量和作用,而期刊的被利用情况和影响力大小则是其质量和作用的具体体现。

(1)总被引频次:指该期刊自创刊以来所登载的全部论文在统计当年被引用的总次数。这是一个非常客观实际的评价指标,可以显示该期刊被使用和受重视的程度,以及在科学交流中的作用和地位。

(2)影响因子:这是一个国际上通行的期刊评价指标,是美国情报学家加菲尔德于1972年提出的。由于它是一个相对统计量,所以可公平地评价和处理各类期刊。通常,期刊影响因子越大,它的学术影响力和作用也越大。

(3)即年指标:这是一个表征期刊即时反应速率的指标,主要描述期刊当年发表的论文在当年被引用的情况。

(4)被引半衰期:指该期刊在统计当年被引用的全部次数中,较新的一半是在多长一段时间内发表的。引用半衰期和被引半衰期都是测度期刊老化速度的一种指标。这两种半衰期通常不是针对个别文献或某一组文献,而是针对某一学科或专业领域的文献总和而言的。

(5) 来源文献量：指来源期刊在统计当年的全部论文数，它们是统计期刊引用数据的来源。

2. 核心期刊

核心期刊是指刊载与某一学科有关的信息量较多，学术水平较高的论文，能够代表本学科研究现有水平与发展方向，受到学科用户认可的期刊。

国内的核心期刊主要有：

①《中文核心期刊要目总览》。北京大学图书馆研制的《中文核心期刊要目总览》又称《北大核心期刊》，这是国内通用认可的核心期刊来源。

②《中国学术期刊评价研究报告》。中国科学评价中心、武汉大学图书馆、武汉大学信息管理学院对 6 170 种中国学术期刊进行评价，并组织编写了《中国学术期刊评价研究报告》，于 2008 年首次出版，报告中根据评价结果列出了 65 个学术期刊排行榜。"中国学术期刊评价研究"项目经过评比研究，得到了国内第一个多角度、综合性的学术期刊排行榜，是我国期刊评价史上新的里程碑。

③《中文社会科学引文索引（CSSCI）》。CSSCI 是由南京大学"中国社会科学研究评价中心"研制，用于检索中文人文社会科学领域的论文收录和被引用情况，是我国人文社会科学评价领域的标志性工程。CSSCI 来源刊的评价指标主要有 3 个，分别是被引量、影响因子和专家评审。

④《中国人文社会科学核心期刊要览》。中国社会科学院文献信息中心和社科文献计量评价中心对人文社科期刊进行了评选，2004 年第一次正式公开出版《中国人文社会科学核心期刊要览》，作为人文社科核心期刊目录。

《中国人文社会科学核心期刊要览》以期刊学科论文的被引用为主，以期刊学科发文为辅，对学术期刊发展规律和增长趋势进行量化分析，邀请各学科权威专家进行评审，力求客观地统计期刊的"学术影响力"。

⑤《中国人文社会科学期刊学术影响力报告》。南京大学博士生导师苏新宁教授带领一批专家团队于 2009 年正式发布的《中国人文社会科学期刊学术影响力报告》，对我国人文社会科学 23 个学科的 2 000 多种期刊进行了定量分析和科学评价，并给出了排名。最后还对我国人文社会科学期刊进行了学术等级的划分，是我国首部以创新方法进行期刊评价研究的成果，开创了我国期刊科学评价的新天地。

⑥《中国科技期刊引证报告》。自《中国科技期刊引证报告》问世以来，一直在科学评价期刊方面发挥着巨大作用。为了使中国的广大科技工作者能够客观准确地选择和利用期刊、科研管理部门能够科学地评价期刊，中国科技信息研究所按照《中国科技期刊引证报告》的模式，从 1988 年起开始编撰发布《中国科技期刊引证报告》。该报告在国内公开出版的所有自然科学期刊中选列约 1 200 种学术水平较高、发表科技论文数量较多、受到专业读者关注的优秀期刊作为科技论文统计源刊，每年对统计源刊上发表的论文按一系列引证指标（包括总被引频次、影响因子、即年指标等）进行统计分析，在 10 月以"报告"的形式公开发布，分为核心版及扩展版，是我国最权威的期刊质量评价报告之一。

3. 学术论文的评价方法

期刊论文、会议论文、学位论文等学术论文是构成学术信息的重要部分，随着计算机检索的智能化快速发展，获得大量的学术论文变得越来越容易。因此，如何处理文献的整理、筛选工作，挑选出高质量、有参考价值的信息也变得越来越重要。对于学术论文的价值评价，一般有以下几种方法：

（1）学术论文的定量评价。学术论文的定量评价方法有很多种，目前被学术界普遍认同的，也是较客观、科学的一种方法是引文分析法。引文分析指标很多，其中最重要的指标有两个。

①影响因子。影响因子是指期刊所载论文的平均被引率。具体的算法是：某种刊物前两年发表论文在统计当年被引用的总次数除以该刊前两年发表论文的总数。一般来说，期刊的影响因子越大，它的影响力和学术作用也越大，亦可认为其质量就越高。

【实例】查询期刊《图书情报资料》的影响因子。

解：登录中国知网首页，选择学术期刊，利用刊名处输入"图书情报资料"，点击刊名则会得到以下检索结果，如图6-13所示。

图6-13 期刊《图书情报资料》的影响因子查询结果

②论文的被引频次。论文的被引频次反映论文在某一时期被引用的次数。论文被引用的次数越多，说明其受关注的程度越高，参考价值越高。

（2）学术论文的定性评价。一般情况下，读者对检索到的论文的引用情况并不十分了解，难以获得定量评价的数据，此时可以通过各种著录事项事实及经验对论文给予大致的、一般性的评价。

①权威性。权威性主要从三方面来评价：一是从刊载论文的出版物的重要性、影响力评价，如是否是核心期刊，是否出自著名的、信誉良好的学术机构或出版商；二是从作者的知名度以及所从事的工作进行评价，如是否为该领域的专家；三是从该文在公众中的评论和反应进行评价。

②时效性。时效性即看论文的完成时间或出版时间，除历史和哲学等少数学科领域学者会认为一些老的、传统的东西比当前的更有价值外，大多数学科领域的研究者对比较新颖的成果更感兴趣。

③可证实性、可核查性。可证实性、可核查性主要针对论文中引用的事实和数据是否有确切的出处，参考文献著录是否正规完整，参考文献的权威性及可信度等方面来判断。

④逻辑性。逻辑性主要指论文提出的假设、依据、结论是否顺理成章，前后逻辑是否统一。对于立论荒谬、依据虚构、逻辑混乱、前后矛盾、错误频出的资料应予以删除。

⑤目的性。考察论文的内容是否有夸大、吹捧的迹象，比如，作者是否受出版商利益的

驱使，具有商业性目的；文中所阐述的思维倾向是否带有明显的偏见，不够客观、公正等。

4. 学术论文投稿

(1) 学术论文的投稿策略。

①了解并选择所投刊物，弄清期刊性质与特色。可以通过网络检索系统搜集相关专业研究领域的学术期刊，特别是核心期刊，然后了解办刊宗旨、刊物性质、类别、特点、栏目设置等。只有对所投期刊的性质与特色心中有数，才可避免投稿的盲目性，增强针对性，提高投稿效率（赢得时间）和命中率，才能准确实现作者的投稿意图。

②认真阅读刊物投稿须知和征稿启事。由于刊物性质、宗旨、类别、特点等的不同，每一份刊物对稿件都有自己独特的要求，包括写作格式、注意事项等，这些要求通常长期刊登在刊物上或放在期刊专用网站上，写作时注意与刊物的要求相一致，会大大减少论文修改的概率，缩短论文的录用时间，对提高投稿命中率也有很大的作用。

③分辨内刊、增刊、境外期刊和非法期刊。我国内地出版的合法期刊可分为正式出版物（有正确CN号并仅限境内注册的）和非正式出版物（有内部资料准印证，也称为内刊）。理论上说，凡是不符合上述规定的，都属于非法期刊。增刊是指在正式出版物刊期之外另出的期刊，或被称为专刊、特刊、专辑。有些增刊为了冒充正刊，或不注明增刊字样，不但名称不符，期数也严重违规。

(2) 投稿时若干注意事项和策略。

①不涉密、不侵权、不违法。科技论文涉及的政治性及保密性问题在科技期刊中也常见到。涉密一直是刊物之大忌，但凡有涉密问题，编辑部往往不敢用此论文。直接或间接侵犯知识产权的则涉及作者的科技道德问题。为了避免这些问题，作者除了认真学习国家相关的法令法规外，对新闻出版行业的法令法规也应当有所了解，否则将容易造成不可估量的损失和严重的后果。

②不一稿多投或一投多稿。一稿多投不仅是版权法明令禁止的，也是各家刊物严防的。一旦发现某作者有一稿多投现象，编辑部一般不再轻易采用其来稿。另外，一投多稿也不利于论文的发表。有不少作者一次给同一家刊物投多篇论文，以为这样可以提高命中率，其实不然。因为：第一，作者的多篇论文质量有差异，编辑部往往择其中质量较高的一篇进入审稿流程，其他的就可能放弃不用；第二，出于多种因素的考虑，编辑部一般不会连续刊发同一作者的论文；第三，多篇论文一起投，容易让编辑产生多产而质量不高的印象，最后结果很可能是多投少中，甚至是多投不中。

③认真反复修改和校对所投论文。写好的文章，一定要认真修改几次，放置几日再去阅读可能就又有新的认识和构思，这也是写作大家们早就指出的经验之谈。对外文论文，要注意语法、用词等方面的修改。另外，对论文中的理论要查出其出处，对结论反复推敲。

④分层次、保重点、避热点、投所需。

a. 分层次。论文撰写完成以后，甚至在撰写以前就可以根据研究成果的不同性质、不同分量，将论文分成不同的层次，然后选择不同性质、不同层次的期刊分别投稿。这样，既可以做到所投送的稿件比较符合期刊的要求，又可以使作者的科研成果资源得到充分的利用，发挥最大的功效。

b. 保重点。作者应当根据自己的需求安排论文的投送方向和发稿进度。建议根据自己的需求，如论文发表的最低篇数和最低层次，将论文投向不同的期刊。将水平比较高的论文投向学术水平基本符合要求层次而发稿速度又比较快的期刊。

c. 避热点。从现实的需要来看，应当尽量避免将稿件集中投向热点期刊。选择一些学术水平符合要求，发稿不十分困难的期刊投稿，录用的可能性自然就比较大。一般来说，一些大学学报由于其在专业领域的影响力相对比较小，稿件录用一般会比较容易，选择大学学报时应当选择你所研究的学科发稿量占一定比例，并且该校此学科水平与你所在单位的研究水平基本相当的，这样稿件被录用的可能性就比较大。

d. 投所需。任何期刊都有自己的办刊范围、特色，所以投其所需十分必要。作者投稿时务必要弄清所投期刊的特色、重点、常设栏目内容，避免盲目投稿。

⑤经常与编辑部保持联系。

稿件投出去之后，要经常与编辑部取得联系，加强同编辑部的沟通。通过沟通，编辑对作者的科学态度和稿件的学术思想加深了了解，从而容易得到编辑的指导。

⑥正确对待编辑部的修改或退稿意见。

论文投至期刊编辑部，一般情况下，直接决定录用的稿件不多，大部分稿件要经过修改。作者在接到修改或退稿意见时，均要正确对待，虚心客观地考虑修改意见；对于退稿，作者要保持冷静，正确对待，仔细琢磨退稿理由。另外，稿件修改录用后，要经常与期刊编辑部取得联系，询问稿件的安排刊期和发表时间，以便早日发表。

（三）学者影响力评价

学者是科学研究的主体。从国家角度来看，学者影响力评价可以筛选出领域核心学者，同时也可以为基金项目的申请提供依据，有利于科学研究的良性发展；从机构角度来看，学者影响力评价为机构引进人才、选择晋升人选等提供了依据；从个人角度来看，它关乎个人的职称晋升和奖励。有效的学者影响力评价有利于促进科学研究的公平竞争，提升学者从事科学研究的积极性。学者影响力评价的方法有：

1. 发文量和被引频次

发文量和被引频次是最传统也是最基础的学者影响力评价指标。普赖斯最早从发文量角度解释了核心作者，而美国信息学家 E. Garfield 在《科学引文索引》中最早提出使用被引频次对作者的影响力进行评价。

2. h 型指数

h 型指数是指以 h 指数为基础演化出的一系列用于学者影响力评价的指数。h 指数于 2005 年由 Hirsch 提出，它首次将发文量与被引频次结合在一起。其原始定义为：某一学者的 h 指数是指，在该学者所有 P 篇发文中，至多有 h 篇论文的被引频次数至少为 h 次，其他论文的被引频次都低于 h 次。

3. 均值指标

均值指标是指以发文、引文的均值作为核心思想的指标。年发文量、平均被引频次、影响因子等都属于均值指标。

4. 关联型指标

关联型指标是指根据学者之间存在的关联关系（具体指引用关联关系和合作关联关系）对学者进行评价的指标。目前，用于学者评价的关联型指标主要有特征因子、PageRank 变体等。

(1) 特征因子。特征因子开始是作为期刊的评价指标被提出的。考虑到期刊和学者评价之间的相似性，国外的 D. W. Jevin 学者将其应用于学者影响力评价。

(2) PageRank 变体。PageRank 最初是用于网页排名，之后国内学者利用网页链接和作者引用、合作之间的相似性，将其应用于学者影响力评价。国内对 PageRank 的改进从引用和合作的角度展开。PageRank 应用于学者影响力评价时，充分考虑了学者之间存在的关联关系，且一般是作为单一指标对学者进行评价。

5. 网络评价方法

传统评价方法在学者影响力评价中占主导地位。随着学术成果出版和传播形式的多样化（如博客、ResearchGate 等），网络评价方法开始在学者评价中崭露头角。网络评价方法是指以网络指标作为评价依据的评价方法。网络评价方法中的主要指标如表 6-1 所示。

表 6-1 学者影响力评价网络环境指标

指标	内容
浏览访问	访问人数、人均访问页面数、摘要浏览量、点击量、图片浏览量、全文浏览量、支持数据浏览量等
获取	下载量、Web 即年下载率、书签量、收藏量、订阅量、读者数量、喜爱量等
评论与转发	评论量、论坛主题数、博客数、分享、推荐等
引用	被引频次、网络影响因子、链接数、网络使用因子、链接流行度、网络扩散系数等

学者影响力评价发展趋势：①媒体性指标权重不断增加。受网络环境的冲击以及学术成果出版和传播形式多样化的影响，学者影响力评价指标将会不断纳入媒体性指标。博客等作为评价指标已经充分说明了这一点。②学者影响力评价指标将更加精细化。主要表现在作者署名、贡献等级的区分、作者引用动机的区分等。目前，国内已有不少学者将这些因素纳入学者影响力评价，但尚未形成统一的方法。

（四）大学的评价

近年来有部分院校为招揽生源，刻意模糊办学类型，滥发录取通知书。而这些学校大部分是以高等教育自学考试辅导班和助学班形式办学，并不是经教育部批准具有普通高等学校本科教育办学资质的学校。有些人可能也有这样的经历，在高考时明明没有报考这所学校，却收到了这所学校的录取通知书，那么这所学校就有可能是"虚假大学"。

"虚假大学"也称"学历工厂""学店"，其办学以营利为目的，通常采用与知名大学院校容易混淆的名称，以混淆视听的方式招收学生，以各种手段钻国家相关法律漏洞，滥发文凭。"虚假大学"所涉及的欺骗既有假学校，也有假学历。"虚假大学"已经成为社会的顽疾，给一些低分的学生和家长造成巨大的损失。

1. 怎样辨别"虚假大学"

（1）与高考指南对比。如果收到了不明所以的录取通知书，可以拿出当年的高考指南与之进行比对，高考指南中没有的学校很有可能就是"虚假大学"。

（2）搜索引擎。除了使用高考指南进行对比之外，还可以使用搜索引擎查找该学校。在使用搜索引擎查找时，如果搜索结果中给出这样的提示"这个学校不在教育部中国大学的目录当中",这时一定要慎重。

(3) 查找教育部高等学校名单。中华人民共和国教育部对全国的高等学校以及国外的高等学校都有登记,全国高等学校名单当中包含了全国普通高等学校名单和全国成人高等学校名单。通过名单查询可以知道所要查找的学校是否在教育部的名单当中,如果不在,那么它就很有可能是一所"虚假大学"。而对于国外的高等学校,教育部教育涉外监管信息网会按照国家的不同分类公布其名单。在了解目标学校时,就可以拿其与教育部公布的外国高等学校名单进行比对来辨别学校是否正规。

2. 大学排名

自1983年《美国新闻与世界报道》首次发布"美国最好的大学"排名之后,英国、德国、加拿大、日本和中国等众多国家也相继推出了大学排名,大学排名的影响力日渐扩大,并逐步成为评估大学发展的一种重要方式。大学排名在帮助学生择校、引导政府和社会资金流向、促使大学发现自身问题、加强大学之间的竞争、引起社会对大学的关注等方面发挥着不容忽视的作用。

(1) 国外的大学评价系统。

①欧盟 U-Multiran 大学排名(简称"欧盟排名")是由欧盟资助开发的一项国际大学排名,是一个多维的大学排名。

②U.S. News 美国最好大学排名(简称"U.S. News 排名")是世界上第一个综合性排名,并被认为是大学排名领域的典范,其指标体系比较完善和全面。

③加拿大 Macleans 大学排名(简称"Macleans 排名")是建立在大学分类的基础上而进行的大学排名。

④德国 CHE 大学排名(简称"CHE 排名")的指标比较完善,其排名结果呈现方式是以"高中低"来表达的。

(2) 国内的大学评价系统。

①武书连中国大学评价(简称"中国大学评价")是我国首个进行大学排名的机构,指标体系以"对社会的贡献"作为唯一的衡量标准,其排行榜具有深远的影响力。

②武汉大学中国高校综合竞争力排行榜(简称"中国高校竞争力排行")(重点大学)是我国大学排行榜中指标体系内容最为全面的排行榜,并进行重点大学与非重点大学的比较,实现不同层次大学之间的对比。

③网大中国大学排行榜(简称"网大排名")初期参照了《美国新闻与世界报道》排名指标体系,现已从单纯追求总量指标向平均量指标过渡,期望建立"体现总量和人均结果之间的平衡"的指标体系。

④校友会大学排行榜(简称"校友会排名")是我国第一个由网络评选产生的大学排行榜,突出高校竞争力,侧重体现被评价高校的历史成就和现时水平。例如,目前,中国校友会网公布了2018年四川民办高校排行榜,四川工商学院位列四川省民办高校榜首,获得评价为——中国高水平民办大学。

⑤上海交通大学世界大学学术排名(简称"上海交大学术排名")是世界上第一个全球性大学排名,是为探讨我国大学与世界一流大学之间的差距而着手进行的大学排名,该排名为研究业绩和学术声誉国际化比较提供了一个重要视角。

三、求职信息的评价

就业信息是指能够提供就业岗位或就业机会的所有相关信息。获取有价值的就业信息是大学生顺利就业的基础和前提,大学生只有掌握了大量的需求信息后,才有可能对其进行整理、分析和处理,最后做出选择,制定应聘策略。在激烈的市场竞争中是否能有效地获取和处理就业信息决定了大学生能否叩响就业的成功之门。

【实例】

兼职陷阱

高考结束后,小赵在QQ群里找到了一份打字员的兼职工作,对方给小赵发过来一张简历表,其中包括姓名、身份证号、电话号码和银行卡号等重要个人信息。随后对方通过平台发送了一条验证码到小赵的手机上,声称为防止工资发放出错,需要小赵将验证码告知公司,以便核对是否为本人。小赵没有多想,赶紧将手机收到的"验证码"给对方发送了过去,然而没几分钟,小赵手机就收到一条提示短信说他的银行卡被转走1 000元钱。

分析:一是妥善保管身份证号、账号、手机号码等个人私密信息,电子渠道登录密码不要设置为生日号码、手机号码或使用过于简单的密码;二是短信验证码就是密码,不要以任何方式泄露给他人;三是不要点击来历不明的短信或网页链接,避免手机被植入木马病毒,或误入钓鱼网站;四是若有异常情况,请主动拨打银行官网公布的客户服务热线。

(一)求职信息搜集的基本原则

一般而言,要搜集到适合自己的、高质量的求职信息,必须把握以下四个基本原则:

(1)准确性和真实性。近年来,社会上出现了各种各样以营利为目的的职业介绍机构。有的机构用一些过时的或虚假的信息吸引学生,致使求职者徒然奔波。对此,求职者应当加以警惕,尤其应当防止"陷阱"信息。总之,一定要清楚信息来源的准确性和真实性。

(2)实用性和针对性。求职者要充分认识自己,然后根据自己的专业、特长、兴趣、能力、性格等方面的综合因素搜集信息,避免范围过大且无法利用的无效信息。

(3)系统性和连续性。将各种相关的信息积累起来,然后分析、加工、整理与分类,形成一种能客观、系统地反映当前就业市场、就业政策、就业动向的有效就业信息,为自己的择业提供可靠的依据。

(4)计划性和条理性。求职者应明确搜集信息的目的,明确自己所需就业信息的范围,做到有的放矢。

(二)研究就业信息的"内涵"

很多求职者对应聘单位的了解只停留在招聘文字的"表面描述"上,很少透过信息认真分析单位的真实情况,不了解应聘单位不仅会影响应聘的成功,而且更可能给未来的工作开展带来负面影响。求职者通过"信息点"不仅要了解单位的基本情况,还应该透过现象看本质,了解单位的"内涵"和"背景",有些信息还需要通过合适的方式进行侧面了解,以有助于自己在应聘中抢占主动,同时也为自己上岗后快速进入角色作铺垫。用人单位的信息"内涵"包括:

(1)单位的准确名称、性质及隶属关系;

(2) 单位的联系方式，如人事部门联系人、电话、通信地址等；

(3) 单位的经营业务范围、类别及服务内容；

(4) 单位的地点、总部及分支机构的业务范围与地理分布；

(5) 单位的组织结构、规模（员工数量）与行政结构；

(6) 单位需要的专业背景、具体工作岗位及对所需人才的具体要求；

(7) 单位的文化背景、工作环境、单位领导的有关信息、用人单位员工的办事方式和思维方式；

(8) 单位的财务状况、绩效考核体系、培训体系及薪酬体系（工资、福利、住房、奖金），以及为员工的培训和发展所提供的空间等；

(9) 单位的发展目标、发展实力（包括规模、效益）、远景规划，以及在整个行业中的排名或在整个社会经济结构中的地位；

(10) 单位的发展历史与最新动态、客户类型与规模、竞争对手的类型和规模。

（三）求职信息的处理原则

1. 贴近基层原则

面对众多的岗位需求信息，求职者要破除"精英"就业的惯性思维，紧跟大众化的就业潮流，不能只关注层次高、待遇好的岗位，选择岗位要贴近实际。因为只有从基层做起，才能熟悉工作环节，积累工作经验，提高工作能力，为将来更大的发展打下坚实基础。

2. 适合自己原则

适合自己的就是最好的，这是处理信息的核心所在。毕业生在选择信息时，要根据自己的优势、长处和性格特点等，认真考虑自己是否适合和愿意从事这个职业，并做出取舍。而不顾自己的实际，以待遇、地点作为首选原则的毕业生，即使在求职中侥幸取得"成功"，在未来的发展中也会逐渐表露出自己的弱势，发展后劲也是不足的。在招聘活动中，常常会出现"优秀"学生竞争不过"一般"学生的现象，原因不是其能力不行，而是单位认为其不适合这个岗位。

3. 利于自身发展原则

判断就业信息不应只看表面和眼前，还要放眼未来。或许现在要求职的单位只是一个名不见经传的小单位，但经过发展，以后可能会很成功。如果现在独具慧眼，那么将来可能会无可限量。应届大学生不能只注重单位眼下的经济和福利待遇，更要了解单位的文化、机制、环境等因素，以有利于自身长期发展为标尺来判断就业信息的去留。

4. 重点掌握原则

毕业生首先要对获取的信息逐条分析，将有实用价值的信息重点标注并单独留存，一般信息备用。其次，对标注的信息进行重点调查分析，包括单位的环境、未来规划及人员素质要求等。最后，围绕信息中的重点和关键点精心准备求职材料，做好应聘的准备。

5. 时效性原则

信息具有明显的时效性，谁赢得时间，谁就可能赢得主动。毕业生在收集到就业信息后，应果断决策，适时使用，以免过期。用人单位发布信息后，职位信息随着应聘情况随时都会发生变化，毕业生应及时与用人单位保持联系：一可询问岗位报名情况，做到知己知彼；二能体现出积极的态度，为求职成功增加砝码；三是有些信息在时间上可能已过时，但有可能出现实际应聘人数不足的情况，仍可"见缝插针"。

（四）企业的可靠度评价

对于一个企业的可靠度，可以从以下方面来获取信息对其进行评价。

（1）企业基本信息查询。可以通过访问公司主页的方式来了解这个企业的基本信息。比如公司的宣传类数据、规模数据等。

（2）企业信用信息查询。企业信用可以说是企业的生命线，可以通过一些政府开放的数据来查找企业的信用信息。

①国家企业信用信息公示系统（http：//www.gsxt.gov.cn/index.html）。通过国家企业信用信息公示系统可以查询行政许可信息、行政处罚信息以及列入经营异常名录信息，可以对公司的信用情况进行全方位的了解，如图6-14所示。

图6-14　国家企业信用信息公示系统网站主页

②中国执行信息公开网（http：//shixin.court.gov.cn）。中国执行信息公开网不仅可以查找自然人的信息情况，同时也可以查找法人或组织的信息情况。

③天眼查（https：//www.tianyancha.com）。天眼查主要提供专业的企业信息查询、企业关系挖掘服务。

（3）企业违法信息查询。

①中国裁判文书网（http：//wenshu.court.gov.cn）。中国裁判文书网提供企业涉法信息的查询，通过这个数据库可以查询很多关于公司、企业和个人的涉法情况。通过这些信息可以看出企业的法律风险情况。

②中国庭审公开网（http：//tingshen.court.gov.cn）。中国庭审公开网对一些庭审情况进行了数据收集，供人们进行查找。

③中国司法案例网（https：//anli.court.gov.cn/static/web/index.html#/index）。也

可以通过司法案例网查找企业有没有相关的司法案例的存在。

（4）企业知识产权信息查询。可以通过中国专利检索以及分析系统来查找企业所拥有的专利情况，从而判断企业的实力情况。

（5）商标查询。对于企业来说，商标也是企业形象的一个方面。可以通过中国商标网来查询企业拥有商标的情况。

（五）求职信息真伪鉴别

如今求职者只要在搜索引擎中输入求职信息，大大小小单位的招聘资讯就会显示出来。有的是社会公益性质的公共职介所发布的信息，有的是以营利为目的的各类网站发布的信息。其中的信息有真有假，还不乏一些已经过时的信息。一些缺乏上网经验和急于找工作的求职者很容易被一些虚假的招聘资讯所误导。这里为大家介绍一些辨别网络真假招聘信息的方法。

（1）尽可能到一些政府开办的招聘网站浏览招聘资讯。也可以到一些有一定规模和知名度的社会专业招聘网站浏览招聘资讯。这些网站都会对发布信息的企业进行一定的资格审核。

（2）对网站的招聘资讯要有一定的辨别能力。求职者要核实具体的招聘内容，真实的招聘信息通常包括公司简介、招聘职位、联系方式以及具体的岗位任职要求、报名条件限制等。

（3）许多大型单位招聘工作人员时都会到专业的招聘网站上发布招聘信息，同时会在自己公司的网站上发布招聘信息，一般这类招聘的规模大，比较可信，可以直接把简历以 E-mail 的形式发送给单位。

实践训练

1. 谈谈你在生活中遇到的网络诈骗，根据你学到的知识和经验，为大家设计一个防止个人被诈骗的方案。

2. 如何通过获取信息评价一本书？从图书馆找一本新书试做一个评价，并与同学进行交流。

3. 请查找本学科各刊物的影响因子，并查找影响因子高于本学科平均影响因子的期刊。

4. 你使用过哪些电商网站，购物时你会优先关注什么，这些电商网站各自有什么优缺点？

5. 你打算考研吗？结合自己的研究兴趣，根据你学习到的引文分析方法，为自己选一位研究生导师。

附录一 高校大学生信息素养指标体系（讨论稿）

一、具备信息素质的学生能够了解信息以及信息素质能力在现代社会中的作用。
1.1 具有强烈的信息意识。
1.2 了解信息素质的内涵。
二、具备信息素质的学生能够确定所需信息的性质与范围。
2.1 能够识别不同的信息源并了解其特点。
2.2 能够明确地表达信息需求。
2.3 能够考虑到影响信息获取的因素。
三、具备信息素质的学生能够有效地获取所需要的信息。
3.1 能够了解多种信息检索系统，并使用最恰当的信息检索系统进行信息检索。
3.2 能够组织与实施有效的检索策略。
3.3 能够根据需要利用恰当的信息服务获取信息。
3.4 能够关注常用的信息源与信息检索系统的变化。
四、具备信息素质的学生能够正确地评价信息及其信息源，并能够有效利用。
4.1 能够应用评价标准评价信息及其信息源。
4.2 能够将选择的信息融入自身的知识体系中，重构新的知识体系。
五、具备信息素质的学生能够有效地管理、组织与交流信息。
5.1 能够有效地管理、组织信息。
5.2 能够有效地与他人交流信息。
六、具备信息素质的学生能够独立或是合作完成一项具体的信息检索和利用任务。
6.1 能够制定一个独立或与他人合作完成具体任务的计划。
6.2 能够确定完成任务所需要的信息。

6.3 能够通过讨论、交流等方式，将获得的信息应用到解决任务的过程中。
6.4 能够提供某种形式的信息产品。
七、具备信息素质的学生能够合理、合法地检索和利用信息。
7.1 了解与信息相关的伦理、法律和社会经济问题。
7.2 能够遵循在获得、存储、交流、利用信息过程中的法律和道德规范。

附录二 中国图书馆分类法简表（第五版）

基本部类	基本大类	简表（二级类）	
马克思主义、列宁主义、毛泽东思想	A 马克思主义、列宁主义、毛泽东思想、邓小平理论	A1 马克思、恩格斯著作 A2 列宁著作 A3 斯大林著作 A4 毛泽东著作 A49 邓小平著作 A5 马克思、恩格斯、列宁、斯大林、毛泽东、邓小平著作汇编	A7 马克思、恩格斯、列宁、斯大林、毛泽东、邓小平生平和传记 A8 马克思主义、列宁主义、毛泽东思想、邓小平理论的学习和研究
哲学	B 哲学、宗教	B0 哲学理论 B1 世界哲学 B2 中国哲学 B3 亚洲哲学 B4 非洲哲学 B5 欧洲哲学 B6 大洋洲哲学	B7 美洲哲学 B80 思维科学 B81 逻辑学（论理学） B82 伦理学（道德学） B83 美学 B84 心理学 B9 宗教
社会科学	C 社会科学总论	C0 社会科学理论与方法论 C1 社会科学概况、现状、进展 C2 社会科学机构、团体、会议 C3 社会科学研究方法 C4 社会科学教育与普及 C5 社会科学丛书、文集、连续性出版物 C6 社会科学参考工具书 [C7] 社会科学文献检索工具书 C79 非书资料、视听资料	C8 统计学 C91 社会学 C92 人口学 C93 管理学 [C94] 系统科学 C95 民族学、文化人类学 C96 人才学 C97 劳动科学
	D 政治 法律	D0 政治学、政治理论 D1 中国共产党 D33/37 各国共产党 D4 工人、农民、青年、妇女运动与组织 D5 世界政治	D6 中国政治 D73/77 各国政治 D8 外交、国际关系 D9 法律
	E 军事	E0 军事理论 E1 世界军事 E2 中国军事 E3/7 各国军事	E8 战略学、战役学、战术学 E9 军事技术 E99 军事地形学、军事地理学

续表

基本部类	基本大类	简表（二级类）	
社会科学	F 经济	F0 经济学 F1 世界各国经济概况、经济史、经济地理 F2 经济管理 F3 农业经济 F4 工业经济	F49 信息产业经济 F5 交通运输经济 F59 旅游经济 F6 邮电通信经济 F7 贸易经济 F8 财政、金融
	G 文化、科学、教育、体育	G0 文化理论 G1 世界各国文化与文化事业 G2 信息与知识传播	G3 科学、科学研究 G4 教育 G8 体育
	H 语言文字	H0 语言学 H1 汉语 H2 中国少数民族语言 H3 常用外国语 H4 汉藏语系 H5 阿尔泰语系（突厥－蒙古－通古斯语系） H61 南亚语系（澳斯特罗－亚细亚语系） H62 南印语系（达罗毗荼语系、德拉维达语系） H63 南岛语系（马来亚－玻里尼西亚语系） H64 东北亚诸语言	H65 高加索语系（伊比利亚－高加索语系） H66 乌拉尔语系（芬兰－乌戈尔语系） H67 闪－含语系（阿非罗－亚细亚语系） H7 印欧语系 H81 非洲诸语言 H83 美洲诸语言 H84 大洋洲诸语言 H9 国际辅助语
	I 文学	I0 文学理论 I1 世界文学	I2 中国文学 I3/7 各国文学
	J 艺术	J0 艺术理论 J1 世界各国艺术概况 J19 专题艺术与现代边缘艺术 J2 绘画 J29 书法、篆刻 J3 雕塑 J4 摄影艺术	J5 工艺美术 [J59] 建筑艺术 J6 音乐 J7 舞蹈 J8 戏剧、曲艺、杂技艺术 J9 电影、电视艺术
	K 历史地理	K0 史学理论 K1 世界史 K2 中国史 K3 亚洲史 K4 非洲史 K5 欧洲史	K6 大洋洲史 K7 美洲史 K81 传记 K85 文物考古 K89 风俗习惯 K9 地理

续表

基本部类	基本大类	简表（二级类）	
自然科学	N 自然科学总论	N0 自然科学理论与方法论 N1 自然科学概况、现状、进展 N2 自然科学机关、团体、会议 N3 自然科学研究方法 N4 自然科学教育与普及 N5 自然科学丛书、文集、连续性出版物 N6 自然科学参考工具书	[N7] 自然科学文献检索工具 N79 非书资料、视听资料 N8 自然科学调查、考察 N91 自然研究、自然历史 N93 非线性科学 N94 系统科学 [N99] 情报学、情报工作
	O 数理科学和化学	O1 数学 O3 力学 O4 物理学	O6 化学 O7 晶体学
	P 天文学、地理科学	P1 天文学 P2 测绘学 P3 地球物理学 P4 大气科学（气象学）	P5 地质学 P7 海洋学 P9 自然地理学
	Q 生物科学	Q1 普通生物学 Q2 细胞生物学 Q3 遗传学 Q4 生理学 Q5 生物化学 Q6 生物物理学 Q7 分子生物学 Q81 生物工程学（生物技术）	[Q89] 环境生物学 Q91 古生物学 Q93 微生物学 Q94 植物学 Q95 动物学 Q96 昆虫学 Q98 人类学
	R 医学卫生	R1 预防医学、卫生学 R2 中国医学 R3 基础医学 R4 临床医学 R5 内科学 R6 外科学 R71 妇产科学 R72 儿科学 R73 肿瘤学	R74 神经病学与精神病学 R75 皮肤病学与性病学 R76 耳鼻咽喉科学 R77 眼科学 R78 口腔科学 R79 外国民族医学 R8 特种医学 R9 药学
	S 农业科学	S1 农业基础科学 S2 农业工程 S3 农学（农艺学） S4 植物保护 S5 农作物	S6 园艺 S7 林业 S8 畜牧、动物医学、狩猎、蚕、蜂 S9 水产、渔业

续表

基本部类	基本大类	简表（二级类）	
自然科学	T 工业技术	TB 一般工业技术 TD 矿业工程 TE 石油、天然气工业 TF 冶金工业 TG 金属学与金属工艺 TH 机械、仪表工业 TJ 武器工业 TK 能源与动力工程	TL 原子能技术 TM 电工技术 TN 电子技术、通信技术 TP 自动化技术、计算机技术 TQ 化学工业 TS 轻工业、手工业、生活服务业 TU 建筑科学 TV 水利工程
	U 交通运输	U1 综合运输 U2 铁路运输 U4 公路运输	U6 水路运输 ［U8］航空运输
	V 航空、航天	V1 航空、航天技术的研究与探索 V2 航空	V4 航天（宇宙航行） ［V7］航空、航天医学
	X 环境科学、劳动保护科学（安全科学）	X1 环境科学基础理论 X2 社会与环境 X3 环境保护管理 X4 灾害及其防治	X5 环境污染及其防治 X7 行业污染、废物处理与综合利用 X8 环境质量评价与环境监测 X9 安全科学
综合性图书	Z 综合性图书	Z1 丛书 Z2 百科全书、类书 Z3 辞典 Z4 论文集、全集、选集、杂著	Z5 年鉴、年刊 Z6 期刊、连续性出版物 Z8 图书报刊目录、文摘、索引

参考文献

[1] 胡爱民. 现代信息检索［M］. 北京：光明日报出版社，2014.
[2] 吉久明，孙济庆. 文献检索与知识发现指南［M］. 上海：华东理工大学出版社，2010.
[3] 金晓祥. 数字信息检索与创新［M］. 北京：中国书籍出版社，2013.
[4] 王春梅，马丽华. 文献信息检索与知识建构［M］. 北京：高等教育出版社，2012.
[5] 何立，卞华杰. 网页设计与网站建设全攻略［M］. 北京：清华大学出版社，2016.
[6] 徐云，张倩. 医学信息检索［M］. 2版. 武汉：华中科技大学出版社，2015.
[7] 马素刚，赵婧如，陈彦萍. 计算机网络技术导论［M］. 2版. 西安：西安电子科技大学出版社，2016.
[8] 刘竟. 理工信息检索与利用［M］. 镇江：江苏大学出版社，2015.
[9] 李贵成，张金刚. 信息素养与信息检索教程［M］. 武汉：华中科技大学出版社，2016.
[10] 孙福强. 网络信息检索与利用［M］. 北京：北京理工大学出版社，2014.
[11] 孙琪. 现代图书馆参考咨询服务［M］. 合肥：安徽大学出版社，2015.
[12] 颜世伟，柴晓娟. 文献检索与利用实用教程［M］. 南京：南京大学出版社，2015.
[13] 张雪梅，过仕明. 信息检索实用教程［M］. 哈尔滨：黑龙江教育出版社，2012.
[14] 花芳. 文献检索与利用［M］. 北京：清华大学出版社，2014.
[15] 饶宗政. 现代文献检索与利用［M］. 北京：机械工业出版社，2012.
[16] 法律出版社专业出版编委会. 商标 专利 著作权不可不知440问［M］. 3版. 北京：法律出版社，2016.
[17] 王良超，高丽. 文献检索与利用教程［M］. 北京：化学工业出版社，2014.
[18] 刘培兰. 现代信息检索与利用教程［M］. 北京：北京交通大学出版社，2009
[19] 王炳，苏林. 新编经济·管理·财会毕业论文写作与答辩［M］. 北京：中国经济出版社，2014.
[20] 李振华. 文献检索与论文写作［M］. 北京：清华大学出版社，2016.
[21] 周开全. 大学生毕业论文写作指南［M］. 成都：西南交通大学出版社，2015.
[22] 邰峻，刘文科. 网络信息检索实用教程［M］. 北京：电子工业出版社，2010.
[23] 袁润，刘红光. 理工科信息检索与利用教程［M］. 镇江：江苏大学出版社，2008.
[24] 赵乃瑄. 实用信息检索方法与利用［M］. 2版. 北京：化学工业出版社，2013.
[25] 计斌. 信息检索与图书馆资源利用［M］. 北京：人民邮电出版社，2015.
[26] 许婷婷，徐昕业，刘国胜. 数据库检索技巧［M］. 2版. 哈尔滨：东北林业大学出版

社，2016.
[27] 陆小玲，倪梅. 信息检索与利用［M］. 哈尔滨：哈尔滨工程大学出版社，2016.
[28] 周世佳. 大数据思维初探：提出、特征及意义［J］. 中共山西省直机关党校学报，2014（5）：16－18.
[29] 田野. 论各种文献信息检索工具及如何选择正确的检索工具［J］. 赤峰学院学报（自然科学版），2016（3）：123－125.
[30] 左红霞，张超，彭乐，牛玉明. CINAHL数据库的检索系统及相关检索方法［J］. 中国循证心血管医学杂志，2017（2）：135－139.
[31] 常亚波. 跨语言信息检索在搜索引擎中的应用［J］. 中小企业管理与科技，2013（4）：300－301.
[32] 曾媛. 文献漫游在信息检索中的应用［J］. 中国索引，2013，11（3）：40－43.
[33] 陈鹤阳. 中文学术搜索引擎的比较研究［J］. 图书馆学研究，2009（10）：45－48.
[34] 骆俊帆. 自动文摘的关键技术［J］. 现代计算机（专业版），2015（2）：35－38.
[35] 聂伟，张洪牧宇. "互联网＋"语境下电影评价机制研究——以国内主流电影评分网站为例［J］. 当代电影，2016（4）：128－133.
[36] 吴朝平. "互联网＋"背景下电信诈骗的发展变化及其防控［J］. 中国人民公安大学学报（社会科学版），2015，31（6）：17－21.
[37] 何峻. 我国图书评价现状分析［J］. 大学图书馆学报，2012，30（3）：106－110.
[38] 刘月学. 通过信息检索辅助识别盗版图书［J］. 科技情报开发与经济，2009，19（3）：85－87.
[39] 鲍硕来. 大学生就业信息获取与处理策略［J］. 安庆师范学院学报（社会科学版），2008，27（11）：122－124.
[40] 高志宏. "人肉搜索"的合理性与合法性分析［J］. 新疆社科论坛，2009（4）：33－39.
[41] 宁菁菁. 基于"弱关系理论"的知识问答社区知识传播研究——以知乎网为例［J］. 新闻知识，2014（2）：98－99，50.
[42] 金常政. 网络百科全书刍议［J］. 出版科学，2016，24（6）：5－8.
[43] 李广欣. 网络文档分享平台中的学术论文数字版权保护［J］. 科技与出版，2016（12）：84－89.
[44] 乔小斐. 中文自动文摘关键技术的研究与实现［D］. 西安电子科技大学，2010.
[45] 周璐. 大学生使用个人知识管理软件的偏好研究［D］. 河南大学，2013.